beck **I**sche
reihe

bsr

Inhalt

Einleitung
Die Wahrheit von Anekdoten

In diesem Buch, das an philosophischen Fragen Interessierte ansprechen möchte, ohne Fachwissen vorauszusetzen, werden Anekdoten zum Ausgangspunkt philosophischer Überlegungen gemacht, jedoch nicht beliebige, sondern nur solche, von denen sich sagen läßt: Wenn sie auch nicht wahr sind, sind sie doch gut erfunden.

Doch was heißt in diesem Zusammenhang «gut»? Gemeint ist sicherlich nicht die historische Treue, denn obwohl Anekdoten so erzählt werden, als wären sie historisch wahr, spielt die historische Wahrheit bei ihnen keine oder nur eine untergeordnete Rolle. «Gut erfunden» ist vielmehr eine Anekdote, wenn sie bemerkenswerte Züge des Charakters der Person, auf die sie gemünzt ist, ihrer Denkweise oder ihres Verhältnisses zur Umgebung zum Ausdruck bringt. Wenn eine Anekdote gut erfunden ist, ist sie wahr in übertragenem Sinne.

Das gilt auch, ja in besonderem Maße, für Anekdoten über Philosophen. Sie sind gut erfunden, wenn sie nicht nur Persönliches betreffen, sondern in anschaulicher, knapper und einprägsamer Weise Gedanken hervortreten lassen, die mit den Anekdoten zusammenhängen und unter Umständen für eine philosophische Richtung kennzeichnend sind.

Wie auf den philosophischen Gehalt von Anekdoten reflektiert werden kann, soll hier kurz anhand eines Beispiels dargelegt werden. Es soll deutlich machen, wie nach der von der historischen Wahrheit unabhängigen Bedeutung, die einer Anekdote zugrunde liegt, gesucht werden kann.

Als Beispiel bietet sich die auf den Philosophen Plutarch (1.–2. Jh. n. Chr.) zurückgehende Anekdote über ein Zusammentreffen Alexanders des Großen mit Diogenes aus Sinope am Schwarzen Meer an. Diogenes war der bekannteste Vertreter der kynischen, die Bedeutungslosigkeit äußerer und innerer Umstände betonenden Philosophie und durch sein exzentrisches Verhalten bekannt. Alexander lud, so wird erzählt, den Philosophen zu einem Gespräch ein, doch dieser schlug die Einladung aus. Da dem König sehr daran gelegen war, den sonderbaren Mann kennenzulernen, blieb ihm nichts anderes übrig, als sich zu ihm aufzumachen. Er fand ihn in der Sonne liegend und fragte, welchen Wunsch er ihm erfüllen könne. Diogenes soll geantwortet haben: «Geh mir ein wenig aus der Sonne!» Von dieser Antwort beeindruckt, soll Alexander ausgerufen haben: «Wenn ich nicht Alexander wäre, möchte ich Diogenes sein!» Der König und der Kyniker sind einander jedoch aller Wahrscheinlichkeit nach niemals begegnet.

Diese Anekdote ist also nicht historisch wahr, doch sie ist gut erfunden im oben angegebenen Sinne, denn sie drückt einen Charakterzug der Person, auf die sie gemünzt ist, und ihres Denkens zutreffend aus: nämlich die für einen Kyniker typische Verachtung der Standesunterschiede, die nach kynischer Ansicht auf bloßer Konvention beruhen. Konventionen, auch solche moralischer Art, verdienen dieser Ansicht nach keinen Respekt. Deshalb verweigert nach der Anekdote der Philosoph dem König den Respekt, der einem gesellschaftlich weit über ihm Stehenden nach allgemeiner Überzeugung zusteht. Nach Ansicht der Kyniker ist die hierarchische Gliederung der Gesellschaft nicht naturgegeben und hat daher für den Philosophen keine Bedeutung. Diogenes, der radikalste Vertreter dieser Position, war dafür bekannt, in äußerst provokanter Weise gegen konventionelle Regeln zu verstoßen.

Die Anekdote von Diogenes und Alexander ist schließlich auch deshalb gut erfunden, weil sie dazu anregt, ihren zentralen Gedanken in größere Zusammenhänge einzubeziehen. Indem die Anekdote hervorhebt, wie wenig Gewicht moralische und soziale Regeln für den Philosophen haben, legt sie die Frage nach dem Verhältnis von Natur und Konvention nahe: Beruhen alle derartigen Regeln auf menschlicher Übereinkunft, oder gibt es grundlegende Regeln, die in der Natur – sei es der Natur des Menschen, sei es der äußeren Natur – fundiert sind? Dies ist eine Frage, die das philosophische Denken über die Jahrhunderte hinweg beschäftigt hat.

Die Gesichtspunkte, von denen aus sich diese Anekdote deuten läßt, sind auch bei den folgenden gedanklichen Streifzügen leitend. Unabhängig von der Frage, ob das in ihnen Berichtete historisch wahr ist, soll nach der ihnen zugrundeliegenden philosophischen Bedeutung gefragt und dabei soweit wie möglich über den jeweiligen Anlaßfall hinausgegangen werden.

Den folgenden Kapiteln sind einige Bemerkungen zur Lektüre vorauszuschicken. Zunächst ist zu betonen, daß zwar nicht eine bestimmte philosophische Position als definitiv richtig dargestellt werden soll, daß die Ausführungen aber einer bestimmten Einstellung verpflichtet sind, nämlich einer undogmatischen, fundamentalistische Ansprüche ausschließenden Denkweise. Bei den folgenden Streifzügen durch Teilgebiete der Philosophie und ihrer Geschichte geht es nicht in erster Linie um Belehrung, sondern um die Anregung zu selbständiger Auseinandersetzung mit den aufgezeigten Fragen. Leserinnen und Leser sollen ermutigt werden, sich auf sie einzulassen und nach eigenen Antworten Ausschau zu halten.

Auf die Verwendung von Fachausdrücken, die einer gründlichen Erläuterung bedürften, wurde soweit wie möglich verzichtet. Der Verfasser war um eine Sprache bemüht, die das Intendierte möglichst klar zum Ausdruck bringt. Fundstellen werden kurz angegeben, um Hinweise für eine eventuelle gründlichere Auseinandersetzung mit den berührten Fragen zu geben. Auf genaue Zitate, wie sie bei gelehrten Abhandlungen üblich sind, wurde verzichtet.

Obwohl die ausgewählten Anekdoten systematisch nicht zusammenhängen, wurden sie, so gut es ging, nach Problembereichen geordnet. Am Anfang stehen Anekdoten, die zeigen, wie Denker zur Philosophie oder zu einer bestimmten philosophischen Richtung fanden. Es folgen Anekdoten, die mit Fragen der theoretischen Philosophie, insbesondere der Erkenntnistheorie und der Kosmologie, zu tun haben, sodann Anekdoten, die das moralische Verhalten oder die politischen Überzeugungen von Philosophen betreffen. Einige Anekdoten beziehen sich auf das Verhältnis der Philosophie zu Einzelwissenschaften oder zur Religion. Andere behandeln das Verhalten von Philosophen als Autoren, als Liebhaber oder als Kranke. Den Abschluß bilden Anekdoten, die die Art betreffen, in der Philosophen den Tod zum Thema machten. Daß bei der gewählten Vorgangsweise manche wichtigen philosophischen Fragen unberücksichtigt bleiben mußten, versteht sich wohl von selbst. Deshalb ist nicht von einer Untersuchung, sondern von philosophischen Streifzügen die Rede.

2.

Staunen als Motiv des Philosophierens
Wissenschaftliche und philosophische Verwunderung

Der Athener Chairephon, der mit Sokrates von Jugend auf befreundet war, soll, als er einmal nach Delphi kam, aus Übermut das Orakel gefragt haben, ob jemand weiser sei als Sokrates. Das habe die Pythia verneint (Plato: *Apologie*). Dieser Orakelspruch hat Sokrates, wie er vor Gericht ausführte – er war wegen angeblicher Gottlosigkeit und Jugendverführung angeklagt –, in Staunen versetzt. Unter dem Eindruck dieses Staunens suchte er im Gespräch mit Leuten, die als weise galten, herauszufinden, ob sie weiser wären als er. Er mußte feststellen, daß sie sich zwar weise dünkten, aber nicht wirklich weise waren. Er dagegen bildete sich nicht ein, über sicheres Wissen zu verfügen, und war insofern weiser als sie. Das Staunen über den Orakelspruch setzte also bei Sokrates einen Prozeß in Gang, der ihn zur philosophischen Einsicht in die Grenzen des Wissens führte.

Daß das Staunen Sokrates zu philosophischen Gedanken anregte, wird durch eine ähnliche Anekdote bekräftigt, die Aristoteles überliefert hat (*Über die Philosophie*, Fr. 1). Ihr zufolge sah Sokrates, als er einmal nach Delphi kam, am Giebel eines Tempels die Inschrift «Erkenne dich selbst». Dieser Aufforderung nachzukommen erwies sich aber als schwierig; er war in großer Verlegenheit (aporía). Offenbar erfüllte ihn die Tatsache, daß die scheinbar einfache Frage: Wer bin ich? so schwer zu beantworten ist, mit Staunen, und dieses Staunen wurde zum Anstoß für sein Philosophieren. Sokrates sah sich in einer Lage, in der sich auch viele andere Philosophen befanden, bei denen das Staunen ebenfalls zu vertieftem Nachdenken anregte.

Bevor jedoch der Mensch über sich selbst zu staunen begann, war in vielen Fällen die Begegnung mit Naturvorgängen Grund eines Staunens, das zur Suche nach Erklärungen anregte. Eine Tatsache, die die Menschen schon sehr früh in Erstaunen versetzte, war die regelmäßig auftretende Nilüberschwemmung. Zunächst scheinen das Ausbleiben des für die ägyptische Landwirtschaft so wichtigen Ereignisses und die folgende Dürre zum Nachdenken über deren mögliche Ursache veranlaßt zu haben. Da kausale Erklärungen anfänglich nicht zur Verfügung standen, deutete man die Dürre als Folge göttlichen Zorns. Die für die Flut zuständige Gottheit sei, wie man meinte, verstimmt, weil man es versäumt habe, die üblichen Opfergaben darzubringen, und strafe nun die Menschen.

Ein halbes Jahrtausend vor Beginn unserer Zeitrechnung brachen die frühen griechischen Philosophen mit der mythischen Denkweise und suchten nach einer rationalen Erklärung der Überflutung des Niltals. Schon Thales von Milet, der als erster europäischer Philosoph gilt, soll einen solchen Versuch unternommen haben. Er vermutete, daß die sich jährlich in derselben Jahreszeit einstellende Überschwemmung mit den Passatwinden (Etesien) zusammenhänge, und suchte die Beziehung mit Hilfe der Annahme zu erklären, daß strömendes Wasser durch Winde, die in entgegengesetzter Richtung wehen, gestaut wird. Dies ist bei den Etesien der Fall, in denen Thales daher die Ursache des Rückstaus und der Überflutung des Niltals sah. Diese Deutung ist allerdings unbefriedigend, denn der durch den Wind bewirkte Rückstau reicht zur Erklärung der Überschwemmung des Niltals nicht aus. Später suchte man nach einer besseren Erklärung des Vorgangs und fand schließlich, daß die Etesien nicht unmittelbar dafür verantwortlich sind, daß der Strom über seine Ufer tritt, wohl aber mittelbar: Sie verursachen ergiebige Niederschläge im Quellgebiet des Stromes, die dann zum Nilhochwasser führen.

Das Beispiel zeigt, wie das Staunen über zunächst unerklärlich scheinende Tatsachen das Forschen motivieren kann. Es läßt darüber hinaus erkennen, worauf das Staunen beruht: Man staunt über etwas, das sich nicht in einen vertrauten Zusammenhang einfügen läßt. Erklärungsversuche bestehen somit in der Suche nach Zusammenhängen, insbesondere nach regelmäßigen Zusammenhängen, in die sich zunächst rätselhaft erscheinende Tatsachen einordnen lassen. Gelingt das, tritt an die Stelle des Staunens ein Wissen oder, vorsichtiger ausgedrückt: eine Auffassung, die als Wissen gilt. Zum Staunen gehört somit die Tendenz zur Selbstaufhebung durch rationale Erklärungen. Werden die der Erklärung zugrundeliegenden Annahmen in Zweifel gezogen, stellt es sich sogleich wieder ein. Macht man sich klar, daß Erklärungen mit Hilfe von Annahmen erfolgen, die ihren hypothetischen Charakter auch dann nicht verlieren, wenn sie gut bestätigt sind, begreift man, daß das Staunen nicht ein für allemal überwunden werden kann. Daher läßt sich die von Vertretern des Stoizismus, einer der großen Richtungen der hellenistischen Philosophie, erhobene Forderung, über nichts zu staunen (nil admirari), kaum einlösen.

Die Erklärung des Nilhochwassers hat, wie die Erklärung von Naturerscheinungen im allgemeinen, nicht philosophischen Charakter im heutigen Sinn, sondern sie nimmt ansatzweise wissenschaftliche Theorien vorweg. Dennoch verdankt die Philosophie auch solchen Erklärungsversuchen wichtige Anstöße. Das hat schon Aristoteles so gesehen, wenn er annahm, das Staunen, in dem auch er das Motiv des Forschens erblickte, habe ursprünglich vor allem mit Naturerscheinungen zu tun gehabt. In seiner *Metaphysik* heißt es: «Weil sie sich ... wunderten, haben die Menschen, wie anfänglich und auch jetzt noch, zu philosophieren begonnen. Sie staunten anfangs über das Unerklärliche, das ihnen begegnete; allmählich machten sie auf diese Weise Fortschritte und stellten

Fragen in bezug auf Größeres, wie über Vorgänge auf dem Mond [Mondfinsternisse], auf der Sonne und den Sternen oder über die Entstehung des Alls.» Er hebt hervor, daß diese Überlegungen nicht praktisch – durch die Erwartung eines Nutzens bei ihrer Anwendung –, sondern rein theoretisch motiviert gewesen seien und in erster Linie die Überwindung von Nichtwissen zum Ziel gehabt hätten.

Neben dem Staunen über Naturzusammenhänge gibt es ein anderes Staunen, das nicht mehr Staunen über irgendwelche Tatsachen in der Welt, sondern Staunen über das Dasein der Welt ist. Dieses Staunen stellt sich ein, wenn man mit Gottfried Wilhelm Leibniz fragt: «Warum gibt es eher etwas als nichts?» (*Prinzipien der Natur und der Gnade*). Fr. W. J. Schelling nahm diese Frage auf: «Warum ist nicht nichts, warum ist etwas überhaupt?» An anderer Stelle spricht er von der «Frage, die der am Abgrund der Unendlichkeit schwindelnde Verstand aufwirft: *Warum ist nicht nichts, warum ist überhaupt etwas?*» (*Aphorismen zur Einleitung in die Naturphilosophie*).

Schon zu fragen, warum überhaupt etwas sei, ist aber bedenklich. Bei dieser Frage wird vorausgesetzt, daß nicht nur bei Dingen nach einem Grund ihres Daseins gefragt werden kann, sondern auch bei der Gesamtheit des Seienden. Diese Annahme ist jedoch fragwürdig, denn was bei Dingen sinnvoll ist, muß es nicht beim All der Dinge sein. Wenn die Totalität des Seienden überhaupt gedacht werden kann, ist sie jedenfalls kein Ding und unterliegt daher nicht dem Satz vom Grunde. Noch aus einem anderen Grund ist zu bezweifeln, daß die Frage, warum nicht nichts sei, überhaupt sinnvoll ist. Zu dieser Frage gehört nämlich, wie zu jeder Frage, ein Fragesteller, der existiert, während er fragt, so daß nicht schlechthin nichts sein kann. Es sieht demnach so aus, als sei die Frage, warum nicht nichts sei, falsch gestellt. Es verhält sich mit ihr ähnlich wie mit der Sentenz des Sophokles, daß es das Beste sei, nicht geboren worden zu sein. Der österreichische Lustspieldichter Johann Nestroy führte sie mit der Bemerkung ad absurdum, daß unter Tausenden kaum einer in dieser Lage sei.

Wenn aber die Frage, warum überhaupt etwas sei, falsch gestellt und deshalb unbeantwortbar ist, muß man sich fragen, woher die Faszination, die sie immer wieder ausübte, kommt. Vermutlich rührt das daher, daß man mit «Warum ist etwas?» eigentlich meinte: «Warum ist etwas *für uns*?» Auch mit dieser Frage verbindet sich philosophisches Staunen. Die Tatsache, daß uns nicht eine Menge isolierter Eindrücke, sondern eine Mannigfaltigkeit von Gegenständen erscheint, die neben- und nacheinander existieren sowie aufeinander bezogen sind, ist ebenfalls Anlaß zum Staunen und hat philosophische Antworten hervorgerufen.

Der Gedanke, daß das Erscheinen von etwas die wunderbarste aller Erscheinungen sei, taucht immer wieder auf. So sprach der Neukantianer Paul Natorp (1854–1924) von dem «Wunder aller Wunder …, daß überhaupt etwas für uns da ist» (*Philosophische Systematik*, 1958), und sah in ihm das zentrale Problem der theoretischen Philosophie. Ähnlich drückte sich Martin Heidegger (1889–1976) aus: «Einzig der Mensch unter allen Seienden erfährt, angerufen von der Stimme des Seins, das Wunder aller Wunder: Daß Seiendes *ist*.» (*Was ist Metaphysik?*, Nachwort von 1943) Vom Standpunkt des Kritischen Rationalismus aus meinte auch Karl R. Popper (1902–1994): «Die Erkenntnis ist ohne Zweifel das größte Wunder des Universums.» (*Objektive Erkenntnis*, Vorwort)

Auf dieses Staunen hat schon Thomas Hobbes, einer der großen Denker des 17. Jahrhunderts, hingewiesen: «Die erstaunlichste aller Erscheinungen ist die Tatsache, daß uns überhaupt etwas erscheint.» (Hobbes: *Vom Körper*, Kap. 25) Was im Alltag als das Bekannteste und Vertrauteste hingenommen wird, ist in philosophischer Sicht die erstaunlichste Erscheinung, nämlich daß einige Wesen und insbesondere die Menschen Bilder von Dingen (d. h. Vorstellungen) haben und daß diese Bilder ihre Vorbilder unter Umständen angemessen wiedergeben.

Hobbes hat die «erstaunlichste Erscheinung» im Rahmen eines materialistischen Weltbildes mechanistisch zu erklären gesucht. Er nahm an, daß von den Dingen physikalische Reize ausgehen, auf die das Subjekt physiologisch reagiert. Durch das Zusammenwirken von Reiz und Reaktion, das heißt durch Verhältnisse von Druck und Stoß im Zentralnervensystem, entstehen Empfindungen und Vorstellungen (phantasmata) (*Leviathan*, Kap. 1). Im Rahmen einer solchen Auffassung läßt sich jedoch nicht begreiflich machen, wie durch das Zusammenwirken physischer Faktoren etwas Psychisches, nämlich das bewußte Erscheinen von etwas, hervorgebracht werden soll. Das Staunen angesichts des Erscheinens einer Welt von Gegenständen wird mit Hobbes' Erklärungsversuch nicht überwunden.

Ähnlich verhält es sich mit neueren naturalistischen Erklärungsversuchen, wie der evolutionistischen Erkenntnistheorie. In ihrem Rahmen mag es möglich sein, gewisse Züge der Erfahrung – wie die Struktur des erlebten Raumes – zu erklären, indem man sie als Ergebnis der Anpassung an die Struktur der Wirklichkeit auffaßt. Daß uns überhaupt Dinge und deren Beziehungen erscheinen, wird aber nicht begriffen. Ebenso verhält es sich mit Versuchen, Bewußtseinsinhalte mit den Mitteln der Gehirnforschung begreiflich zu machen. So eindrucksvoll die Entdeckung von Entsprechungen zwischen Bewußtseinsinhalten und Vorgängen im Großhirn auch sein mag – die Tatsache des Erscheinens von Gegenständen vermag sie nicht zu erklären. Das Staunen über das größte aller Wunder läßt sich auf diese Weise nicht überwinden.

Doch auch metaphysische Versuche, die Tatsache, daß es etwas für uns gibt, begreiflich zu machen, stoßen auf Schwierigkeiten, wie bei der Erklärung, die Arthur Schopenhauer (1788–1860) versucht hat, klar zu sehen ist. Er hat einerseits das philosophische Staunen überzeugend erörtert und die Neigung zum philosophischen Denken im allgemeinen damit in Verbindung gebracht, «daß man über das Gewöhnliche und Alltägliche sich zu verwundern fähig ist, wodurch man eben veranlaßt wird, das Allgemeine der Erscheinung zu seinem Problem zu machen» (*Die Welt als Wille und Vorstellung*, II, Kap. 17). Das gilt auch für das Staunen angesichts der Tatsache, daß uns überhaupt etwas erscheint. Dieses Staunen – die «*Verwunderung* über die Welt und unser eigenes Dasein» – ist das entscheidende Motiv des metaphysischen Denkens. Die Welt existiert nicht notwendig; sie könnte ebensogut nicht sein, so daß über ihre Existenz gestaunt werden kann.

Andererseits ist aber die von Schopenhauer vorgeschlagene metaphysische Lösung des Problems alles andere als überzeugend: Daß es etwas für uns gibt, erklärt er mit Hilfe der Annahme, daß die in der gesamten Wirklichkeit wirkende Grundkraft, die er «Wille» nennt, das Bewußtsein als Mittel erzeugt, um den Weg zur Erlösung vom Streben nach Selbsterhaltung zu finden und den Schritt zum Nirvana zu tun. Nach Schopenhauer ist das menschliche Bewußtsein gleichsam die Laterne, in deren Licht der Weg zur Erlösung vom Willen zum Dasein gefunden werden kann. Sein Versuch, eine Erklärung des Erscheinens zu finden, mündet in quasi-mythische Gedanken, die mit argumentierendem Philosophieren nichts mehr zu tun haben.

Die naturalistischen und die idealistischen Erklärungsversuche stimmen insofern überein, als sie sich auf die Annahme äußerer Ursachen stützen, um die Tatsache zu erklären, daß etwas für uns sei. Angesichts ihres Scheiterns liegt es nahe, auf diese Voraussetzung zu verzichten und vielmehr nach Bedingungen auf seiten des Subjekts zu fragen, unter denen die Erfahrung einer Welt von Gegenständen als möglich begriffen werden kann. Daß wir zum Beispiel nicht isolierte Qualitäten wie «weiß», «kalt», «leicht» usw., sondern Dinge mit diesen

Eigenschaften (etwa Schneeflocken) erfahren, läßt sich begreiflich machen, wenn man annimmt, daß das Ich Eindrücke verknüpft und sie als Eigenschaften von Dingen deutet. Immanuel Kant (1724–1804) hat das mit einem einprägsamen Vergleich zum Ausdruck gebracht; es kommt, wie er sagt, darauf an, «Erscheinungen zu buchstabieren, um sie als Erfahrung lesen zu können» (*Prolegomena*, § 30). Die Welt der Gegenstände ist deshalb erfahr- und erkennbar, weil sie vom Subjekt im Sinne von Raum, Zeit, Kausalität usw. geprägt ist und in dieser Hinsicht diesem nicht völlig fremd gegenübersteht. Das Staunen über das Erscheinen von etwas kann, wenn man der von Kant gewiesenen Richtung folgt, der Erkenntnis über den Grund dieses wunderbarsten Phänomens Platz machen. Damit verschwindet das Staunen aber nicht schlechthin, sondern sein Inhalt ändert sich: Erstaunlich ist nun das Vermögen des Ich, eine Welt mittels allgemeinster Denkformen zu prägen. (Auf diese Auffassung wird in späteren Kapiteln zurückgekommen.)

3.

«Welchen Weg soll ich einschlagen?»
Die Suche nach philosophischer Orientierung

Im Spätherbst des Jahres 1619 hatte René Descartes (1596–1650), als er sich in Neuburg oder in der Nähe dieser Stadt aufhielt und schwankte, ob er Offizier oder Wissenschaftler werden sollte, drei Träume, denen er entnehmen zu können meinte, daß er zum Wissenschaftler berufen sei. Im letzten dieser Träume, zwischen denen er kurz wach wurde und die Trauminhalte zu deuten suchte, sah er ein Buch vor sich, das er aufs Geratewohl öffnete und in dem er auf ein Gedicht mit dem Titel stieß «Welchen Lebensweg werde ich einschlagen?» (Ausonius: *Quod vitae sectabor iter?*). Nach dem Erwachen war er sich sicher, daß ihn der Geist der Wahrheit auf den Weg der Wissenschaft führen wolle. Seine Umgebung sollte aber von seiner Entscheidung nichts erfahren, weshalb er zunächst so lebte wie vorher – getarnt, wie er selbst notierte: «Ich gehe maskiert einher» (larvatus prodeo). (Nach Adrien Baillet: *La vie de M. Descartes*, 1691.)

Descartes verschwieg in seinen Aufzeichnungen über die Erfahrungen der Novembernacht 1619 etwas, das für die Deutung der Träume wichtig ist, nämlich den Einfluß, den der niederländische Wissenschaftler Isaac Beeckman auf ihn ausgeübt hatte. Beeckman machte den jungen Descartes mit den Grundgedanken der mathematischen Physik bekannt. Descartes griff begierig die damals noch junge physikalische Denkweise auf, so daß er bald zu deren noch seltenen Vertretern – Mathematico-physici paucissimi, wie Beeckman in seinem Tagebuch notierte – gezählt werden konnte. Die von Descartes als Berufungserlebnis gedeuteten Träume sind daher im Zusammenhang mit der Situation zu sehen, in der er sich befand; sie sind als Abschluß eines längeren Klärungsprozesses zu verstehen.

In den Jahren nach dem Neuburger Winter widmete sich Descartes mathematischen, physikalischen und methodologischen Fragen. Metaphysische Probleme spielten dabei eine untergeordnete Rolle. Das änderte sich, als er sich fragte, wie man beweisen könne, daß Sätze der Physik Strukturen der Wirklichkeit beschreiben. Zweifel an der objektiven Gültigkeit dieser Sätze lassen sich mit naturwissenschaftlichen Mitteln nicht ausräumen; das kann nur die Metaphysik der Erkenntnis leisten, der sich Descartes daher zuwandte.

Ein früheres Beispiel einer als Zäsur erlebten Hinwendung zu einer bestimmten philosophischen Denkweise ist die von Nikolaus von Kues (Cusanus) (1401–1464) vollzogene und auf eine Inspiration zurückgeführte Wende. Er war ursprünglich Jurist, nämlich Doktor des kanonischen Rechts, und nahm in dieser Eigenschaft als Beisitzer am Konzil von Basel teil, das die überfällige Reform der Kirche in die Wege leiten sollte. Angesichts des Streits über die Frage, ob der Papst über dem Konzil stehe oder dieses dem Papst übergeordnet sei, neigte er zwar dem Konziliarismus zu, bemühte sich aber auch, den Ansprüchen des Papsttums gerecht zu werden: Beide Autoritäten sind eng verbunden und sollen nicht gegeneinander ausgespielt werden. Hier zeigt sich schon die für sein Denken charakteristische Tendenz, Gegensätze nicht als unüberbrückbar hinzunehmen.

Die Überzeugung, daß Gegensätze in eine höhere Einheit aufgehoben werden könnten, leitete ihn auch bei seinen Bemühungen um die Wiedervereinigung der damals schon seit Jahrhunderten getrennten Ost- und Westkirche. Von 1437 bis 1438 reiste er mit einer Delegation, die den oströmischen Kaiser und den Patriarchen zum Reunionskonzil von Ferrara bringen sollte, auf dem Seeweg nach Konstantinopel. Auf der

Rückreise hatte er eine spirituelle Erfahrung, auf die er den Grundgedanken seiner Philosophie zurückführte: «Als ich aus Griechenland zurückkehrte – schreibt er –, erfuhr ich auf hoher See – ich glaube, als Geschenk von oben, vom Vater des Lichts, von dem alle gute Gabe herkommt –, daß ich das Unbegreifliche unbegreiflicherweise erfaßte in wissendem Nichtwissen. ... In diesen Tiefen muß alle Bemühung des menschlichen Geistes dahin gehen, sich zu jener Einheit zu erheben, in der die Gegensätze zusammenfallen.» (Schreiben zum Werk *Vom belehrten Nichtwissen/De docta ignorantia*) So wie er die gegensätzlichen Auffassungen innerhalb der römisch-katholischen Kirche der Einen Kirche unterordnete und so wie er West- und Ostkirche als Glieder der allgemeinen christlichen Kirche betrachtete, so wurde ihm klar, daß es eine höchste Einheit gibt, in der alle Gegensätze vereint sind, nämlich Gott.

Im genannten Werk wird dieser Gedanke entfaltet und argumentativ zu stützen gesucht. Gott kann auf Grund seiner absoluten Vollkommenheit nicht anders sein, als er ist, also auch nicht größer oder kleiner; was aber nicht größer sein kann, ist das Größte, und was nicht kleiner sein kann, das Kleinste. Somit ist Gott das Größte und das Kleinste, das Höchste und das Geringste usw. Die alle Gegensätze aufhebende Einheit läßt sich mit dem Verstand nicht erfassen: Die reine Wahrheit der Dinge ist unerreichbar; sie wurde von vielen Philosophen gesucht, aber nicht gefunden. Die Philosophie muß dieses Nichtwissen anerkennen. Je deutlicher es begriffen wird, desto mehr nähern wir uns der Wahrheit – einer Wahrheit, die, wie hinzuzufügen ist, nicht rational, sondern nur in mystischer Schau erfaßt werden kann.

Die von Nikolaus auf die intellektuelle Erfahrung während der Schiffsreise zurückgeführte Einsicht hat zur Folge, daß das rationale Erkennen in seiner Bedeutung eingeschränkt, aber keineswegs verworfen wird. Die auf ihren Zuständigkeitsbereich bezogene Verstandeserkenntnis wird durchaus positiv bewertet, war der Cusaner doch gegenüber physikalischen und mathematischen Problemen aufgeschlossen, ja er leistete auch bemerkenswerte Beiträge zur Entwicklung dieser Wissenschaften. Die rationale Erkenntnis spielt auch in seinem Werk eine Rolle, und manche seiner wissenschaftlichen Ansichten nehmen moderne Auffassungen vorweg. So erkannte er zum Beispiel, daß mit verschwindend kleinen Größen gerechnet werden kann.

Geht man nochmals ein Jahrtausend in der Geschichte zurück, stößt man im Zusammenhang mit der Biographie des Kirchenvaters Aurelius Augustinus (354–430) auf ein bekanntes Beispiel einer gedanklichen Kehre. In seinen *Bekenntnissen* schildert Augustinus eine Erfahrung, die er in Mailand, wo er Lehrer der Rhetorik war, gemacht hat. Beim Gebet meinte er eines Tages eine Stimme zu hören, die ihn aufforderte: Nimm und lies (tolle, lege). Er bezog diese Aufforderung auf das Buch mit den Briefen des Apostels Paulus, in dem er kurz vorher gelesen hatte. Er öffnete es, indem er aufs Geratewohl eine Stelle herausgriff, und stieß auf den Satz: «Laßt uns ehrenhaft leben wie am Tag, ohne maßloses Essen und Trinken, ohne Unzucht und Ausschweifung, ohne Streit und Eifersucht. Legt [wie ein neues Gewand] den Herrn Jesus Christus an, und sorgt nicht so für euren Leib, daß die Begierden erwachen.» (Paulus an die Römer) Augustinus vollzog einen Wandel, der zum Teil philosophischen, zugleich aber religiösen und moralischen Charakter hatte. Er verließ die Hauptstadt, um sich in ländlicher Stille auf die Taufe vorzubereiten. Er kehrte in seine nordafrikanische Heimat zurück, wurde Priester und Bischof in Hippo Regius (heute Annaba, franz. Bône). Er erlebte noch den Vorstoß der Wandalen nach Nordafrika, nicht mehr jedoch die Eroberung der Stadt durch die Invasoren.

Augustins Darstellung der gedanklichen Wende in den *Bekenntnissen*, obwohl als autobiographischer Bericht vorgetragen, zeigt anekdotenhafte Züge. Man kann nicht ausschließen, daß es sich bei der Schilderung des Anrufs aus dem Jenseits um eine rhetorische Figur handelt, deren Verwendung einem Lehrer der Rhetorik durchaus zugetraut werden kann. Sie faßt einen längeren Entwicklungsprozeß zusammen und stellt sein Ergebnis als momentanes Ereignis dar. Damit wird der Umstand verdeckt, daß sich Augustinus in einer seit geraumer Zeit vorbereiteten weltanschaulichen Entscheidungssituation befand, die nach einer Lösung verlangte.

In mehrfacher Hinsicht sah sich Augustinus vor die Wahl zwischen weltanschaulichen Alternativen gestellt. Er hatte sich zu entscheiden zwischen der dualistischen Lehre der Manichäer, die zwei gleichmächtige Prinzipien, ein gutes und ein böses, annahmen, und dem Glauben an die Alleinherrschaft des allmächtigen und allgütigen Gottes. Eine andere Entscheidung war zu treffen zwischen der gemäßigt skeptizistischen Lehre, wie sie Cicero übermittelt hat, und der neuplatonischen Annahme einer ekstatischen Erkenntnis des Prinzips allen Seins, die zugleich als intellektuelle Vereinigung mit ihm aufgefaßt wurde. Außerdem mußte er optieren zwischen einer Philosophie, die nach einem unpersönlichen jenseitigen Ursprung des Seins fragt, und einer Weltanschauung, in deren Mittelpunkt der Glaube an einen persönlichen Schöpfer-Gott, der sich den Menschen offenbart hat, steht. Augustins Entscheidung gegen Dualismus und Skeptizismus verbindet sich mit der Hinwendung zu einem theistisch aufgefaßten Platonismus. Sein großer Einfluß auf das mittelalterliche Denken hatte zur Folge, daß die christliche Theologie im Westen anfänglich vor allem vom Platonismus geprägt war. Wenn Nietzsche meinte, Christentum sei Platonismus für das Volk, so hatte er wohl die von Augustinus ausgehende Tradition im Auge.

Auch in der Neuzeit kam es immer wieder vor, daß Philosophen ihre Denkweise änderten, aber das geschah nicht unter dem Eindruck vermeintlicher Offenbarungen oder infolge jenseitiger Berufung, sondern auf Grund bewußter Abwägung von Alternativen. So hat Gottfried Wilhelm Leibniz (1646–1716) in jungen Jahren ganz bewußt eine grundsätzliche Korrektur seiner Denkweise vorgenommen, indem er sich von der Scholastik ab- und der zeitgenössischen mechanistischen Philosophie zuwandte. Er selbst berichtet von diesem Schritt: «... ich erinnere mich, daß ich in einem Lustwäldchen bei Leipzig, das Rosental genannt, allein spazierenging, um zu überlegen, ob ich die substantiellen Formen beibehalten sollte. Der Mechanismus siegte endlich und brachte mich dahin, daß ich mich auf die Mathematik legte» (Brief an Remond de Montmort, 1714).

Nach der mechanistischen Philosophie sind die beobachtbaren Eigenschaften der Dinge nicht auf Wesensformen, sondern auf die Beziehungen zwischen Partikeln zurückzuführen. Ein Ding erscheint dieser Ansicht nach z. B. als rot, weil es auf Grund seiner molekularen Struktur Licht einer bestimmten Wellenlänge reflektiert, nicht aber, weil es die Form der Röte hat. Mit dieser Denkweise war Leibniz bereits vertraut, denn nach Beendigung seiner Schulzeit hatte er sich «auf die Neueren» gestürzt, wie er sagte. Später erkannte Leibniz die mechanistische Denkweise als einseitig und korrigierte seine frühere Entscheidung.

Im 19. Jahrhundert sah sich Theodor Fechner (1801–1887) vor die Wahl zwischen naturalistischer und spiritualistischer Naturauffassung gestellt. In jungen Jahren vertrat er eine mechanistische und atheistische Denkweise, erkannte sie aber später als einseitig. Er bezeichnete sie als die Nachtansicht der Wirklichkeit und stellte ihr eine andere Sicht, die Tagesansicht, gegenüber, der zufolge die Natur in allen ihren Teilen beseelt ist. Fechners Durchbruch zur «Tagesansicht» soll seinem eigenen Bekunden nach in jenem Rosental erfolgt sein, in dem sich fast zweihundert Jahre früher Leibniz für die mechanistische Betrachtungsweise entschieden hatte. Fechner wollte wohl seiner Option dadurch Geltung verschaffen, daß er sie an jenen Ort verlegte, an dem Leibniz seine jugendliche Entscheidung getroffen hatte. Leibniz hatte allerdings die mechanistische Naturauffassung ebenfalls bald als einseitig erkannt und ihr eine Sicht der Wirklichkeit zur Seite gestellt, in der sie sich als zweckmäßig geordnetes Ganzes darstellt. Die beiden Betrachtungsweisen schließen sich seiner Ansicht nach nicht aus, sondern ergänzen einander; sie sind ursprünglich aufeinander bezogen und gehören zusammen wie die beiden Seiten einer Medaille.

In weniger spekulativer Weise hat Max Planck (1858–1947) zwei Aspekte der Naturbetrachtung unterschieden. In der Entwicklung des physikalischen Denkens gibt es seiner Ansicht nach sowohl Gewinn als auch Verlust. Verloren geht die qualitative Mannigfaltigkeit der alltäglich erfahrenen Welt und deren Beziehung zu Bedürfnissen des Menschen; der Gewinn besteht in der Entfernung anthropomorpher Elemente aus dem Weltbild und in der Systematisierung der Naturerkenntnis (Planck: *Acht Vorlesungen zur theoretischen Physik*).

Zu den bekanntesten und folgenschwersten Wenden der Philosophiegeschichte gehört zweifellos Kants Entscheidung gegen die rationalistische Metaphysik und den Glauben, daß Wirklichkeitserkenntnis unabhängig von der Erfahrung möglich sei. Kant sprach von einer «Umänderung der Denkart» und verglich sie mit der Überwindung des geozentrischen Weltbildes durch Kopernikus. Diese Umänderung hat zur Folge, daß Erkennen nicht mehr als Erfassen unabhängig von uns vorhandener Dinge, sondern als zutreffendes Urteilen über Gegenstände verstanden wird, die einer vom Subjekt strukturierten Welt angehören. Kant nimmt an, daß die grundlegenden Formen der erfahrbaren Welt – Raum, Zeit, Verursachung usw. – der Erfahrungswirklichkeit nicht gleichsam abgelesen, sondern ihr «vorgeschrieben» werden. Nicht der

Stoff, den wir wahrnehmend empfangen (die Empfindung), wird erfahren; was uns als Gegenstand erscheint, ist das Ergebnis der Formung des Stoffs mit Hilfe von Anschauungs- und Denkformen, über die wir unabhängig von der Erfahrung verfügen. Was wir erfahren, sind daher nicht Dinge, wie sie an sich – das heißt: ungedeutet – sein mögen, sondern Erscheinungen.

Auch bei Kant erfolgte die Hinwendung zur neuen Denkweise bzw. die Abkehr von der älteren rationalistischen Metaphysik nicht auf einen Schlag, sondern als das Ergebnis einer längeren gedanklichen Entwicklung. Zwar versicherte er, daß ihm im Jahr 1769 ein großes Licht aufgegangen sei, aber was auch immer damit gemeint gewesen sein mag – Kant hat sich dazu nicht geäußert –, die Distanzierung gegenüber dem Rationalismus hatte schon früher eingesetzt. Erst recht besagt seine Äußerung über das «große Licht» nicht, daß seine Wende von der älteren zu einer Metaphysik, die mit dem Anspruch der Wissenschaftlichkeit auftritt, mit einer übernatürlichen Erleuchtung zu tun habe; im Gegenteil: Sie ist das Ergebnis einer vernünftigen Abwägung konkurrierender Betrachtungsweisen und wurde von ihm auch so verstanden und dargestellt.

Zu erwähnen ist in diesem Zusammenhang auch die vielerörterte Kehre, die Martin Heidegger etliche Jahre nach dem Erscheinen seines Hauptwerks *Sein und Zeit* (1927) vollzogen hat. Er wandte sich von der in seinen Werken der zwanziger Jahre – außer *Sein und Zeit* auch *Kant und das Problem der Metaphysik* – zur Geltung gebrachten Denkweise ab und einer Seinsphilosophie zu, deren Aufgabe nicht mehr im Rückgang zu den Bedingungen, unter denen sich uns Welt erschließt, besteht, sondern im Vernehmen dessen, was das Sein uns zuspricht. Diese «Kehre» beruhte auf einer bewußten Entscheidung; sie war durch die Überzeugung motiviert, daß die frühere Denkweise ungenügend sei.

Die erwähnten Beispiele lassen erkennen, daß die Suche nach Orientierung zu philosophischen Wenden führt, die oft abrupt zu erfolgen scheinen, tatsächlich aber Endpunkte einer längeren Entwicklung sind. Sie sind eingebettet in kontinuierliche Zusammenhänge, spielen aber insofern eine besondere Rolle, als sie seit geraumer Zeit angebahnte, oft nicht explizit konzipierte Gedanken ordnen und zu vollem Bewußtsein bringen.

Bei der Suche nach Orientierung haben bei den genannten Denkern vernünftige Überlegungen immer die entscheidende Rolle gespielt, obwohl auch andere Motive beteiligt gewesen sein mögen. Kant optierte für eine Philosophie, die die Anmaßung zurückwies, unabhängig von Beobachtungen Züge der Wirklichkeit erkennen zu können, und zugleich den radikalen Skeptizismus vermied. Descartes suchte nach einer Philosophie, die dem Erkenntnisanspruch der neuen physikalischen Denkweise, der er sich zugewandt hatte, gerecht werden konnte. Nikolaus Cusanus bemühte sich um die spekulative Verankerung seines Strebens nach Aufhebung von Gegensätzen in einem jenseitigen Einheitsprinzip. Die Optionen, in die ihre Suche mündete, waren in erster Linie das Ergebnis der Abwägung von Gründen und nicht einer vermeintlichen höheren Berufung oder einer irrationalen Wahl.

4.

Gottheiten als Bürgen der Wahrheit
Das Ideal vollkommener Erkenntnis

Der Dichter Hesiod aus Böotien (um 700 v. Chr.) beschreibt
in seiner bekanntesten Dichtung, der *Theogonie*, wie eines
Tages, als er, damals noch ein junger Mann, am Fuße des He-
likongebirges in Böotien das Vieh hütete, die Musen, die
Töchter des großen Zeus, zu ihm herantraten und ihm den Ast
eines Ölbaums überreichten, der ihm als Stab dienen sollte. Sie
gaben ihm herrliche Gesänge über die Entstehung der Götter
und der Welt ein und forderten von ihm, sie unverfälscht wei-
terzugeben.

Die Berufung auf die Göttinnen läßt das, was Hesiod über
die Götter, ihre Entstehung, ihre Konflikte und ihre Hierar-
chie sagt, als unbedingt wahr und als immun gegen jeden
Zweifel erscheinen. Unausgesprochen läßt sich der Dichter
vom Ideal einer vollkommenen, das heißt grundsätzlich nicht
korrigierbaren Erkenntnis leiten.

Der Versuch, den Anspruch einer unbedingt wahren Beschreibung des Werdens der Götter durch die Berufung auf
eine übermenschliche Instanz zu rechtfertigen, verdient Beachtung, denn er ist ein frühes Beispiel einer Rechtferti-
gungsstrategie, die bei Hesiod allerdings nur angedeutet ist,
später jedoch in den entfalteten Theorien der Erkenntnis immer wieder anzutreffen ist. Das Wissen, das von einer jenseitigen Instanz gewährleistet sein soll, gilt wegen seiner Herkunft
als gefeit gegen Zweifel und Kritik; es ist als perfektes Wissen
wesentlich von hypothetischen Annahmen verschieden.

Daß Hesiod es sich zutraute, die vorgeblich von den Musen
offenbarte Wahrheit zu verkünden, ist in Anbetracht seiner

Herkunft nicht selbstverständlich. Er wuchs auf dem väter-
lichen Bauernhof auf und arbeitete dort, konnte sich aber
gleichzeitig zu einem Rhapsoden, das heißt zu einem Sänger,
der die Homerischen Epen vorträgt, bilden. Als solcher nahm
er an einem Sängerwettkampf in Chalkis auf Euböa teil und
errang den Siegespreis, den er den Musen widmete. Durch den
Erfolg ermutigt, beschloß er, selbst Gedichte zu schreiben
(nach P. Mazon: *Hésiode*, 1960).

Die Berufung auf höhere Eingebungen ist ein übliches poe-
tisches Stilmittel. Hesiod beruft sich auch in einer anderen
Dichtung mit dem Titel *Werke und Tage* auf die Musen, so
wie schon früher in ähnlicher Weise am Beginn der Home-
rischen Epen die Musen als deren Urheber vorgestellt werden.
Aber über die Rolle eines rhetorischen Tropus hinaus hat die
Wendung noch eine andere, philosophisch bemerkenswerte
Dimension. Hesiod will – und das ist der tiefere Sinn der Berufung auf die Musen – mit seinem Gedicht nicht in erster
Linie durch die Kunst der Erfindung und die sprachliche
Form wirken, sondern durch dessen Inhalt, und dieser wird
als unbedingt wahr dargestellt. Indem Hesiod einen solchen
Anspruch erhebt, tut er, der selbst noch kein Philosoph im ei-
gentlichen Wortsinn war, einen ersten Schritt hin zur Philosophie als Lehre von einer Wirklichkeit jenseits der wahrnehmbaren Welt.

Die Immunisierung vermeintlich absoluter Wahrheiten
durch deren Zurückführung auf göttliche Offenbarungen findet sich später ausdrücklich bei Parmenides aus dem unterita-
lienischen Elea (um 500 v. Chr.). Er ging über Hesiod hinaus,
indem er sich bei der Grundlegung seiner Philosophie zwar
ebenfalls auf die Autorisierung durch die Gottheit berief, sich
aber zugleich auf die vernünftige Einsicht in die Grundsätze
seiner Philosophie stützte. Deshalb kann er als der erste gelten, der den Titel eines Metaphysikers in vollem Sinne verdient, wenn auch dieser Name zu seiner Zeit noch nicht zur

Verfügung stand. Dennoch spielt der Verkündungsmythus in seinem Lehrgedicht noch eine Rolle.

Am Anfang seines Werkes über die Natur berichtet Parmenides, wie er zum Himmel entrückt worden sei und aus dem Mund der Gottheit erfahren habe, was unerschütterliche Wahrheit sei, aber auch, welche – von der Wahrheit abweichende – Meinungen die Menschen hegen. «Jüngling – so sprach die Göttin – der du … zu unserem Hause gelangst, sei gegrüßt! … Nun sollst du alles erfahren, sowohl der Wahrheit unerschütterlichen Geist, als auch der Sterblichen Meinungen, denen die Zuverlässigkeit der Wahrheit mangelt.» (Parmenides: *Über die Natur*) Daß dieser Versuch, den Anspruch auf Wahrheit der philosophischen Lehre zu rechtfertigen, aus dem Mythus stammt, liegt auf der Hand. Der Glaube an die unbedingte Wahrheit wird gerechtfertigt durch die Berufung auf eine übermenschliche Autorität.

Eine solche Autorisierung seiner Lehre hätte Parmenides jedoch gar nicht nötig gehabt, da die Autorität der Vernunft sich selbst genügt hätte. Nach Parmenides läßt sich vernünftig einsehen, daß das Seiende ist, das Nichtseiende dagegen nicht sein kann. Das sieht tautologisch aus, hat aber inhaltliche Bedeutung, da das Nichtseiende als das absolut Leere – als Vakuum – verstanden wird. Gibt es kein Vakuum, dann ist Bewegung unmöglich. Das wahrhaft Seiende wird im Unterschied zu den mannigfaltigen Dingen als unveränderlich, unentstanden, unvergänglich, unteilbar und zeitlos aufgefaßt. Wenn sich Parmenides nicht damit begnügte, für seine Auffassung Vernunftgründe ins Treffen zu führen, so weist das nicht auf mangelndes Vertrauen in die Vernunft hin, denn an der Möglichkeit vollkommener Erkenntnis aus reiner Vernunft scheint er nicht gezweifelt zu haben. Vermutlich war er sich nicht sicher, mit seinen Begründungen (auf die hier im einzelnen nicht eingegangen werden kann) allgemein überzeugen zu können. Um auch jene für seine Auffassung zu gewinnen, die mit Vernunftgründen nicht zu beeindrucken sind, könnte er die Autorisierung durch die Gottheit für hilfreich gehalten haben.

Noch in der frühen neuzeitlichen Philosophie spielt die Idee einer göttlichen Wahrheitsgarantie eine Rolle, nämlich bei Descartes. Auf der Suche nach einer unerschütterlichen, in keiner Weise mehr bezweifelbaren Wahrheit sondert Descartes zunächst alles aus, was sich in irgendeiner Weise bezweifeln läßt. Betroffen sind nicht nur alle auf Wahrnehmungen gestützten Urteile, die wegen der Möglichkeit von Wahrnehmungstäuschungen nicht völlig zuverlässig sind, sondern auch auf vernünftiger Einsicht in das Wesen von Dingen beruhende Sätze wie «Die Winkelsumme des Dreiecks ist gleich zwei Rechten». Sie scheinen auf den ersten Blick jedem Zweifel entzogen zu sein, denn wer versteht, was solche Sätze besagen, kann gar nicht anders, als sie für wahr zu halten. Könnte es aber nicht sein, daß Gott, von dem unsere Vernunft ebenso wie die Natur stammt, unser Denken so eingerichtet hat, daß wir unmittelbar einleuchtende Sätze wie den angeführten bejahen müssen, daß sie aber nur subjektive Geltung haben, das heißt, daß ihnen in der Realität nichts entspricht?

Descartes hat diese Frage nur gestellt, um sie zurückzuweisen. Wenn wir Gott erkennen, und das ist seiner Ansicht nach möglich, dann erkennen wir auch, daß er ein wahrhaftiger Gott ist, der uns nicht so geschaffen haben kann, daß wir uns in unentrinnbare Irrtümer verstricken. Das wäre aber der Fall, wenn Urteile, die wir wegen ihrer Einsichtigkeit nicht anders als in einer bestimmten Weise fällen können, nicht objektiv gültig wären. Gott garantiert gleichsam die Objektivität solcher Urteile. Der Metapher der göttlichen Wahrhaftigkeit liegt der Glaube an eine universale Struktur zugrunde, an der die Struktur der deutlichen Ideen und die Struktur der Wesensformen der Dinge teilhaben, so daß zwischen beiden Übereinstimmung besteht. Die Annahme, daß Denk- und Seinsstrukturen einander entsprechen, läßt sich allerdings auch unabhängig von der Idee der göttlichen Wahrhaftigkeit vertreten. So meinte zum Beispiel Spinoza, daß die Ordnung der Gedanken wie die Ordnung der Dinge von der absolut unendlichen Substanz abhängen und infolge ihrer gemeinsamen Herkunft einander eindeutig zugeordnet sind. Mit dieser Auffassung ist Spinoza zum Kern der Lehre von der göttlichen Wahrhaftigkeit vorgedrungen.

Die Idee eines perfekten, von einer übergeordneten Instanz garantierten Wissens, die im Gegensatz zum Meinen – als hypothetischem Fürwahrhalten – steht, wird seit jeher wie von ihrem Schatten vom Skeptizismus begleitet, ja man kann sagen, daß der Skeptizismus in seinem Kern die Absage an jene Idee ist. In den letzten Jahrhunderten hat diese Denkweise – das heißt die Ansicht, daß Tatsachenerkenntnis immer und unaufhebbar den Charakter des «Meinens» hat – gegenüber dem Wahrheitsabsolutismus an Boden gewonnen, während das Vertrauen in eine Vernunft, die zu perfektem Wissen fähig ist, immer mehr schwindet. Dies hängt unter anderem damit zusammen, daß die metaphysischen Voraussetzungen, von denen diese Auffassung abhängt, kaum mehr vertreten werden. Kaum jemand dürfte heute noch an eine durch einen wahrhaftigen Gott garantierte Wahrheit oder an die Teilhabe des vernünftigen Denkens an einer universalen, Denken und Sein umfassenden Ordnung glauben. Nicht nur vom Standpunkt des Empirismus aus stellen sich diese Voraussetzungen als unhaltbar dar, auch von anderer Seite wurden sie in Frage gestellt, zum Beispiel vom Kritizismus, vom Pragmatismus oder von der sogenannten postmodernen Philosophie.

Gegen den Glauben an die Möglichkeit perfekten Wissens bzw. absoluter Wahrheit spricht nicht nur, daß er auf Voraussetzungen beruht, die sich nicht begründen lassen; er hat auch Konsequenzen, die man nicht mehr ziehen mag. Der Anspruch, über ein vollkommenes, einer Korrektur weder bedürftiges noch zugängliches Wissen zu verfügen, erweist sich als bedenklich, weil er zum Dogmatismus führt und daher zur Intoleranz verleitet. Damit wird aber die offene Diskussion behindert und eine starre Haltung gefördert, die es erschwert, sich von konkurrierenden Auffassungen anregen und unter Umständen bereichern zu lassen. Eine gewisse geistige Verarmung kann die Folge sein.

5

Trügerische Erzählungen der Musen
Meinen im Gegensatz zum Wissen

Die Musen, die Hesiod versicherten, sie könnten Wahrheiten verkünden (siehe Kapitel 4), sind auch fähig irrezuführen: «Wir können viel Trügerisches (pseúdea) erzählen, das der Wahrheit ähnlich ist.» (Hesiod: *Theogonie*)

Es liegt nahe, die «Wahrheit», die die Musen in Aussicht stellen, mit dem vollkommenen, der Verbesserung in keiner Weise bedürftigen Wissen in Verbindung zu bringen. Was die Musen «trügerisch» nannten, läßt sich demgemäß als «Meinen», das heißt als hypothetisches Fürwahrhalten auf Grund alltäglicher und naturwissenschaftlicher Erfahrung, verstehen. Das Meinen wird vom Wissen nicht nur unterschieden, sondern zugleich ihm gegenüber abgewertet; es ist insofern trügerisch, als es nicht unbedingt wahr ist.

Wissen und Meinen hat erstmals Parmenides ausdrücklich einander gegenübergestellt. Er «nimmt an, in Wahrheit sei das All eines, unentstanden und kugelförmig; gemäß der Meinung (doxa) der Vielen aber nimmt er, um die Entstehung der Erscheinungen zu erklären, zwei Prinzipien an» (Diels/Kranz: Vorsokratiker, 28 A 7). Parmenides hielt die monistische Auffassung für unbedingt wahr, die dualistische Ansicht, nach der die Dinge durch die Mischung des Hellen (des Lichts) und des Dunklen (der Nacht) entstanden sind, für bloße Meinung, die der auf vernünftiger Einsicht beruhenden Erkenntnis unterzuordnen ist. Sätze über die Natur sind Meinungen, das heißt, sie sind ausnahmslos hypothetisch. Auch wenn sie noch so plausibel sind, könnten sie sich doch als falsch erweisen.

Die wertende Unterscheidung von Wissen und Meinen findet sich auch später, sowohl in der klassischen griechischen als auch in der neuzeitlichen Philosophie. Zum Beispiel sah Descartes in den obersten Prinzipien der Naturwissenschaften – wie dem Satz von der unbegrenzten Teilbarkeit der Materie – und vor allem den Prinzipien der Metaphysik – das heißt den Sätzen über das denkende Ich, über Gott und die Natur – Vernunftwahrheiten, die sich in keiner Weise bezweifeln lassen. Seinen einzelwissenschaftlichen Theorien, z. B. der Theorie der Lichtbrechung, legte er dagegen Annahmen (suppositions) zugrunde. So erklärte er in der *Dioptrique*, er wolle, in Analogie zur Theoriebildung in der Astronomie, die Sätze der Optik auf Annahmen stützen, so wie er auch die der Erklärung des Regenbogens in den *Météores* dienenden Sätze als Hypothesen betrachtete. Daß wissenschaftliche Erklärungen bestimmter Tatsachen von Erfahrungen abhängig sind, ist ja nicht zu übersehen. So muß man, um ableiten zu können, daß der Regenbogen unter einem Winkel von 42 Grad erscheint, die Brechzahl des Wassers (der Regentropfen) kennen, und dies ist nur durch Beobachtung möglich.

Descartes schwächt jedoch den Gegensatz von Vernunftwahrheiten und empirischen Annahmen dadurch ab, daß er erklärt, gewisse wissenschaftliche Sätze könnten schließlich doch aus den ersten metaphysischen Wahrheiten abgeleitet werden. In seinem systematischen Hauptwerk, den *Prinzipien der Philosophie*, versichert er sogar, die naturwissenschaftlichen Grundsätze nur aus Bescheidenheit als Hypothesen bezeichnet zu haben. Damit wird der Gegensatz zwischen unbedingter metaphysischer und hypothetischer einzelwissenschaftlicher Erkenntnis prinzipiell zugunsten des rein vernünftigen Wissens relativiert. Hier zeigt sich deutlich die Tendenz zur Abwertung des empirischen Wissens, die eine Folge der Abhängigkeit vom Ideal vollkommener Erkenntnis ist. Von diesem Ideal waren in der Neuzeit nicht nur die Vertreter der rationalistischen Metaphysik, sondern auch die

nachkantischen Idealisten beeinflußt, wie zum Beispiel bei
Georg Wilhelm Friedrich Hegel (1770–1831) zu sehen ist, der
das alltägliche und einzelwissenschaftliche Meinen zugunsten
der philosophischen Spekulation wegen seines hypothetischen Charakters abwertete. Wissenschaftliche Erklärungen
beruhen auf Annahmen über Beziehungen, die der Verstand
entwirft, ohne ihre Übereinstimmung mit dem Wesen der
Dinge beweisen zu können. Sie sind daher in Hegels Augen
im Vergleich mit der spekulativen Erkenntnis zweitrangig.

Noch Husserl, der Begründer der Phänomenologie, war in
den ersten Jahrzehnten des 20. Jahrhunderts überzeugt, daß
perfektes, auf Wesensschau beruhendes Wissen möglich sei.
Später hat Martin Heidegger gemeint, das eigentliche Denken
für seine Philosophie in Anspruch nehmen und den Einzelwissenschaften absprechen zu können: «Die Wissenschaft
denkt nicht.» (Heidegger: *Was heißt Denken?*) Es gibt, wie er
betont, keine Brücke von der Wissenschaft zum Denken, sondern nur einen Sprung vom einen zum anderen. Er versteht
unter «Denken» offenbar eine Denkweise, mit der das wissenschaftliche, aber auch das alltägliche Erkennen nichts zu tun
haben, nämlich ein Denken, in dem vernommen wird, was das
Sein uns zuspricht: «Das zu-Denkende hat ... sich dem Wesen
des Menschen schon zugesprochen.» Heidegger räumt ein,
daß seine Auffassung des Denkens so weit vom eingebürger-
ten Sprachgebrauch entfernt ist, daß es verständlich ist, wenn
sie auf Befremden stößt. Ist es aber nicht anmaßend, den
Sprachgebrauch so zu vergewaltigen, daß das Denken zu einem Privileg einer bestimmten Philosophie wird und daher
den Einzelwissenschaften abgesprochen werden kann?

Das rationalistische Ideal perfekten Wissens war niemals
unangefochten, sondern wurde immer wieder in Zweifel gezogen, vor allem von Vertretern des Skeptizismus. Im Verlauf
der Auseinandersetzung gewannen die Einwände gegen jenes
Ideal nach und nach an Gewicht; das lange Zeit abgewertete

Meinen erfuhr in dem Maße, in dem der Glaube an die Möglichkeit vollkommenen Wissens schwand, eine Aufwertung. Dies ist deutlich bei David Hume (1711–1776) zu sehen, der zwischen Tatsachenaussagen und Aussagen über Beziehungen zwischen Begriffen unterschied. Die letzteren sind zwar unzweifelhaft wahr, doch sie haben keinen Tatsachengehalt. Die ersteren beziehen sich auf Tatsachen, sind aber nur wahrscheinlich – Hume hätte sagen können: Sie haben den Charakter des Meinens. Da nach Hume die Einteilung in Aussagen über Begriffsbeziehungen und Aussagen über Tatsachen vollständig ist, bleibt für ein perfektes Wissen von Tatsachen kein Platz. Die spekulative Metaphysik und die Theologie sind, sofern sie Wissen in Anspruch nehmen, abzulehnen: «Nehmen wir irgendeinen Band aus der Theologie oder der Schulmetaphysik zur Hand, so sollen wir fragen: Enthält er irgendeinen abstrakten Schluß über Größe oder Zahl? ... Enthält er irgendeinen Erfahrungsschluß über Tatsache und Existenz?» Ist die Antwort in beiden Fällen negativ, ist eine radikale Konsequenz zu ziehen: «... ins Feuer damit, denn er kann nichts als Sophisterei und Täuschung enthalten» (Hume: *Eine Untersuchung über den menschlichen Verstand*, Ende).

Kant hat es sich zur Aufgabe gemacht, zwischen dem Glauben an die Möglichkeit vollkommenen Tatsachenwissens und der Ablehnung des rationalistischen Erkenntnisideals zu vermitteln. Seiner Ansicht nach gibt es von Tatsachen kein vollkommenes Wissen, wohl aber von Bedingungen, unter denen Tatsachenerkenntnis möglich ist. Demgemäß hat Kant, anders als Hume, außer Aussagen über Beziehungen zwischen Begriffen, die definitiv gewußt werden können, und Aussagen über Tatsachen, die den Charakter des Meinens haben, eine dritte Art von Sätzen angenommen, nämlich Grundsätze des reinen Verstandes, z. B. das Kausalitätsprinzip. Sie haben den Charakter vollkommenen Wissens, nicht jedoch die Sätze der speziellen Metaphysik – der rationalen Kosmologie, Psychologie und Theologie. Die speziellen einzelwissenschaftlichen Sätze gelten als Meinen, das heißt, sie sind Hypothesen und als solche grundsätzlich korrigierbar.

Grundsätze folgen nach Kant nicht aus allgemeineren Sätzen und sind nicht Verallgemeinerungen aus Tatsachenaussagen; Kant begründet sie vielmehr dadurch, daß er sie als notwendige Bedingungen der Tatsachenerkenntnis erweist. Zum Beispiel könnten wir nicht nach den Ursachen bestimmter Vorgänge fragen und Annahmen über sie machen, wenn das Kausalitätsprinzip nicht objektiv gültig wäre, das heißt, wenn wir nicht von vornherein wüßten, daß alle Vorgänge in der Natur eine Ursache haben müssen. Auf diese Weise lassen sich nach Kant auch die anderen Verstandesgrundsätze definitiv begründen. In diesem Punkte ist die Entwicklung allerdings über den Kantischen Standpunkt hinausgegangen. Nach und nach setzte sich nämlich die Auffassung durch, daß auch Grundsätze wie das Kausalitätsprinzip nicht unbedingt gültig sind. Sie gehören zum begrifflichen Rahmen, innerhalb dessen Tatsachen erklärt werden können, doch dieser Rahmen steht nicht ein für allemal fest; er hat sich im Verlauf der Zeit geändert, so daß nicht ausgeschlossen werden kann, daß er auch in der Zukunft Änderungen erfahren wird. Sie sind Inhalt nicht eines vollkommenen Wissens, sondern des Meinens.

Daß das Meinen nicht ein Fürwahrhalten geringerer Dignität ist, hat in jüngerer Zeit besonders nachdrücklich Karl R. Popper (1902–1994) betont. Seiner Ansicht nach hat das menschliche Wissen stets den Charakter eines provisorischen, der Berichtigung zugänglichen Vermutungswissens; es ist somit «Meinung» im Sinne der griechischen Philosophie, das heißt, es ist nicht definitiv begründbar. Man kann verstehen, daß Popper mit großer Genugtuung feststellte, daß sich diese Auffassung schon in der frühgriechischen Philosophie, nämlich bei Xenophanes um die Mitte des ersten vorchristlichen Jahrtausends, findet, nach dessen Ansicht niemand je gesicherte

Erkenntnis von den Göttern und der Welt haben kann. Selbst wenn er zufällig das Richtige träfe, könnte er nicht wissen, daß er es getroffen hat. (Diels/Kranz: Vorsokratiker, 21 B 34)

Wenn die Suche nach Erkenntnis nicht zu einem endgülti-gen Ergebnis führt, könnte man fragen, worin dann ihr Sinn bestehe. Hierauf läßt sich antworten, daß auch dann, wenn kein definitives Resultat der Erkenntnisbemühungen zu er-warten ist, die mögliche und immer wieder erreichte Verbes-serung von Theorien ausreicht, um die Wahrheitssuche als ge-rechtfertigt erscheinen zu lassen. Annahmen können mit einem Wort der Wahrheit immer ähnlicher werden. Auch die-ser Gedanke findet sich andeutungsweise bereits bei Xeno-phanes, der meinte, die Götter hätten die Wahrheit nicht von vornherein offenbart, weil sie wollten, daß die Menschen durch unentwegtes Suchen zu immer besseren Lösungen ge-langen.

6.

Der Geist der Geometrie
Das rationalistische Wissenschaftsideal

Von Thomas Hobbes, einem der größten Philosophen des
17. Jahrhunderts, wird berichtet (J. Aubrey: *Brief Lives*), daß
er in einer Buchhandlung durch Zufall auf Euklids *Elemente
der Geometrie* gestoßen und sogleich von der in diesem Werk
zur Geltung kommenden Denkweise fasziniert gewesen sei.
Das Buch lag aufgeschlagen auf einem Tisch, und zwar so, daß
Hobbes der 47. Satz des ersten Buches in die Augen fiel. Er las
ihn und fand ihn nicht plausibel: «Bei Gott, das ist unmöglich», soll er ausgerufen haben. Als er den Beweis des Satzes
zu verstehen suchte, wurde er auf frühere Sätze und schließlich auf Axiome und Postulate zurückgeführt, denen er seine
Zustimmung nicht versagen konnte. Da auch die Beweis-
führung nicht zu bezweifeln war, sah er sich genötigt, den zunächst als paradox betrachteten Satz zu akzeptieren. Diese
Erfahrung machte großen Eindruck auf ihn: Er wurde nicht
nur zu einem Bewunderer der Geometrie, sondern er sah auch
in der Methode dieser Wissenschaft ein Ideal, dem er die
Philosophie annähern zu können meinte.
Der Satz, der seine Bewunderung der geometrischen Be-
weisführung hervorrief, war der Pythagoreische Lehrsatz, der
bei Euklid lautet: «Am rechtwinkligen Dreieck ist das Quadrat über der dem rechten Winkel gegenüberliegenden Seite
den Quadraten über den Seiten, die den rechten Winkel umfassen, zusammen gleich.» Wie Euklid ihn bewies, braucht
hier nicht dargestellt zu werden. Was Hobbes und viele andere beeindruckte, war die Form der Begründung durch die
Zurückführung eines Satzes auf frühere Sätze und schließlich

auf Definitionen und Axiome, als deren Folge er begriffen werden kann.

Nicht erst Hobbes war von der Idee einer Wissenschaft auf der Basis klar definierter Grundbegriffe und evidenter Grundsätze, die weder auf Beweise angewiesen sind noch bewiesen werden können, beeindruckt. Schon Aristoteles hatte sie vor Augen, weshalb auch vom aristotelischen Wissenschaftsideal gesprochen wird. In den *Zweiten Analytiken* heißt es: «Notwendige, auf Beweisen beruhende Wissenschaft muß aus Prämissen entspringen, die wahr, die ersten, unvermittelt, bekannter und früher sind als die Schlußsätze, deren Grund sie sind.»

Die Methode der Geometrie wurde immer wieder als Vorbild philosophischer Begründungen angesehen. Vor allem im 17. und 18. Jahrhundert beeinflußte der «geometrische Geist» das Denken der Vertreter der rationalistischen Philosophie. So ließ sich Descartes überreden, die Grundgedanken seiner Philosophie nach geometrischer Ordnung darzustellen, das heißt, sie zu axiomatisieren. Er tat das nur zögernd, weil er die axiomatische Methode für zweitrangig hielt. Sie ist seiner Ansicht nach der analytischen unterzuordnen, die der Weg ist, auf dem Erkenntnisse gefunden und auch am leichtesten angeeignet werden können.

Dagegen suchte Spinoza den Geist der Geometrie in seiner Philosophie konsequent zur Geltung zu bringen. Sein Hauptwerk – die *Ethik, nach geometrischer Ordnung bewiesen* – ist durchgängig dem Euklidischen Ideal verpflichtet. Ausgehend von Definitionen und Axiomen, leitete er ab, daß es nur eine einzige Substanz gibt, die absolut unendlich ist und «Gott» genannt werden kann, und daß die veränderlichen materiellen und geistigen Wesen deren Zustände sind.

Der geometrische Geist äußert sich aber bei Spinoza nicht nur in der Darstellungsweise; er prägt auch seine metaphysische Denkweise. Nach Spinoza folgt aus der absolut unendlichen Substanz die Mannigfaltigkeit der körperlichen und der geistigen Natur in derselben Weise, wie aus den Prinzipien der Geometrie die Mannigfaltigkeit der Lehrsätze folgt. Man kann daher sagen, daß die Spinozanische Metaphysik vom geometrischen Geist durchdrungen ist, das heißt, daß die Beziehung zwischen Grundsätzen und Lehrsätzen das Muster für die Auffassung der Beziehung zwischen der Substanz und deren Modifikationen, das heißt den Dingen, liefert.

Andere Vertreter der rationalistischen Metaphysik des 17. und 18. Jahrhunderts waren in der Anwendung der «geometrischen» Ordnung bzw. der «wissenschaftlichen» Methode viel weniger konsequent als Spinoza, doch an dem Ideal einer Philosophie *more geometrico* hielten sie fest. Sie hätten zugunsten der geometrischen Methode ins Treffen führen können, daß sich auch Naturwissenschaftler ihrer bedienten, wie ein Blick in Newtons «Mathematische Prinzipien der Naturphilosophie» zeigt. Unter dem Einfluß des geometrischen Methodenideals stand auch Leibniz, als er *more geometrico* bewies, daß es geboten sei, den Pfalzgrafen von Neuburg zum König von Polen zu wählen (Leibniz: *Eine Probe politischer Beweise in bezug auf die Wahl des polnischen Königs*, 1699). Freilich hat hier die «geometrische» Darstellungsweise nur die Funktion, politischen Forderungen einen wissenschaftlichen Anstrich zu geben.

Der Leibnizianer Michael Gottlieb Hansch unternahm es zwölf Jahr nach Leibniz' Tod, die Leibnizsche Metaphysik nach geometrischer Ordnung darzustellen. Er benötigte allerdings 275 Definitionen, um 144 Lehrsätze ableiten zu können. Leibniz, der den Plan einer solchen Darstellung angeblich gebilligt hat, dachte sicherlich nicht an eine solche Darstellungsweise. Der im 18. Jahrhundert höchst einflußreiche Philosoph Christian Wolff, der dem Ideal einer «wissenschaftlichen» Methode verpflichtet war, soll sogar *more geometrico* gepredigt haben! Man vermag sich kaum vorzustellen, wie eine Predigt nach wissenschaftlicher Methode, wie Wolff sie gehalten haben soll, aufgebaut gewesen sein mag. Wäre zum Beispiel das Thema die Nächstenliebe gewesen, dann hätten zunächst die Begriffe der Liebe und des Nächsten definiert werden müssen, es wäre nötig gewesen, Grundsätze aufzustellen – etwa den Satz, daß Nächstenliebe moralisch höher stehe als Selbstliebe –, um schließlich Forderungen in bezug auf das Verhalten gegenüber den Mitmenschen abzuleiten. Die Gemeinde hätte eine solche Art des Predigens auf die Dauer schwerlich ertragen. Sowenig derartige Versuche verdienen, ernst genommen zu werden, so deutlich zeigen sie, welchen Eindruck die «geometrische» Darstellungsweise in der damaligen Zeit auf viele machte. Der «geometrische Geist» spielte nicht nur im philosophischen, sondern auch im physikalischen und juristischen Denken des 17. und 18. Jahrhunderts eine wichtige Rolle.

Der dem «geometrischen» Wissenschaftsideal zugrundeliegende Anspruch, die Erkenntnis auf unbedingt sichere Grundlagen zu stellen, war niemals unangefochten. Einer ihrer schärfsten Kritiker war Blaise Pascal (1623–1662). Er wies darauf hin, daß ein System von Aussagen, dessen Begriffe vollständig definiert und dessen Sätze ausnahmslos bewiesen sind, unmöglich sei, da nicht alles definiert und alles bewiesen werden könne. Beim Definieren muß man sich früher oder später auf undefinierte Begriffe stützen, und allen Beweisen liegen letzten Endes unbewiesene Sätze zugrunde. Pascal ging es dabei nicht nur um eine Methodenfrage, sondern um den Vernunftanspruch, der dem «geometrischen» Ideal zugrunde liegt. Da er zu sehen meinte, daß die Bedeutung der Vernunft in der rationalistischen Philosophie zu Unrecht auf Kosten des religiösen Glaubens hervorgehoben werde, meinte er, sie herabsetzen zu müssen, ja er empfahl «Verdummung» als Weg zum Glauben. Angesichts der Alternative von «Vernunft» und «Herz» entschied er sich für das Herz, das heißt für den

Vorrang von Gefühl und Wollen vor dem nach Begründungen suchenden Verstand. Sein Anti-Rationalismus äußert sich auch in seiner Einstellung gegenüber wissenschaftlichen Erkenntnisbemühungen; wichtig sind nicht sie, sondern das Bewußtsein der Nichtigkeit der menschlichen Vernunft und des Menschen im allgemeinen. Die Ablehnung des Rationalismus und der Wissenschaft als eines rationalen Unterfangens ist auch dem modernen Denken nicht fremd; sie ist heute allerdings meist nicht, wie bei Pascal, religiös motiviert.

Es war Kant vorbehalten, den Versuch, das «geometrische» Wissenschaftsideal in der Philosophie zur Geltung zu bringen, radikal in Frage zu stellen. Die von den Vertretern dieses Ideals für die Axiome beanspruchte Evidenz – ihr unmittelbares Einleuchten – kann es, wie Kant bemerkte, nur in der Mathematik, nicht jedoch in der Philosophie geben. Unmittelbar einleuchtend sind seiner Ansicht nach nämlich nur quantitative Beziehungen, die prinzipiell anschaulichen Charakter haben; Grundsätze der Philosophie beruhen jedoch nicht auf Anschauung. Die Philosophie hat es nicht mit Anschauungen zu tun, sondern mit Verstand und Vernunft als unanschaulichen Denkweisen.

Mit dieser Ansicht hängt Kants Auffassung der Grundsätze eng zusammen: Sätze haben nach Kant den Charakter von philosophischen Grundsätzen nicht deshalb, weil sie evident wären – das können sie, wie gesagt, nicht sein –, sondern weil sie unentbehrlich sind, wenn die objektive Gültigkeit erfahrungsunabhängiger Gegenstandserkenntnis (wie des Kausalitätsprinzips) begreiflich gemacht werden soll. Damit war das Schicksal der nach «geometrischer Methode» verfahrenden Philosophie besiegelt. Wenn Schelling 1801 noch eine geometrische Darstellung seines Systems der Philosophie veröffentlichte, war das nicht mehr zeitgemäß.

Während das rationalistische Wissenschaftsideal in der Philosophie nach und nach seinen Einfluß verlor, war es in der

Mathematik und der Physik zunächst noch präsent. Das änderte sich, als die traditionelle Auffassung der Axiome in der Mathematik aufgegeben wurde. Axiome gelten seit der Wende vom 19. zum 20. Jahrhundert nicht mehr als Aussagen, die infolge ihrer unmittelbaren Einsichtigkeit eines Beweises weder bedürftig noch fähig sind, sondern als Aussageformen, die als solche weder wahr noch falsch sind. In der Mathematik geht es nicht um die Evidenz von Grundsätzen, sondern um die logischen Beziehungen zwischen Grundsätzen und Theoremen.

Eine entsprechende Wende vollzog sich in der Philosophie. Die Forderung, die Philosophie auf evidente Grundsätze zu stützen, wurde nach und nach aufgegeben, und damit wurde auch der Anspruch unbedingten philosophischen Wissens hinfällig. So mußte Edmund Husserl (1859–1938) gegen Ende seines Lebens einräumen, daß die «Philosophie als strenge Wissenschaft», um die er sich jahrzehntelang bemüht hatte, unrealisierbar ist. Er gestand sich ein, daß der Traum einer streng wissenschaftlichen Philosophie ausgeträumt sei.

Gegen Versuche, in der Philosophie eine der Geometrie entlehnte Methode zur Geltung zu bringen, könnte auch eingewandt werden, daß eine Philosophie, die diese Methode übernimmt, etwas von ihrer Eigenständigkeit einbüßt. Sie scheint außerstande zu sein, die ihr angemessene Methode selbständig zu entwickeln. Dieses Bedenken ist nicht gerechtfertigt. Eine Metaphysik, die Erkenntnis von etwas erstrebt, das jenseits der Grenzen der Erfahrung gedacht wird, stimmt insofern mit der Geometrie überein, als sie es wie diese mit idealen, das heißt im Denken erzeugten Gegenständen zu tun hat. So wie in der Geometrie von Punkten, Geraden, Ebenen usw. die Rede ist, so spricht die hier gemeinte Metaphysik von einer Ich-Substanz und von einem absolut vollkommenen göttlichen Wesen. Diese Übereinstimmung macht erst die Übertragung der Methode der Geometrie auf die Philosophie, insbesondere auf die Metaphysik, möglich.

Die Metaphysik, die solche ideale Gegenstände erkennen zu können glaubt, ist aber in der Neuzeit nach und nach durch eine andere metaphysische Denkweise abgelöst worden, deren Aufgabe nicht darin besteht, transzendente Gegenstände zu erkennen, sondern Bedingungen zu formulieren, unter denen Gegenstandserkenntnis als möglich begriffen werden kann. Eine solche Metaphysik beruht nicht auf Definitionen und Axiomen, sondern rechtfertigt ihre Grundsätze durch den Nachweis, daß sie Bedingungen der Möglichkeit von Gegenstandserkenntnis sind. Die Methode der Geometrie läßt sich auf diese Denkweise nicht anwenden; sie ist, wie Kant betont, für die Mathematik, nicht aber für die als Theorie der Erfahrung verstandene Philosophie zuständig.

7

«Kein Einlaß ohne Kenntnis der Geometrie!»
Geometrie und Kosmologie

Einer unsicheren Überlieferung zufolge standen über dem Eingangsportal der Akademie, an der Plato lehrte und die nach seinem Tode noch ein Jahrtausend Bestand hatte, die Worte: «Kein der Geometrie Unkundiger trete hier ein!» Dieser Bericht, der sich zuerst bei dem 555 gestorbenen Philosophen und Theologen Johannes Philoponus findet, ist zweifelhaft, da er aus einer Zeit stammt, in der die Akademie bereits zu bestehen aufgehört hatte. Er trägt die Züge einer gut erfundenen Anekdote.

Der Wortlaut der Inschrift läßt mehrere Deutungen zu. Er könnte besagen, daß die Geometrie als Vorschule der Philosophie für die Aufnahme philosophischer Studien unentbehrlich sei und daß deshalb kein geometrisch Ungebildeter zum Studium zugelassen werden könne. Er könnte sich auch auf die Rolle beziehen, die der Geist der Geometrie in Platos Lehre von der Erkenntnis und seiner Auffassung einer vollkommenen Wissenschaft spielt (siehe Kapitel 6). Schließlich kann Vertrautheit mit der Geometrie auch deshalb gefordert worden sein, weil die Geometrie als Schlüssel zum Verständnis des Wesens der Dinge fungiert. Diese Funktion wurde ihr von Plato zugeschrieben, weil die Natur seiner Ansicht nach an sich geometrisch strukturiert ist. Von dieser Deutung der Inschrift wird im vorliegenden Kapitel ausgegangen, ohne daß damit die anderen Auffassungen ausgeschlossen werden sollen.

Wenn Plato annahm, daß die Natur geometrisch strukturiert sei, übernahm er eine pythagoreische Lehre. Nach Pythagoras und seinen Anhängern kann die Natur mathematisch beschrieben werden, weil das Wesen der Dinge in mathematischen Beziehungen besteht. Dies dürfte gemeint sein, wenn sie die Dinge mit Zahlen identifizierten. An diese Ansicht knüpfte Plato an, wie sein pythagoreische Gedanken aufnehmender Dialog *Timäus* erkennen läßt. Seine Naturauffassung hat, obwohl sie für den modernen Leser befremdlich ist, außerordentlich stark gewirkt und verdient schon aus diesem Grund beachtet zu werden.

Die geometrisierende Betrachtungsweise der Natur tritt deutlich in Platos Lehre von den Elementen zutage. Plato nahm an, daß die Teilchen der vier herkömmlichen Elemente – Feuer, Wasser, Erde, Luft – die Formen regelmäßiger Polyeder – der sogenannten Platonischen Körper – hätten. Dem Feuer entspricht dabei das Tetraeder, weil es die schärfsten Spitzen hat und daher für die durch das Feuer hervorgerufene Wärmeempfindung verantwortlich gemacht werden kann. Die Partikeln des Wassers sollen die Form des Ikosaeders haben, also jenes Platonischen Körpers, der am meisten der Kugel ähnelt und deshalb Grund der Flüssigkeit des Elements ist. Da es fünf Platonische Körper gibt, kann einem von ihnen keines der herkömmlichen vier Elemente entsprechen. Plato behalf sich mit der Annahme, daß das Dodekaeder die Form der Ätherteilchen sei.

Die regelmäßigen Polyeder sind nach Plato aber nicht die letzten Bausteine der Natur; elementar sind vielmehr Dreiecke, in die sich die Polyederflächen teilen lassen, nämlich solche mit den Seitenverhältnissen $1 : 1 : \sqrt{2}$ und $1 : 2 : \sqrt{3}$. Diese «schönsten Dreiecke» betrachtete Plato als die eigentlichen Elemente der Wirklichkeit; ihre Form kann mit Hilfe der beiden kleinsten natürlichen Zahlen und der beiden kleinsten Wurzeln aus natürlichen Zahlen beschrieben werden.

Platos Auffassung ist vom heutigen Standpunkt aus alles andere als plausibel; sie enthält aber den ernstzunehmenden

Gedanken, daß nicht materielle Teilchen, sondern Formen bzw. Strukturen wahrhaft elementar sind. Materielle Partikeln lassen sich stets als teilbar mindestens denken und sind daher nicht Atome im vollen Sinn. Dagegen ist die Struktur der schönsten Dreiecke elementar, denn wenn man sie durch die Höhe über der Hypotenuse teilt, ergeben sich immer den ursprünglichen ähnliche Dreiecke, das heißt, ihre Form ist unveränderlich.

Mit dem Glauben an eine geometrisch strukturierte Natur ist schon bei den Pythagoreern die Vorstellung einer Harmonie der Sphären verbunden gewesen. Sie wurde dem Mittelalter und der frühen Neuzeit vor allem durch Marcus Tullius Cicero (im ersten vorchristlichen Jahrhundert) vermittelt, der sie in seinem Werk *De re publica* darstellt. Nach Cicero erschien Publius Cornelius Scipio dem Jüngeren im Traum sein Großvater und ließ ihn die Gestalt des Alls schauen. Im Mittelpunkt des Universums sieht er unbeweglich die Erde; Fixsterne, Sonne und Mond sind an bewegten Kugelschalen befestigt und rotieren mit diesen um sie. Er staunt über die Töne, die er gleichzeitig vernimmt, und erfährt, daß durch Beziehungen zwischen den durch die bewegten Kugelschalen hervorgerufenen Tönen eine Harmonie entsteht, die für menschliche Ohren normalerweise nicht hörbar ist: die Harmonie der Sphären.

Der Annahme, daß die Natur mathematisch strukturiert sei und die Sphären harmonisch angeordnet seien, war auch leitend bei der Entwicklung der Planetentheorie. Johannes Kepler (1571–1630), einer der Wegbereiter der modernen Astronomie, ist von einer mathematischen Konstruktion unseres Planetensystems in Anlehnung an Plato ausgegangen, hat sie aber im Verlauf von Jahren mit dem Blick auf immer genauere Meßergebnisse tiefgreifend modifiziert. Er hatte zunächst angenommen, daß sich die Planetenbahnen, die er anfangs für kreisförmig hielt und zu Kugelschalen ergänzt

dachte, den fünf Platonischen Körpern – Tetraeder, Würfel,
Oktaeder, Dodekaeder und Ikosaeder – um- bzw. einschrei-
ben lassen. Mit Hilfe dieses Modells meinte er, die Abstände
zwischen den Planetenbahnen ermitteln zu können. Durch
diese vermeintliche Einsicht fühlte er sich in einen Zustand
des Enthusiasmus versetzt; er glaubte, einer Offenbarung teil-
haftig geworden zu sein, und übersah dabei die Schwächen
seiner Konstruktion. In sein Modell geht nämlich dadurch ein
Moment der Willkür ein, daß den Kugelschalen eine gewisse
Dicke zugeschrieben wird. Das geschah so, wie es Kepler
brauchte, um das anvisierte Ergebnis zu erzielen. Das Modell
erwies sich als hinfällig, als die von Tycho Brahe ermittelten
genaueren Meßdaten dazu zwangen, die Annahme kreisför-
miger Planetenbahnen aufzugeben. Zu der verbesserten Theorie, die von der Annahme elliptischer Planetenbahnen ausgeht, gelangte Kepler nicht ohne Mühe; jahrelang forschte er
unermüdlich weiter, bis es ihm schließlich gelang, die nach
ihm benannten Gesetze der Planetenbewegung zu formulieren. Dies war nur möglich, weil er bereit war, seine theoretischen Voraussetzungen, ohne die er gar nicht zu forschen begonnen hätte, mit dem Blick auf die Daten zu korrigieren. Der
Anstoß zu dieser Entwicklung ging von der pythagoreischen
Naturauffassung und insbesondere von der Vorstellung einer
Sphärenharmonie aus; er führte aber erst zu einer brauchbaren
Erklärung, als die theoretischen Konstruktionen mit den Ergebnissen immer genauerer astronomischer Beobachtungen
verbunden wurden.

Kepler stand mit seiner Auffassung nicht allein; auch
Galilei nahm an, daß das All mathematisch strukturiert sei.
Er verglich die Natur mit einem in mathematischer Sprache
geschriebenen Buch, dessen Schriftzeichen Dreiecke, Kreise
usw. sind. Wer diese Sprache nicht versteht, kann die Natur nicht begreifen (Galilei: *Il saggiatore*). Dies ist nicht nur
eine eingängige (nicht von Galilei erfundene) Metapher,

sondern ein Bekenntnis zur «geometrischen» Naturauffassung.

Die Situation hat sich im Verlauf der Neuzeit tiefgreifend geändert, denn anschauliche, aus dem Bereich der Geometrie stammende Analogien spielen in der modernen Physik, anders als bei Pythagoreern und Platonikern, keine wesentliche Rolle mehr; an deren Stelle sind abstrakte Strukturen getreten, wie Werner Heisenberg (1901–1976) hervorgehoben hat. Er erwähnt, daß Platos im Dialog *Timäus* entwickelte Atomtheorie ihn früh beeindruckt habe. Bald sei ihm aber klar geworden, daß Atome nicht mehr, wie Plato gemeint hatte, anschaulich vorgestellt werden könnten. Die moderne Naturwissenschaft spricht zwar noch von Formen der Atome, doch «das Wort Form [kann] hier nur in seiner allgemeinsten Bedeutung verstanden werden, als Struktur in Raum und Zeit, als Symmetrie-Eigenschaft von Kräften, als Möglichkeit zur Bindung an andere Atome» (Heisenberg: *Der Teil und das Ganze*, 1969).

Nicht nur die anschauliche Auffassung der Elementarteilchen wurde im Verlauf der Entwicklung der Wissenschaft in der Neuzeit zurückgedrängt, auch die Annahme, daß es vollkommen denkunabhängige Strukturen gebe, wurde erschüttert. Während Pythagoreer, Platoniker und spätere platonisierende Naturphilosophen annahmen, daß die Strukturen, die sie zu erkennen suchten, der Natur an sich zukämen, trat Kant dieser Ansicht entgegen. Derartige Strukturen lassen sich nicht nur in platonistischer Weise verstehen; man kann sie nämlich als gedankliche Entwürfe, die nicht der Natur abgelesen, sondern auf sie projiziert werden, betrachten. In der Neuzeit wurde die erste Auffassung zum Beispiel von Spinoza, die zweite von Kant vertreten.

Der Unterschied ihrer Denkweisen zeigt sich bei der Art, in der ein von Euklid angeführter Satz gedeutet wurde, nämlich der Lehrsatz 35 des dritten Buchs von Euklids *Elementen*.

Dieser Satz lautet: «Schneiden im Kreise zwei Sehnen einander, so sind das Rechteck aus den Abschnitten der einen Sehne und das Rechteck aus den Abschnitten der anderen flächengleich.»

Spinoza hat die Beziehung, auf die sich dieser Satz bezieht, als etwas Objektives betrachtet. Seiner Ansicht nach folgt das Verhältnis dieser Rechtecke aus dem Wesen des Kreises; im Kreis sind auf Grund seiner Natur (d. h. seines klar definierten Begriffs) unendlich viele [Paare] flächengleicher Rechtecke enthalten (*Ethica* II, Anm. zu Lehrsatz 8). Aus der Natur des Kreises folgt eine Unendlichkeit flächengleicher Rechteckpaare ebenso, wie aus der göttlichen Substanz eine Unendlichkeit endlicher Wesen hervorgeht, die als deren Modifikationen von ihr abhängen. Die angenommene Folgebeziehung besteht nach Spinoza an sich, das heißt, sie ist unabhängig vom menschlichen Denken.

Für eine solche objektivistische Deutung der geometrischen Ordnung gibt es in der kritischen Philosophie Kants keinen Platz. Nach Kant folgt die Flächengleichheit von Rechtecken, die aus den Abschnitten einander schneidender Kreissehnen gebildet sind, aus den Bedingungen des geometrischen Entwurfs, nicht aber aus einem vom Denken unabhängigen Wesen des Kreises. Das von Euklid abgeleitete Verhältnis kann als in gewissem Sinne zweckmäßig betrachtet werden, sofern es nämlich erlaubt, Paare flächengleicher Rechtecke zu erzeugen (Kant: *Kritik der Urteilskraft*, § 62). Das darf aber nicht so verstanden werden, als handle es sich um einen durch göttlichen Willen gesetzten Zweck; gemeint ist vielmehr eine «Zweckmäßigkeit ohne Zweck». Wir können das Verhältnis, auf das sich der auch von Kant herangezogene Satz der *Elemente* bezieht, so betrachten, *als ob* es für uns so eingerichtet wäre. Es besteht nicht an sich, sondern wird im Denken erzeugt. Die herkömmliche Idee einer an sich geometrisch geordneten Natur spielt in der kritischen Philosophie keine

Rolle mehr. Wenn, wie Kant annimmt, der Raum eine subjektive Form der Anschauung ist, dann bestehen räumliche Beziehungen nicht unabhängig von der Anschauung und sind durch sie bedingt. Die Natur, in der geometrische Verhältnisse bestehen, ist nicht die Wirklichkeit, wie sie an sich sein mag, sondern der Inbegriff äußerer Erscheinungen. Die pythagoreisch-platonistische Auffassung verliert damit ihre Grundlage.

Mit der Distanzierung von der Idee einer an sich mathematisch strukturierten Natur erfolgt eine Wende, die mit der Abkehr von der traditionellen Idee einer universalen, Denken und Sein verbindenden objektiv-vernünftigen Ordnung zusammenhängt. Das Ideal einer Philosophie «nach geometrischer Ordnung» (*ordine geometrico*) ist ebenso verblaßt wie der Glaube an eine Seinslehre aus dem Geist der Geometrie.

8

«*Dr. Schopenhauer hat recht!*»
Philosophie und Naturwissenschaft

Als Arthur Schopenhauer (1788–1869) am 23. März 1820 an der Berliner Universität den für die Habilitation nötigen Probevortrag hielt – das Thema lautete «Über die verschiedenen Arten der Ursachen» –, kam es zu einem Zusammenstoß mit Hegel, der seit einigen Jahren in Berlin Professor war. Schopenhauers Freund Bähr hat festgehalten, was sich bei der Diskussion über den Vortrag ereignete:

«Hegel stellte, wahrscheinlich um Schopenhauer in Verlegenheit zu setzen, die Frage: wenn ein Pferd sich auf der Straße hinlege, was da Motiv sei. Schopenhauer antwortete: der Boden, den es unter sich findet, verbunden mit seiner Müdigkeit, einer Gemütsbeschaffenheit des Pferdes. Stünde das Pferd an einem Abgrunde, so würde es sich nicht hinlegen. Hegel warf ein: Sie rechnen die animalischen Funktionen gleichfalls zu den Motiven? Also der Schlag des Herzens, der Blutumlauf usw. erfolgen auf Anlaß von Motiven? Da zeigte sich Monsieur Nichtwisser! … Schopenhauer mußte ihn belehren, daß man nicht diese Erscheinungen, sondern die bewußten Bewegungen des tierischen Leibes animalische Funktionen nenne. Er berief sich dabei auf Hellers Physiologie. Hegel entgegnete: Ach, das versteht man nicht unter animalischen Funktionen. Da steht unter den anwesenden Professoren ein Mediziner von Fach (Dr. Lichtenstein) auf und unterbricht Hegel mit den Worten: Sie verzeihen, Herr College, wenn ich mich hier ins Mittel legen und dem Herrn Dr. Schopenhauer in diesem Falle recht geben muß …» (Arthur Schopenhauer: *Werke I*, hrsg. v. A. Hübscher).

Die Episode ist für sich betrachtet unbedeutend, betraf die Meinungsverschiedenheit doch eine Frage des Sprachgebrauchs, der im vorliegenden Fall rein konventionell ist. Hegel wird aber bemerkt haben, daß der achtzehn Jahre jüngere Kandidat eine von der seinen grundverschiedene philosophische Position vertrat; sein Unmut machte sich Luft in einer Frage, die mit Philosophie nichts zu tun hatte, aber von der Vermutung eines philosophischen Dissenses motiviert gewesen sein dürfte.

Schopenhauer und Hegel vertraten Denkweisen, deren Gegensätzlichkeit deutlich bei der Bestimmung des Verhältnisses von Philosophie und Wissenschaft zum Ausdruck kommt. Während Hegel naturwissenschaftliche Theorien zugunsten der Spekulation abwertete, lehnte Schopenhauer eine Philosophie, die die Erkenntnisse der Naturwissenschaften ignoriert, ab. Er hatte zunächst Medizin studiert und Vorlesungen über Physik, Chemie, Astronomie, Anatomie und Botanik gehört. Sein Interesse an den Naturwissenschaften blieb auch später lebendig; zeit seines Lebens war er gegenüber der Naturforschung aufgeschlossen und registrierte Übereinstimmungen seiner Auffassungen mit wissenschaftlichen Theorien voller Genugtuung (siehe Schopenhauer: *Der Wille in der Natur*, Einleitung).

Sosehr Schopenhauer die empirischen Wissenschaften schätzte, so wenig wollte er sich auf die ihnen eigentümliche Sicht beschränken. Er war mit Kant überzeugt, daß es die Erfahrungswissenschaften unmittelbar mit Erscheinungen, nicht mit der Wirklichkeit an sich zu tun haben, während die Philosophie zu erklären sucht, warum uns Dinge erscheinen und warum sie gerade so und nicht anders erscheinen. Sie führt die Erscheinungen auf etwas zurück, das in ihnen erscheint: auf die Wirklichkeit an sich, die nach Schopenhauer nicht völlig unerkennbar ist. Man erfaßt, was die Wirklichkeit an sich ist, weil es eine durchsichtige Stelle des sie verhüllenden Schleiers

– das heißt der Anschauungsformen Raum und Zeit – gibt, so daß die hinter dem Schleier verborgene Wirklichkeit mehr erahnt als erkannt werden kann, nämlich das Wesen des Ich. Die Reflexion auf das Verhältnis von Leib und Bewußtsein zeigt, daß wir an sich wesentlich Wille und erst in zweiter Linie Verstand sind. Der Wille ist vor allem auf die Erhaltung des Daseins gerichtet, in deren Dienst der Verstand steht. Da er Ursprung allen Leids ist, muß er im Interesse der Befreiung vom Leiden negiert werden. Der Verstand ist gleichsam die Laterne, die den Weg zur Erlösung vom Wollen, das heißt zum Nirvana, beleuchtet.

Ausgehend vom menschlichen Willen, nimmt Schopenhauer eine Extrapolation vor: Er betrachtet Tiere, Pflanzen und die anorganische Natur als Manifestationen eines willensartigen Prinzips, das er kurz «Wille» nennt. Im Licht dieser Auffassung bestimmt er auch das Verhältnis von naturwissenschaftlicher Erkenntnis und Metaphysik. Die Naturwissenschaft sucht nach Gesetzmäßigkeiten des Naturgeschehens, die Metaphysik bezieht sie auf Kräfte und letzten Endes auf die «Wille» genannte Grundkraft der gesamten Wirklichkeit. Die empirischen Erscheinungen lassen sich in dieser Sicht gleichsam als Chiffren, die auf die Wirklichkeit an sich verweisen, auffassen; die Naturordnung gleicht einer Geheimschrift, deren Entzifferung über das Wesen der Wirklichkeit Auskunft gibt. Die Metaphysik, die sich um dieses Dechiffrieren bemüht, muß mit den Erkenntnissen der Naturwissenschaft im Einklang stehen; die Naturwissenschaft ist Kontrollinstanz des metaphysischen Denkens.

Schopenhauer vertrat eine induktive Metaphysik, ohne diesen Namen zu verwenden, der erst später entstand. Hegels Wissenschaft der Logik ist dagegen unabhängig von Erfahrungstatsachen und dem Anspruch nach der Empirie übergeordnet. Hegel sah die Naturwissenschaften durch einen unüberbrückbaren Abstand von der Philosophie getrennt. Wenn

Schopenhauer bei seinem Habilitationsvortrag philosophische Thesen auf wissenschaftliche Auffassungen stützte, muß das in Hegels Augen anstößig gewesen sein, weil seiner Ansicht nach die Naturwissenschaften den Titel einer Wissenschaft strenggenommen nicht verdienen. Eigentliche «Wissenschaft» ist nach Hegel nämlich nur die spekulative Philosophie, das heißt eine Philosophie der von ihm vertretenen Art. Sätze der «Wissenschaft» im Sinne Hegels sind – im Gegensatz zu den hypothetischen einzelwissenschaftlichen Sätzen – notwendig wahr.

Hegels Abwertung der Einzelwissenschaften, insbesondere der Physik, wirkt heute so befremdend, daß sie kurz erläutert (nicht etwa verteidigt!) werden muß. Nach Hegels Ansicht wird in wissenschaftlichen Erklärungen nichts wirklich erklärt. Wenn man die Gesetzmäßigkeiten des Naturgeschehens auf Kräfte, die sich vermeintlich in ihnen äußern, zurückführt, wird von der diesen Gesetzmäßigkeiten zugrundeliegenden Kraft nur gesagt, daß sie deren Grund ist. Das bedeutet zum Beispiel, daß die Anziehungskraft des Magneten, die bewirkt, daß er Eisen anzieht, ausschließlich als dieses Vermögen definiert ist. Über diese Feststellung hinaus bietet die Naturwissenschaft keine Information. Hegel scheint hier an «Erklärungen» der Art gedacht zu haben, wie sie der Arzt in Molières Komödie *Der eingebildete Kranke* anzubieten hat: Opium schläfert ein, weil es die Fähigkeit hat, «sensus assoupire», das heißt, die Sinne einzuschläfern, wobei der küchenlateinische Ausdruck verschleiern soll, daß die vorgebliche Erklärung tatsächlich eine nichtssagende Tautologie ist. (Molières im Französischen viel witzigere, die Tautologie durch das makkaronische Latein verschleiernde Ausdrucksweise läßt sich im Deutschen leider nicht wiedergeben.) Nach Hegel sind alle naturwissenschaftlichen Erklärungen in diesem Sinne tautologisch (*Phänomenologie des Geistes*, Kraft und Verstand).

Wie Hegel die Naturwissenschaft einschätzte, zeigt auch seine Kritik an Newton. Er warf dem großen Physiker «Ungeschicklichkeit, Fadheit, ja selbst Unredlichkeit» vor (*Enzyklopädie*, 1817, § 221). Er verwarf seine Theorie der Farben und stellte sich auf den Standpunkt der Goetheschen Farbenlehre, die, wie er meinte, anders als Newtons Theorie nicht hypothetisch ist. Wenn man allerdings Hegels Ausführungen über das Licht liest, kann man das Befremden der Vertreter der klassischen Physik angesichts seiner Auffassung verstehen. Hegel schreibt zum Beispiel: «Als das abstrakte *Selbst* der Materie ist das Licht das *absolut-leichte*, und als Materie *unendliches*, aber als materielle Idealität *untrennbares* und *einfaches Außersichsein*.» (*Enzyklopädie*, § 220) Das ist nicht nur für Naturwissenschaftler unbrauchbar, sondern überhaupt unverständlich, wahrscheinlich auch für Hegelianer.

Angesichts solcher Auffassungen versteht man, daß die spekulative Naturphilosophie der nachkantischen Idealisten zu der im 19. Jahrhundert verbreiteten Entfremdung zwischen Wissenschaft und Philosophie beigetragen hat. Sie ist zu einem guten Teil dafür verantwortlich, daß manche Philosophen gar nicht mehr als solche auftraten, wie der Positivist Ernst Mach (1838–1916), der nicht als Philosoph, sondern nur als Physiker bezeichnet werden wollte.

Die Tendenz zur Abwertung des wissenschaftlichen Denkens wirkt in gewissen philosophischen Richtungen weiter. So wird vom Standpunkt der dialektischen Philosophie aus das wissenschaftliche Denken oft als einseitig oder unzulänglich dargestellt und ihm vorgeworfen, für (vermeintliche oder wirkliche) theoretische oder praktische (insbesondere soziale) Fehlentwicklungen verantwortlich zu sein. Auch in der Existenzphilosophie läßt sich die Tendenz zur Abwertung des naturwissenschaftlichen Denkens feststellen. So beanspruchen nach Karl Jaspers (1883–1969) die Naturwissenschaftler für ihre Gesetze zwingende Gewißheit (was die methodenbewußten unter ihnen gerade nicht tun) und neigen dazu, die wissenschaftliche, gegenständlich gerichtete Rationalität als allgemeinverbindlich darzustellen. Die Welt als Ganzheit läßt sich aber nicht erkennen; die Philosophie vermag jedoch einen Beitrag zur Orientierung in der Welt zu leisten. Auch das Ich läßt sich nach Jaspers nicht erkennen, sondern nur philosophisch erhellen, und ähnlich verhält es sich mit der Idee einer alles umgreifenden Ganzheit. Martin Heidegger ist (wie in Kapitel 5 erwähnt) so weit gegangen, der Wissenschaft das Denken abzusprechen (*Was heißt Denken?* Vorträge und Aufsätze 1954). Das Denken, das damit dem wissenschaftlichen Erkennen gegenübergestellt wird, stützt sich nicht auf Beweise und erkennt die Logik nicht als Richtschnur an. Was es in positiver Hinsicht ist, wird allerdings nicht klar. Man erfährt nur, daß das Subjekt die Frage nach dem Denken nicht zu beantworten vermag; es muß warten, bis es die gesuchte Antwort, die nur das Sein geben kann, vernimmt. Obwohl die Andeutungen über das dem wissenschaftlichen gegenübergestellte Denken völlig unbestimmt sind, läßt sich ihnen doch entnehmen, daß dieses erwartete Denken dem wissenschaftlichen Argumentieren und Erklären wesentlich überlegen sein soll. Die Tendenz zur Abwertung der Wissenschaft ist bei Heidegger unübersehbar.

Die Frage, ob die Philosophie – genauer: die Metaphysik – dem wissenschaftlichen Denken über- oder unterzuordnen sei, erledigt sich, sobald man im Sinne des Kritizismus die Theorie der Erfahrung als neuzeitliche Gestalt der Metaphysik versteht und als deren Aufgabe die Untersuchung des begrifflichen Rahmens der wissenschaftlichen Erfahrung, darüber hinaus aber der Erfahrung überhaupt, betrachtet. Die so verstandene Philosophie macht keine Aussagen über Gegenstände, sondern analysiert die Bedingungen der Erfahrung von Gegenständen. Von ihrem Standpunkt aus läßt sich die Frage, ob die Theorie der Erkenntnis der Wissenschaft die

Fackel vorantrage oder ob sie ihr die Schleppe nachtrage, nicht mehr sinnvoll stellen. (Die Metapher stammt von Kant, der sie im Zusammenhang mit der Frage nach dem Verhältnis von Philosophie und Theologie verwendete.) Die Analyse der Erfahrung mit dem Ziel, die Bedingungen ihrer Möglichkeit zu bestimmen, konkurriert nicht mit naturwissenschaftlichen Theorien, die der Erklärung von Tatsachen dienen. Die Philosophie soll vielmehr den Anspruch der Naturwissenschaften, mit ihren Grundbegriffen und Grundsätzen Züge der Wirklichkeit zu beschreiben, rechtfertigen. Metaphysik der Erkenntnis und Wissenschaft gehören somit verschiedenen Ebenen an, weshalb es keinen Sinn hat, nach dem Primat der einen oder der anderen zu fragen.

Das heißt nicht, daß Naturwissenschaftler und Philosophen darauf verzichten sollten, über die Grenzen ihrer Disziplinen hinauszublicken. Im Gegenteil: Sie sind gut beraten, wenn sie sich immer wieder auf den Standpunkt der jeweils anderen Seite stellen. Sofern Schopenhauer bemüht war, der naturwissenschaftlichen Denkweise Rechnung zu tragen, hatte er in einem allgemeineren als dem beim Habilitationsverfahren angesprochenen Sinne mit seiner Auffassung recht.

9.

«*Das Sein spricht*»
Denken als Manifestation des Seins

Als während eines Vortrags, den Martin Heidegger (1889–
1976) hielt und bei dem auch seine Frau anwesend war, im
Auditorium nicht die gebührende andächtige Stille herrschte,
soll diese gemahnt haben: «Ich bitte um Ruhe, das Sein
spricht.»

Dieser Bericht dürfte auf einer böswilligen Erfindung beru-
hen; nichtsdestoweniger enthält er ein Körnchen Wahrheit.
Frau Heideggers Äußerung hätte nämlich, wenn die berich-
tete Episode stattgefunden hätte, Heideggers Auffassung der
philosophischen Erkenntnis entsprochen. Sie kommt zum
Beispiel zum Ausdruck, wenn er erklärt: «das wesentliche
Denken [ist] ein Ereignis des Seins» (*Was ist Metaphysik?*
Nachwort von 1943). In dieselbe Richtung weist die von sei-
nem Sohn überlieferte Äußerung: «Es denkt in mir» (*Zwanzig
Menschen, die mich voll verstehen.* A. Reif im Gespräch mit
Hermann Heidegger. Information Philosophie 2002/1). Das
«Es», das vermeintlich im Philosophen denkt, ist das Sein,
das heißt die Schwundstufe des Absoluten des nachkantischen
Idealismus und des Gottes der rationalistischen Philosophie.

Die Deutung grundlegender philosophischer Gedanken als
Äußerungen des Seins oder eines Absoluten geht wesentlich
über die in Kapitel 4 erwähnte Auffassung hinaus, nach der
solche Gedanken von einer höheren Instanz verkündet und
damit definitiv garantiert werden. Nach der von Heidegger
und anderen vertretenen Manifestationstheorie der Erkenntnis eignet sich das Ich nicht Gedanken an, die ihm mitgeteilt
werden, sondern sein Denken ist unmittelbare Äußerung des

Seins, so daß in der Tat, wie Heidegger meinte, zu sagen wäre: «Es denkt in mir», und nicht: «Ich denke». Auch nach dieser Auffassung werden philosophische Überzeugungen gegen jeden möglichen Zweifel immunisiert, doch das geschieht nun nicht durch Zurückführung auf einen jenseitigen Garanten, sondern durch die Deutung des Erkennens als Manifestation des Seins (oder einer verwandten Instanz) im menschlichen Denken.

Wenn sich, wie Heidegger (und nicht nur er) meinte, in philosophischen Konzeptionen das Sein manifestiert, dann brauchen die grundlegenden philosophischen Gedanken nicht auf Argumente gestützt zu werden. Das kann allerdings nur behauptet, nicht jedoch begründet werden, da infolge der für die zugrundeliegende Denkweise charakteristischen Abwertung des begründenden Denkens Argumente nicht ins Gewicht fallen. Die Frage, wie man vom Sein, das sich vermeintlich im Denken manifestiert, wissen könne, wird nicht beantwortet, ja nicht einmal gestellt. Das Manifestationsmodell der Erkenntnis führt somit zum philosophischen Dogmatismus.

Die Manifestationstheorie der Erkenntnis läßt sich mit der theologischen Lehre von der Inspiration der biblischen Texte vergleichen. So wie nach der Inspirationslehre Gott durch die Schriften der Bibel als deren Urheber spricht, so soll sich in philosophischen Gedanken das Sein äußern. Versucht man jedoch, den Glauben an die Inspiration zu begründen, gerät man in einen Begründungszirkel, wie Descartes bemerkt hat. Im Widmungsschreiben der *Meditationen* weist er auf den Zusammenhang von Inspirations- und Gottesglauben hin: «Auch wenn es noch so wahr ist, daß man an die Existenz Gottes glauben muß, da sie in der Hl. Schrift gelehrt wird, und daß man umgekehrt an die Hl. Schrift glauben muß, da sie ja von Gott stammt ..., darf man dies den Ungläubigen nicht vorhalten, weil sie sagen würden, daß ein Zirkelschluß vorliege.»

Was von der Inspirationslehre gilt, trifft auch auf die Manifestationstheorie der Erkenntnis zu: Die Überzeugung, daß sich im philosophischen Erkennen das Sein äußere, wird mit Hilfe der Annahme gerechtfertigt, daß diese Überzeugung eine Äußerung des Seins ist. Daß hier ein Zirkel vorliegt, ist offensichtlich. Da aber in einem zirkulären Gedankengang nichts begründet wird, läßt sich an die Manifestationstheorie, wie an die Lehre von der Inspiration, nur glauben.

Grundlegende philosophische Konzeptionen wurden immer wieder als Manifestationen einer jenseitigen Instanz gedeutet. Nietzsche hat sich zum Beispiel gelegentlich so geäußert, als sympathisiere er mit dieser Denkweise. Ihm war der Gedanke, Sprachrohr einer Macht jenseits der erfahrbaren Realität zu sein, nicht fremd. In einem Brief aus dem Jahre 1881 gesteht er, sich selber «oft wie der Krikelkrakel [vorzukommen], den eine unbekannte Macht übers Papier zieht, um eine neue Feder zu probieren». Seinen Zustand bei der Niederschrift des *Zarathustra* beschreibt er als den eines Inspirierten: «absolute Gewißheit, als ob jeder Satz einem zugerufen wäre»; «man baut seine Philosophie wie ein Biber, man ist notwendig und weiß es nicht» (an G. Brandes, 10. April und 4. Mai 1888).

Nietzsche sprach, als er den Zustand, in dem er sich bei der Niederschrift des *Zarathustra* befand, schilderte, von «Offenbarung», nämlich «in dem Sinne, daß plötzlich, mit unsäglicher Sicherheit und Feinheit, etwas sichtbar, hörbar wird, etwas, das einen im Tiefsten erschüttert und umwirft». «Man hört, man sucht nicht; man nimmt, man fragt nicht, wer da gibt», heißt es weiter. Hätte man auch nur einen Funken Aberglauben, würde man annehmen, «bloß Inkarnation, bloß Mundstück, bloß Medium übermächtiger Gewalten zu sein» (Nietzsche: *Ecce homo*).

Etwa eine Generation vor Nietzsche hat Ludwig Feuerbach (1804–1872) ähnliche Gedanken geäußert. Er stellte sich teils scherzhaft, teils aber im Ernst gleichsam als Sprachrohr einer höheren Wirklichkeit dar und drückte diese Abhängigkeit durch ein anschauliches Bild aus: «Vielleicht ist ... der Geist Schreibers dieses [Buches] ein vergänglicher Tropfe aus dem unter der Kruste der Gegenwart sprudelnden Quell des ewigen Lebens und seine Gedanken ... aus der unterirdischen Schmiede und Feuerstätte des schaffenden Geistes durch den Schornstein der Gegenwart hervorgesprungene Funken.» (Feuerbach: *Gedanken über Tod und Unsterblichkeit*, 1830) Allerdings scheint es der Weltgeist, als er ihm diese Gedanken eingab, nicht gut mit ihm gemeint zu haben, denn mit dem Werk, in dessen Einleitung der zitierte Passus steht, verbaute sich Feuerbach die Aussicht auf eine akademische Laufbahn.

Feuerbach ist von Hegels Philosophie ausgegangen, in der die Deutung der philosophischen Erkenntnis als Manifestation des Absoluten einen zentralen Platz einnimmt. Das kommt in Hegels Religionsphilosophie klar zum Ausdruck. Dort liest man, daß in der Erhebung des Geistes zu Gott nicht der menschliche Geist Subjekt der Erkenntnis ist, sondern «Gottes Selbstbewußtsein, welches sich im Wissen des Menschen weiß» (Hegel: *Vorlesungen über die Philosophie der Religion*). Das heißt: Wenn der Mensch Gott erkennt, erkennt sich Gott vermittels des Menschen selbst. Diese Auffassung wird unterstrichen, wenn Hegel betont, daß in der Gotteserkenntnis nicht der Mensch Gott beweist, sondern Gott sich dem Menschen beweist, das heißt, sich im menschlichen Denken äußert.

Die Annahme, daß sich in philosophischen Einsichten etwas äußert, das dem menschlichen Denken vorgegeben ist, gehört wesentlich zu Hegels System, innerhalb dessen sie mit der Lehre von der Selbstbewegung des Begriffs zusammenhängt. Nach Hegel erzeugt nicht der Philosoph Begriffe und stellt mit ihrer Hilfe metaphysische Sätze auf, sondern die Begriffe haben unabhängig vom menschlichen Denken eine eigene Dynamik. Wenn sie sich gleichsam hinter dem Rücken des Menschen entfalten, bleibt dem Philosophen nur die Rolle des Zuschauers oder vielleicht des Notars, der das Ergebnis der Bewegung der Begriffe ad acta nimmt.

Die nachkantischen Idealisten waren nachhaltig von Spinoza beeinflußt, der ebenfalls die erwähnte Auffassung der philosophischen Erkenntnis vertrat, wie aus seiner *Ethik* hervorgeht. Nach Spinoza ist alles Endliche, somit auch der menschliche Geist, eine vergängliche Modifikation der unendlichen Substanz (die Spinoza auch *Gott* oder *Natura naturans* nennt). Der menschliche Geist ist in der göttlichen Substanz, wie umgekehrt diese im menschlichen Geist ist. Wenn der Mensch in rein vernünftiger Weise zeitlose Zusammenhänge «unter der Form der Ewigkeit» erkennt, hat er «notwendig eine Erkenntnis Gottes und weiß, daß er in Gott ist» (*Ethik* V, Lehrsatz 30). So wie in der Liebe des Menschen zu Gott dieser sich vermittels des Menschen selbst liebt, so erkennt sich Gott in der menschlichen Gotteserkenntnis selbst. Hier sieht man in aller Deutlichkeit, daß die Auffassung der Erkenntnis als Manifestation eines Absoluten mystischen Charakter hat.

Die Deutung der Erkenntnis als Manifestation stößt auf das Bedenken, daß sie von hochspekulativen Voraussetzungen abhängt, die nicht beweisbar sind und daher gegen Zweifel nicht verteidigt werden können. In praktischer Hinsicht spricht gegen diese Deutung, daß sie ungünstige Folgen für das philosophische Denken nach sich zieht. Philosophische Gedanken sind ihr zufolge nicht mehr etwas, das der Mensch als ihr Urheber zu verantworten hätte, sondern etwas, das nur auf- und hinzunehmen ist. Diese Einstellung kann einer resignativen Haltung entgegenkommen. Hilfe angesichts kultureller und insbesondere philosophischer Krisen ist dann nicht mehr von menschlicher Seite zu erwarten. In diesem Sinne glaubte Heidegger: «Nur noch ein Gott kann uns retten» (Interview 1966, veröffentlicht in *Der Spiegel*, 31. Mai 1976). Die Denkweise, die hier zum Ausdruck kommt, widerspricht der Aufforderung Kants, sich des eigenen Verstandes zu bedienen, und das heißt, sich auf die Aufgaben zu konzentrieren, die mit den Mitteln des menschlichen Verstandes zu meistern sind, und nicht ein Heil zu erwarten, das vom Sein ausgeht.

10

«*Heureka!*»
Erkenntnis als Fund oder als Leistung

Der römische Architekturtheoretiker Vitruv berichtet in seinem Werk *Über die Baukunst*, daß König Hiero II. von Syrakus, nachdem er die Königswürde erlangt hatte, zum Dank an die Götter einem Tempel einen goldenen Kranz als Weihegeschenk stiften wollte. Er stellte Gold zur Verfügung und erhielt vom Goldschmied einen Kranz von entsprechender Größe. Der König verdächtigte aber den Handwerker, auch weniger wertvolles Silber verwendet und sich einen Teil des Goldes angeeignet zu haben. Er beauftragte Archimedes, zu prüfen, ob der Kranz aus gediegenem Golde bestehe; dabei dürfe aber das Schmuckstück nicht zerstört werden. Daß der Wissenschaftler diesen schwer zu erfüllenden Auftrag erhielt, zeigt, in welch hohem Ansehen er stand. Tatsächlich ist er, der im 3. Jahrhundert v. Chr. lebte, zu wichtigen mathematischen und physikalischen Erkenntnissen gelangt, an die die Forschung der frühen Neuzeit anknüpfen konnte.

Archimedes suchte, mit der vom König gestellten Aufgabe beschäftigt, ein Bad auf. Als er in die Wanne stieg, bemerkte er, daß das Wasser in gleichem Maß über den Wannenrand trat, in welchem sein Körper ins Wasser eintauchte. Dabei hatte er einen Einfall, der zur Lösung der ihm gestellten Aufgabe führte. Er «sprang, von Freude getrieben, aus der Wanne, und, nackend nach Hause laufend, zeigte er mit lauter Stimme an, er habe gefunden, was er suchte: heureka, heureka (ich hab's gefunden)». Es handelt sich um das Prinzip, dem zufolge ein in Flüssigkeit getauchter Körper ebensoviel an Gewicht zu verlieren scheint, wie die verdrängte Flüssigkeit wiegt.

Gestützt auf dieses Prinzip, konnte Archimedes den vom König erteilten Auftrag ausführen. Er verglich die von dem Kranz und von einem gleich schweren Klumpen puren Goldes verdrängten Wassermengen. Er stellte fest, daß der Kranz mehr Wasser verdrängte als der Goldklumpen, also stärkeren Auftrieb hatte als der Goldklumpen. Damit war klar, daß das Kunstwerk nicht aus reinem Gold bestand.

Wenn Archimedes seine Erkenntnis als Fund auffaßte, hat er sicherlich nicht gemeint, daß sie ihm ohne eigene gedankliche Bemühung zuteil geworden sei. Zwar könnte die Plötzlichkeit, mit der sich die Erkenntnis einstellte, den Eindruck hervorgerufen haben, daß sie ihm in den Schoß gefallen sei, doch wahrscheinlich war ihm klar, daß sie das Ergebnis längerer Forschungen war. Auch die durch den Auftrag des Königs veranlaßte Erklärung muß als Resultat einer Suche aufgefaßt werden, die eine bestimmte Zeit in Anspruch nahm. Was Archimedes erkannte, war ein Naturgesetz, mit dessen Hilfe er das königliche Weihegeschenk auf Echtheit prüfen konnte.

Im vorliegenden Zusammenhang geht es allerdings nicht um das bestimmte wissenschaftliche Ergebnis, sondern um die erkenntnistheoretische Frage, ob Erkennen als passiver Vorgang zu verstehen sei oder ob es immer auch einen aktiven Beitrag des Erkennenden erfordere. Die Erörterung dieser Alternative hat nicht mehr naturwissenschaftlichen Charakter, sondern ist philosophischer Art.

Mit Bezug auf Archimedes läßt sich sagen, daß er das Gesetz vom hydrostatischen Auftrieb nicht einfach gefunden hat. Das Gesetz, mit dessen Hilfe er die vom König gestellte Aufgabe lösen konnte, war nicht das Ergebnis einer Verallgemeinerung von Beobachtungen oder gar einer einzigen Beobachtung, wie die Anekdote nahelegt. Die Beobachtung im Bad war keinesfalls hinreichend für die Formulierung dieses Gesetzes, sondern gab allenfalls den Anstoß zu dessen Formulierung. Archimedes hat dieses Gesetz nicht eigentlich gefunden, sondern erfunden. Das gilt, wie Karl Popper betont, allgemein: Gesetze, mit deren Hilfe Tatsachen erklärt oder Ereignisse vorhergesagt werden können, werden nicht durch Verallgemeinerung von Beobachtungen gewonnen, sondern angenommen und im Licht von Beobachtungen überprüft. Wenn eine Gesetzeshypothese an der Erfahrung scheitert, ist es vernünftig, sie abzuändern oder fallenzulassen; wenn sie aber Widerlegungsversuchen standhält, ist man berechtigt, sie beizubehalten. Je öfter und verschiedenartiger die Überprüfung vorgenommen wird, desto besser bestätigt ist die Hypothese, ohne daß sie als bewiesen gelten könnte. Gesetzesannahmen stehen unter dem Vorbehalt, daß sie sich eines Tages als korrekturbedürftig erweisen könnten.

Diese Auffassung wird durch andere historische Beispiele gestützt. So hat Galileo Galilei (1564–1642) das Gesetz, nach dem der Weg frei fallender Körper mit dem Quadrat der Fallzeit wächst, nicht dadurch gefunden, daß er den Fall von Körpern beobachtete und die Ergebnisse verallgemeinerte. Daß er Fallversuche am Schiefen Turm von Pisa angestellt habe, ist ein Märchen, denn sehr kurze Zeiten konnten mit den damaligen Mitteln nicht gemessen werden. Dazu kommt, daß Galilei bei der Formulierung des Fallgesetzes von der Fallbewegung im Vakuum ausging. Nur unter dieser (damals nicht realisierbaren) Bedingung ist die Fallgeschwindigkeit unabhängig von Masse und Form des fallenden Körpers. Er mußte mit einem Wort eine Idealisierung vornehmen, um das Gesetz formulieren zu können.

Daß Galilei das Fallgesetz nicht gefunden, sondern erfunden und experimentell überprüft hat, zeigt auch die Art, wie er es indirekt empirisch stützte, nämlich ausgehend von Beobachtungen der Bewegung von Kugeln auf der schiefen Ebene. Indem er die Änderung der für den Vorgang erforderlichen Zeit in Abhängigkeit vom Neigungswinkel der Ebene maß, gewann er die Grundlage für die Extrapolation für den senkrechten Fall. Das Gesetz des freien Falls war also keineswegs ein Fund in dem Sinne, daß es der Wirklichkeit gleichsam hätte abgelesen werden können. Es verhält sich anders als nach der von Francis Bacon (1561–1626) vertretenen empiristischen Ansicht: Das Erkennen ist nicht, wie dieser gemeint hatte, ein Abbilden gegebener Tatsachen und um so vollkommener, je weniger Gedanken des Erkennenden dabei im Spiele sind; vielmehr ist anzunehmen, daß Gesetze Entwürfe sind, die sich empirisch überprüfen lassen und hypothetischen Charakter haben.

Eine andere bekannte Anekdote, die das Erkennen einer Gesetzmäßigkeit als passiven Fund darstellt, handelt von dem Apfel, der Newtons Kopf traf und den Physiker zu seiner Gravitationstheorie angeregt haben soll. Isaac Newton (1643–1727) soll kurz vor seinem Tod die Geschichte vom herabfallenden Apfel einem zeitgenössischen Biographen erzählt haben. Beim Fall des Apfels zeigte sich, was bei fallenden Körpern im allgemeinen festzustellen ist, daß sie sich nämlich immer zum Erdmittelpunkt hin bewegen. Die Anekdote will suggerieren, daß Newton beim Fallen des Apfels auf das Gravitationsprinzip gestoßen sei. Dabei wird ausgeblendet, daß Newton an Galilei und Kepler, das heißt an das Gesetz des freien Falls und an die Gesetze der Planetenbewegung, anknüpfte und sie in einer allgemeineren Theorie verband. Der zentrale Begriff dieser Theorie – der Begriff der Schwerkraft oder Gravitation – wird nicht auf Grund von Beobachtungen gefunden, sondern zum Zweck ihrer Erklärung erfunden.

Auch Kepler hat zeitweise das Erkennen als eine Art Finden verstanden. Er meinte, die das Planetensystem beherrschende Harmonie der Sphären gefunden zu haben, wie er in seinem Werk *Mysterium cosmographicum* ausführt und wie in Kapitel 7 schon erwähnt wurde. Der vermeintliche Fund versetzte ihn in einen Zustand des Enthusiasmus, der allerdings von kurzer Dauer war; er verflüchtigte sich bald angesichts der gegen Keplers Auffassung sprechenden empirischen Befunde. Kepler suchte jahrelang nach einer Lösung und fand sie schließlich in Form der nach ihm benannten Gesetze der Planetenbewegung.

Als Finden stellte auch August Kekulé von Stradonitz (1829–1896) die Erkenntnis der Ringstruktur des Benzols dar, die er 1865 veröffentlichte. Fünfundzwanzig Jahre später führte er sie in einem Vortrag auf einen Traum zurück, der ihm im Halbschlaf vor den züngelnden Flammen des Kaminfeuers eine Schlange zeigte, die sich in den Schwanz beißt. Damit legte er ein Verständnis seiner Erkenntnis nahe, nach dem diese ohne besonderes Zutun des Erkennenden zustande gekommen sei. Gegen diese Ansicht spricht jedoch, daß die Suche nach der Struktur des Benzols damals bereits eine Zeitlang im Gange war. Es könnte sein, daß Kekulé die von Johann Loschmidt einige Jahre früher, nämlich 1861, vorgestellten Strukturformeln des Benzols kannte und an sie anknüpfte. Jedenfalls gab es eine Suche, an der auch andere Forscher beteiligt waren. Aller Wahrscheinlichkeit nach war die Erkenntnis der Ringstruktur des Benzols keine momentane Einsicht, sondern Abschluß eines Prozesses.

Die angeführten Beispiele betreffen naturwissenschaftliche Erkenntnisse, doch die Deutung des Erkennens als Finden, das sich vorgeblich ohne Zutun des Erkennenden ergeben soll, ist nicht auf diesen Bereich beschränkt. In einem Fall spielt sie auch in der Sozialphilosophie eine Rolle, nämlich bei Jean-Jacques Rousseau (1712–1778), der seine negative Beurteilung der modernen Zivilisation als einen ihm zuteil gewordenen Fund darstellte.

Die vermeintliche Erleuchtung über die Schattenseiten der wissenschaftlich-technischen Entwicklung stellte sich ein, als er im Jahre 1749 unterwegs nach Vincennes war, wo er den dort inhaftierten Mitherausgeber der *Encyclopédie* – der

Summe des Aufklärungswissens –, Denis Diderot, besuchen
wollte. Während einer Rast blätterte er in einer Zeitschrift und
stieß auf eine Mitteilung über die von der Akademie zu Dijon
gestellte Preisfrage, ob die Wissenschaften und Künste zur
Läuterung der Sitten beigetragen hätten. Ihm wurde angeblich
schlagartig klar, daß diese Frage mit Nein zu beantworten sei:
Wissenschaften und Künste haben die Menschen nicht besser
gemacht, sondern erwiesen sich im Gegenteil als Ursache sittlicher Fehlentwicklungen.

Diese Überzeugung überkam ihn in einer Art Ekstase, wie
aus seiner dreizehn Jahre später niedergeschriebenen Schilderung hervorgeht: «Ich hatte in der Tasche ein Heft des
‹Mercure de France›, in dem ich unterwegs zu blättern an-
fing. Ich stoße auf die Frage der Akademie zu Dijon, ob Wissenschaften und Künste zur Läuterung der Sitten beigetragen
hätten. Auf einmal fühle ich, daß mein Geist von tausend
Lichtern geblendet wird, ganze Massen lebhafter Gedanken
stellen sich ihm mit einer Gewalt und in einer Unordnung dar,
die mich in eine unaussprechliche Verwirrung versetzt. Meinen Kopf ergreift ein Schwindel, welcher der Trunkenheit
gleicht. Ein heftiges Herzklopfen bedrängt mich, will mir die
Brust sprengen. Da ich gehend nicht mehr atmen kann, lasse
ich mich am Stamm eines Baumes am Wege hinsinken und
bringe dort eine halbe Stunde in einer solchen Erregung zu,
daß ich beim Aufstehen den ganzen Vorderteil meiner Weste
mit Tränen durchnäßt finde, ohne gefühlt zu haben, daß ich
solche vergoß.»

Rousseau meinte also, die Antwort auf die kulturphiloso-
phische Frage der Akademie nicht durch eigenes Zutun gefunden zu haben, sondern von der Wahrheit überwältigt worden zu sein. Ob seine Schilderung den Tatsachen entspricht,
läßt sich allerdings nicht mehr mit Sicherheit feststellen. Seine
Darstellung ist jedenfalls nicht über jeden Zweifel erhaben.
Möglicherweise war seine Entscheidung, die erwähnte Frage

der Akademie negativ zu beantworten, nicht die Folge einer ekstatischen Schau, sondern das Ergebnis eines taktischen Kalküls.

Für die letztere Möglichkeit spricht der Bericht Diderots, zu dem Rousseau damals unterwegs war und den er in Vincennes antraf. Nach Diderot war Rousseau zunächst geneigt, den Wissenschaften und Künsten versittlichende Kraft zuzubilligen. Diderot meinte, daß sich alle Bewerber in diesem Sinne äußern würden; wenn man auffallen wolle, müsse man eine ungewöhnliche Antwort geben. Rousseau folgte diesem Ratschlag, beantwortete die Preisfrage in negativem Sinn und erzielte den von Diderot vorhergesagten Erfolg.

In den erwähnten Fällen liegt die Vermutung nahe, daß die Auffindung von Erkenntnissen nicht der isolierte Vorgang ist, als der er dargestellt wurde, sondern auf eigener oder fremder Vorarbeit beruht. Gegen die Auffassung des Erkennens als rezeptives Finden sprechen aber auch systematische Gründe. Vor allem ist ihren Vertretern entgegenzuhalten, daß das Erkennen niemals ein rein passiver Vorgang ist, da es immer in einem vorausgesetzten begrifflichen Rahmen zustande kommt. Was wir erkennen, wird niemals einfach vorgefunden, sondern wird in einem weiteren theoretischen Zusammenhang interpretiert. Das Erkennen mag als etwas erlebt oder vielleicht nur dargestellt werden, das dem Erkennenden ohne sein Zutun zuteil wird, doch tatsächlich ist es immer der Abschluß eines Suchvorgangs. Dieser Prozeß muß nicht in allen Einzelheiten bewußt sein, ja vermutlich spielen bei ihm immer unterbewußte Faktoren eine Rolle. Weil sie nicht deutlich bewußt sind, können sie unbemerkt bleiben, so daß der Eindruck eines Findens ohne Zutun des Erkennenden entstehen kann. Auch die von Archimedes im Bad angestellte Beobachtung kann, wenn es sie überhaupt gegeben hat, nur den Anstoß zum Abschluß eines bereits weit gediehenen Suchvorgangs gegeben haben.

Faßt man die Erkenntnis in dieser Weise auf, kommt man ohne starke spekulative Voraussetzungen aus und wird der tatsächlichen Forschung besser gerecht, als es bei der Auffassung von Erkenntnissen als etwas der Fall ist, das dem Erkennenden wie ein Geschenk in den Schoß fällt.

11

«Was vor deinen Füßen liegt, weißt du nicht!»
Inwiefern Philosophen weltfremd sind

Von Thales, der als erster abendländischer Philosoph gilt (vgl. Kapitel 2), wird berichtet, daß er eines Abends, als er die Sterne beobachtete, in eine Zisterne gefallen sei. Eine thrakische Magd, die das sah, höhnte: O Thales, die Dinge am Himmel suchst du zu erkennen, aber was vor deinen Füßen liegt, weißt du nicht! (Plato: *Theätet*)

Diese Anekdote ist aller Wahrscheinlichkeit nach erfunden. Aber wie bei jeder guten Anekdote ist für ihren Wert nicht entscheidend, daß sie geschichtlich wahr ist, sondern daß sie etwas Typisches ausdrückt. Dies ist im vorliegenden Falle offensichtlich zunächst die Weltfremdheit, die den Philosophen oft zugeschrieben wird. Über die Dinge am Himmel weiß ein Philosoph Bescheid – also über etwas, das ohne praktischen Wert ist; das Nächstliegende, auf das es in der Praxis ankommt, übersieht er, und so scheitert er an Hindernissen, die von anderen Leuten ohne weiteres bemerkt und umgangen werden.

Zu dieser Anekdote gibt es ein Seitenstück aus viel späterer Zeit. Von dem berühmten Astronomen Tycho Brahe (1546–1601) wird erzählt, daß er bei einer nächtlichen Wagenfahrt dem Kutscher den Weg nach den Sternen zeigen zu können meinte, was der Fuhrmann bezweifelte. Er drückte seine Meinung recht drastisch aus: «Guter Herr, auf den Himmel mögt ihr euch verstehen, hier auf der Erde seid ihr aber ein Narr.»

Über den Anekdoten, die Philosophen als weltfremd darstellen, sollten die Berichte, die jenen zuwiderlaufen, nicht vergessen werden. So gibt es schon in bezug auf Thales eine Anekdote, die der ersten geradewegs widerspricht. Ihr zufolge soll der Philosoph imstande gewesen sein, das Wetter über einen längeren Zeitraum vorherzusagen. Als er erkannte, daß ein Sommer mit überreicher Olivenernte zu erwarten war, pachtete er noch im Winter um wenig Geld alle erreichbaren Ölpressen, um sie im Sommer, als die Nachfrage groß war, teuer vermieten zu können.

Wäre dieser Bericht historisch wahr, würde er nicht nur von praktischer Tüchtigkeit des Philosophen, sondern geradezu von dessen Gerissenheit zeugen. Aristoteles, der die Episode erwähnt, meinte zwar, Thales habe nur beweisen wollen, daß auch ein Philosoph mit seinen Kenntnissen reich werden könne, wenn er nur wolle (Aristoteles: *Politik* I, 11); doch ein solcher Beweis hätte nicht mit Hilfe eines moralisch fragwürdigen Vorgehens erbracht werden müssen.

Der Spott der thrakischen Magd, von dem in der ersten Anekdote dieses Kapitels die Rede war, erscheint als verfehlt, wenn man bedenkt, daß Thales ein weitgereister Mann war, der über geometrische und naturkundliche Kenntnisse verfügte und sie auch praktisch anzuwenden wußte. Das gilt sogar von dem astronomischen Wissen, das er allerdings nicht selbst gewonnen, sondern übernommen haben dürfte. Er wußte von dem neunzehnjährigen Zyklus der Verfinsterungen, der schon den Babyloniern bekannt war, und sagte auf Grund dieser Kenntnis die totale Sonnenfinsternis des Jahres 585 vor Christus zutreffend voraus. Diese Prognose soll im Krieg zwischen Medern und Lydern eine Rolle gespielt haben. Die Lyder ließen sich, von Thales informiert, von dem Ereignis nicht beeindrucken, während die Lyder von panischem Schrecken ergriffen wurden.

Daß Thales nicht weltfremd im landläufigen Sinn war, geht auch daraus hervor, daß er die griechischen Städte Kleinasiens politisch beriet. Er empfahl ihnen, angesichts der Bedrohung durch die Perser ein Bündnis einzugehen. Berichtet wird auch, daß er als weitgereister Mann, der sich mit der Schiffahrt auskannte, eine Methode zur Bestimmung der Entfernung eines Schiffes von der Küste entwickelte. In Ägypten fand er einen einfachen Weg zur Berechnung der Höhe der Pyramiden. Wie in Kapitel 2 erwähnt, soll er versucht haben, die jährliche Überschwemmung des Niltales zu erklären. In Verbindung mit solchen Aufgaben der angewandten Wissenschaft scheint er auch rein theoretische Einsichten, vor allem in der Geometrie, gewonnen zu haben: Jedem Schüler ist der mit seinem Namen verbundene Satz, nach dem Dreiecke im Halbkreis rechtwinklig sind, vertraut. All das paßt nicht zum Bild des weltfremden Philosophen.

Auch bei anderen Philosophen zeigt sich immer wieder, daß sie einen Sinn für praktische Dinge hatten. So wird von manchen Denkern des Altertums berichtet, daß sie als politische Berater oder als Verfassungsgeber gewirkt hätten. In der Neuzeit kam es ebenfalls vor, daß Philosophen den Zentren der Macht nahestanden und politischen Einfluß ausübten.

Daß Philosophen in der Wahrnehmung ihrer privaten Interessen recht geschickt sein können, ist unübersehbar. So sorgte Arthur Schopenhauer (1788–1860) für seine finanzielle Unabhängigkeit, indem er sein ererbtes Vermögen energisch verteidigte, als es durch den Zusammenbruch des Handelshauses, bei dem es angelegt war, zum großen Teil verlorenzugehen drohte. Der Philosoph lehnte einen Vergleich ab und bestand auf der Rückzahlung des gesamten investierten Betrags. An den Inhaber der Firma schrieb er, er wolle nichts weiter, als sich das nicht nehmen zu lassen, was rechtmäßig ihm gehöre. Das Vermögen, auf dem sein ganzes Glück, seine Freiheit, seine gelehrte Muße beruhten, sei ein Gut, das auf dieser Welt einem Philosophen nur selten zuteil werde. Deshalb wäre es fast so gewissenlos als schwach, es nicht mit allen Mitteln zu verteidigen und mit aller Gewalt festzuhalten (nach A. Hübscher: *Arthur Schopenhauer*, in dessen Sämtlichen Werken, Band I). Der Brief hatte die gewünschte Wirkung. In einem weiteren Schreiben an den Inhaber des Handelshauses bemerkte er, «daß man wohl ein Philosoph sein kann, ohne deshalb ein Narr zu sein».

Trotzdem hält sich hartnäckig der Glaube, der typische Philosoph müsse weltfremd und in praktischen Dingen uninteressiert oder gar hilflos sein. Wie erklärt sich die Beharrlichkeit, mit der diese Meinung vertreten wird? Würde es sich um ein schieres Vorurteil handeln, dann wäre die Vorstellung des Philosophen als eines weltfremden Grüblers vermutlich längst korrigiert worden; wenn sie sich so zäh gehalten hat, kann man annehmen, daß sie einem typischen Zug des Bildes des Philosophen entspricht, auf den noch nicht eingegangen wurde, der aber philosophisch von besonderem Interesse ist.

In welchem Sinne ein Philosoph trotz praktischer Tüchtigkeit weltfremd genannt werden kann, läßt sich am Beispiel des Thales zeigen. Thales nahm eine Fragestellung vorweg, die im Verlauf der Geschichte des philosophischen Denkens eine wichtige Rolle gespielt hat und die es rechtfertigt, ihn als Philosophen zu bezeichnen. Er fragte nämlich nach dem Ursprung der Welt im Ganzen und beantwortete sie mit der Annahme, daß alles aus dem Wasser – oder wohl richtiger: aus einem feuchten Element – hervorgegangen sei. Der feuchte Urstoff verwandelt sich seiner Ansicht nach in Erde, Wasser, Luft und Feuer. Warum Thales den Ursprung der Dinge in etwas Flüssigem suchte, wissen wir nicht; schon Aristoteles war, etwa zweieinhalb Jahrhunderte später, auf bloße Mutmaßungen angewiesen. Die Frage, was der Grund aller Dinge sei bzw. was die Dinge im Grunde seien, ist unabhängig vom Inhalt der vorgeschlagenen Antworten. Sie ist eine philosophische Frage, das heißt eine Frage, die – als naturphilosophische bzw. ontologische Frage – von wissenschaftlichen Fragen prinzipiell unterschieden ist. Hegel hat richtig gesehen, wenn er das von Thales als Ursprung aller Dinge betrachtete Element als spekulatives Wasser bezeichnete.

Diese Ansicht unterscheidet sich wesentlich von naturwissenschaftlichen Auffassungen; denn im Gegensatz zu wissenschaftlichen Annahmen lassen sich die möglichen Antworten – außer dem Wasser wurden Luft, Feuer oder ein unbestimmter Urstoff als Ursprung aller Dinge angenommen – nicht mit Hilfe von Beobachtungen überprüfen. Wie hätte sich auch empirisch feststellen lassen können, ob wirklich alle Dinge aus einem nicht wahrnehmbaren Urstoff hervorgegangen sind? Und nicht nur das: Während wissenschaftliche Sätze oft entweder unmittelbar oder mindestens mittelbar in die Praxis umgesetzt und technisch genutzt werden können, läßt sich eine Anwendung der These über den Ursprung aller Dinge nicht denken. Wenn man von wissenschaftlichen Theorien einräumt, daß sie in der einen oder der anderen Weise unserer Orientierung in der Welt dienen und in diesem Sinne auf etwas in der Welt bezogen sind, wird man das von der Thaletischen Annahme über den Ursprung und Grund aller Dinge nicht sagen können: Sie ist, so gesehen, welt-fremd.

Angesichts dieser Welt-Fremdheit drängt sich die Frage auf, was Thales bewogen haben mag, nach Ursprung und Grund aller Dinge zu suchen. Da praktische Motive nicht in Betracht kommen, liegt die Annahme eines Interesses besonderer Art nahe – eines Interesses, das rein theoretisch ist und daher als Vernunftinteresse bezeichnet werden kann.

Thales ging, wie andere damalige Philosophen in seiner kleinasiatischen Heimat, von der vertrauten Tatsache aus, daß alle Dinge im Werden begriffen sind, das heißt sich bald rascher, bald langsamer ändern. Von Werden im landläufigen Sinne spricht man, wenn etwas in einem Augenblick eine Eigenschaft hat, die es vorher nicht hatte oder später nicht mehr haben wird. Sagt man, eine Pflanze sei größer geworden, so meint man, sie habe vor einem Tag, einer Woche, einem Monat usw. ihre heutige Größe noch nicht gehabt. Sagt man, ein bestimmter Mensch werde immer ungeduldiger, dann meint man, er sei früher weniger ungeduldig gewesen oder seine Ungeduld werde morgen, übermorgen usw. noch größer sein als heute. Im ersten Fall unterstellt man, daß es dieselbe Pflanze ist, die bald diese, bald jene Größe hat; im zweiten Falle, daß derselbe Mensch zu verschiedenen Zeiten verschieden ungeduldig ist. Immer setzt man etwas voraus, das in der Veränderung der wahrnehmbaren Tatsachen dasselbe bleibt. Die Bestimmungen wechseln, das so oder so Bestimmte wird als beharrlich gedacht.

Thales hat diese Auffassung auf die Wirklichkeit im ganzen bezogen. Wer sagt, die Welt sei im Werden begriffen, der setzt – mindestens stillschweigend – voraus, daß es etwas Beharrliches gebe, das bald diese, bald jene Eigenschaften habe. Thales hat diesen Gedanken nicht in abstrakter Allgemeinheit ausgesprochen, sondern durch die Annahme eines bestimmten Stoffes konkretisiert, der allem Werden zugrunde liegt. Man kann, der Richtung des Gedankengangs folgend, hinzufügen: Wenn alles aus diesem Urstoff entstanden ist, dann ist es *im Grunde* – wenn auch nicht der Erscheinung nach – immer noch dieser Urstoff.

Die Annahme eines Urstoffs, der ein Element mit wahrnehmbaren Eigenschaften sein soll, ist, wie unter den Bedingungen der Frühzeit des philosophischen Denkens nicht anders zu erwarten, primitiv; sie enthält aber als berechtigten Kern die Auffassung, daß nur unter Voraussetzung von etwas im Wandel Beharrlichen Veränderungen konstatiert werden können. Die Vorstellung, daß dieses Beharrliche ein bestimmtes Element sei, war zeitgebunden und machte im Verlauf der Entwicklung der Philosophie anderen Annahmen Platz. Was aber auch immer als konstant angenommen wurde – die Menge der Elementarteilchen, die Masse, der Impuls, die Energie oder eine andere Größe –, die Anerkennung irgendeiner im Wandel beharrlichen Größe ist unvermeidlich, weil sie eine notwendige Bedingung der Erfahrung des Werdens betrifft. Wie Carl Friedrich v. Weizsäcker (*Kants Erste Analogie der Erfahrung*) hervorhob, gibt es in jeder physikalischen Theorie eine Größe, die erhalten bleibt; welche Größe das ist, muß in jeder Theorie von neuem bestimmt werden.

Die auf Bedingungen der Möglichkeit von Erkenntnis bezogene Denkweise ist genuin philosophisch. Sie bezweckt nicht die Erklärung bestimmter Tatsachen in der Welt, sondern sie macht Annahmen, mit deren Hilfe die Tatsachenerkenntnis als solche begreiflich gemacht werden soll. In diesem Sinne ist die Fragestellung, die erstmals, wenn auch nur in tastenden Ansätzen, bei Thales anzutreffen ist, welt-fremd. Die thrakische Magd, die den in die Zisterne gefallenen Philosophen verspottete, hatte daher recht, wenn auch in einem Sinne, der sich ihr nicht erschließen konnte.

Als weltfremd wird eine Denkweise oft auch dann angesehen, wenn sie nicht, oder mindestens nicht unmittelbar, zu praktischen Ergebnissen führt. Die Ansicht, daß Gedanken in erster Linie im Hinblick auf ihre Brauchbarkeit, das heißt auf ihren Nutzen, zu bewerten seien, ist aber in ihrer Einseitigkeit bedenklich. Die Beschränkung auf das im Alltagssinn Nützliche oder das sich im Kampf ums Dasein Bewährende auf Kosten von Ideen, die dem Nützlichkeitskriterium nicht genügen, führt zu einer Verarmung des Denkens, Fühlens und Wollens, die sich auf längere Sicht auch praktisch negativ auswirkt.

Die Borniertheit einer solchen Denkweise tritt zutage, wenn man sich vor Augen hält, daß oft jene Gedanken die positivsten praktischen Wirkungen gehabt haben, die nicht um irgendeines Nutzens willen gesucht wurden. So wollten die griechischen Mathematiker, die den pythagoreischen Lehrsatz bewiesen, in erster Linie einen mathematischen Zusammenhang durchschauen; daß das Ergebnis ihres Nachdenkens

praktisch bedeutsam war, liegt auf der Hand, ist aber gegenüber der theoretischen Begründung sekundär. Auch die alten
Astronomen waren primär Theoretiker; sie wollten erkennen,
welche Verhältnisse im Universum herrschen. Daß manche
ihrer Erkenntnisse praktische Folgen gehabt haben, ändert
nichts an ihrer rein theoretischen Einstellung. Daß sie die
Grundlagen einer Wissenschaft legten, die einmal die Raum-
fahrt ermöglichen würde, konnten sie nicht ahnen. Ähnlich
verhält es sich mit vielen anderen Bereichen des philoso-
phisch-wissenschaftlichen Denkens: Rein theoretische Gedanken, die zunächst nutzlos und in diesem Sinne weltfremd
zu sein schienen, veränderten immer wieder das Verhältnis des
Menschen zur Welt wie zu seinen Mitmenschen und fanden in
der Praxis, namentlich in der Technik, mannigfache Anwendung.

Die weitere Entwicklung des Gedankens, der sich bei Thales ankündigt, kann hier nicht dargestellt werden; allgemein
ist aber festzustellen, daß unser philosophisches Weltbild letzten Endes aus welt-fremden Gedanken von der Art, wie sie
Thales hegte, entstand. Daher ist die Einstellung der thrakischen Magd, die Thales verhöhnte, unangemessen: Wäre sie
allgemein, bliebe das Denken auf das Handgreifliche und
Nächstliegende beschränkt; erst dadurch, daß über das unmittelbar Nützliche hinausgedacht wird, eröffnen sich neue Ho-
rizonte. Auch wenn ein kühner Forscher hie und da strauchelt
oder gar zu Sturz kommt, ist es nicht gerechtfertigt, über ihn
zu spotten, denn er geht das Wagnis ein, sich auf neue Denk-
wege einzulassen. Den thrakischen Mägden und ihren Geis-
tesverwandten widerfährt kein solches Mißgeschick, denn sie
achten genau auf den Weg vor ihren Füßen. Weil sie nicht wei-
terblicken, erschließen sich ihnen auch keine neuen Wege.

12.

«*Es kommt, wie ich sage, oder der Himmel stürzt ein*»
Die Rolle von Weltbildern

In einem der zahlreichen kriegerischen Konflikte im Italien der Renaissance standen sich im Jahre 1386 die Truppen der Stadt Padua und der Scaliger gegenüber. Die Verteidiger der Stadt ließen sich von dem Philosophen, Mathematiker und Astrologen Blasius von Parma (Biagio Pelacani, 1347–1416), der sich bei den Truppen in Padua befand, beraten. Er sagte dem in der Stadt verschanzten Heer, dem die Sterne seiner Ansicht nach günstig standen, den Sieg voraus, wenn es sich den Belagerern in offener Feldschlacht stellen würde. Zunächst schien es, als habe er schlecht prophezeit: Das Heer wurde in die Flucht geschlagen und gegen die Mauern der Stadt zurückgedrängt. In dieser Lage verhöhnte einer der Anwesenden den Philosophen wegen seiner vermeintlich falschen Vorhersage. Dieser ließ sich jedoch nicht beirren und entgegnete dem Spötter: «Du bist ein Narr! Entweder es kommt, wie ich gesagt habe, oder der Himmel stürzt ein.» Tatsächlich behielt Blasius recht: Ein Teil der Paduaner Streitkräfte war – was der Philosoph nicht wußte – in Reserve gehalten worden und griff die Feinde im Rücken an, so daß sie kapitulieren mußten (Thorndike: *A History of Magic and Experimental Science*, Band IV).

Die Episode ist nicht so sehr wegen des Zutreffens der Vorhersage als vielmehr wegen der unerschütterlichen Gewißheit bemerkenswert, die den Philosophen eher mit dem Einsturz des Weltgebäudes als mit der Widerlegung seiner Prognose rechnen ließ. Der Grund seiner unerschütterlichen Zuversicht war dem Bericht zufolge sein Glaube an die Astrologie und an

85

das Weltbild, auf dem diese vermeintliche Wissenschaft beruhte.

Die Astrologie, die im Mittelalter eine wichtige Rolle spielte, hing mit dem geozentrischen Weltbild zusammen, das heißt mit der Annahme, daß sich Planeten, Mond, Sonne und Fixsterne in kreisförmigen Bahnen um die als Mittelpunkt des Alls betrachtete Erde bewegen. Von Gott, den man als letzte Ursache der gleichförmigen Bewegung der Himmelskörper betrachtete, nahm man an, daß er vermittels der Sterne und ihrer Konstellationen auf das irdische Geschehen einwirke. Auf Grund dieser Ansicht schien die Annahme nicht absurd, daß die Stellung der Gestirne, insbesondere der Planeten, der Sonne und des Mondes, die menschlichen Geschicke beeinflussen könne. Wer die Zusammenhänge der Gestirne kennt, kann demnach die Zukunft richtig vorhersagen.

Im Rahmen dieses Weltbildes, dessen Wurzeln in der Frühzeit der griechischen Philosophie zu suchen sind, galt die Astrologie nicht als Aberglaube, sondern als Wissenschaft. Wer diesem Weltbild verpflichtet war und gleichzeitig die astrologischen Berechnungen beherrschte, mochte daher in der Tat, wie Blasius von Parma, von der unbedingten Richtigkeit seiner Vorhersagen überzeugt sein. Hätte sich seine Prognose als falsch erwiesen, dann wäre zwar nicht, wie er sagte, das Himmelsgewölbe eingestürzt; wohl aber wäre das Weltsystem, an das er glaubte, für ihn hinfällig geworden. Auch das wäre eine Katastrophe gewesen – zwar keine objektive, wie der Einsturz des Himmels, wohl aber eine subjektive: Für den Philosophen wäre es ein Weltuntergang gewesen.

Der Umsturz eines Weltbildes kann, wie viele Beispiele zeigen, dessen Vertreter oft schwer treffen. Wer erleben muß, daß sich die Ideen, an denen er sein Denken ausgerichtet hat, als fragwürdig erweisen oder daß die obersten Werte, die ihm als Richtschnur seines Wollens und Handelns dienten, nicht mehr gelten, erlebt den Zusammenbruch einer geistigen Welt.

In solchen Fällen genügt es nicht, die Ansicht der Welt in dieser oder jener Einzelheit zu verändern, da die Auffassung der Welt im ganzen zur Disposition steht. Manche beharren in dieser Situation auf der Tradition, verdammen alle Neuerungen und isolieren sich von der philosophischen und einzelwissenschaftlichen Entwicklung; andere erkennen die Chance, die die Krise unter Umständen zu bieten vermag.

Was der Zusammenbruch eines Weltbildes bedeuten kann und welche Reaktionen auf ihn erfolgten, läßt sich anhand von Beispielen aus verschiedenen Epochen der Philosophiegeschichte zeigen.

Ein frühes Beispiel einer durch den Zusammenbruch des Weltbildes bewirkten Erschütterung ist die Krise, in die die Anhänger des Pythagoras im fünften Jahrhundert v. Chr. durch die Entdeckung inkommensurabler Strecken gerieten. Erstmals scheint ein pythagoreischer Philosoph erkannt zu haben, daß die Seite und die Diagonale des Fünfecks kein gemeinsames Maß haben. Diese Entdeckung hatte ungeahnte Folgen, denn sie stellte eine grundlegende Voraussetzung der ursprünglichen pythagoreischen Metaphysik in Frage – die Annahme, daß die Natur mit Hilfe rationaler Zahlen beschrieben werden könne. Für die Mehrheit der Pythagoreer brach tatsächlich eine Welt zusammen. Wie schwer die Erschütterung war, zeigt das Vorgehen der Mitglieder der pythagoreischen Gemeinschaft gegen den Entdecker inkommensurabler Verhältnisse. Er wurde nicht nur aus der Gemeinschaft ausgeschlossen, sondern man verweigerte ihm, als er starb, eine menschenwürdige Bestattung.

Die von der Krise betroffenen Anhänger des Pythagoras hatten faszinierende mathematische und physikalische Entdeckungen gemacht. Sie hatten gefunden, daß sich die Intervalle der Tonleiter durch Verhältnisse zwischen natürlichen Zahlen ausdrücken lassen. Die Schwingungen von Saiten, deren Längen sich wie 1 : 2 verhalten, erzeugen Töne im Intervall

der Oktave; die Quinte entspricht einem Saitenverhältnis von
2 : 3, bei der Quarte ist das Verhältnis 3 : 4 usw. Wenn sich die
Intervalle arithmetisch ausdrücken lassen, dann könnte dies –
so dürfte man überlegt haben – auch bei anderen Verhältnissen
so sein. Die frühen Pythagoreer wagten eine kühne Verallgemeinerung: Alle Dinge lassen sich durch Beziehungen zwischen natürlichen Zahlen bestimmen; sie ahmen die Zahlen
nach, ja sie *sind* Zahlen, wie die Pythagoreer nach dem Zeugnis
des Aristoteles lehrten. Weil die Mathematik das Muster einer
rein vernünftigen Wissenschaft ist, konnte man die mathematische Struktur der Natur als rationale Ordnung auffassen.
Für inkommensurable Verhältnisse, wie sie zwischen der Seite
und der Diagonale des Quadrats oder bei den Abschnitten einer nach dem Goldenen Schnitt geteilten Strecke bestehen, ist
in diesem Weltbild kein Platz. Weil man die Welt vernünftig
genannt hatte, sofern sie durch Verhältnisse natürlicher Zahlen bestimmt erschien, mußte durch die neue Erkenntnis der
Glaube an die objektive Vernünftigkeit des Kosmos ins Wanken geraten; ja der Kosmos selbst brach für viele zusammen,
bedeutet doch Kosmos ursprünglich «Ordnung».

Die Reaktion der konservativen Anhänger der pythagoreischen Schule darf als typisch für die Art gelten, in der fundamentalistische Wissenschaftler und Philosophen auf die
Herausforderung durch Gedanken, die ihren dogmatischen
Voraussetzungen widersprechen, reagieren. Die orthodoxen
Pythagoreer suchten die neue mathematische Einsicht zu
unterdrücken und deren Vertreter zu ächten. Wie nicht anders zu erwarten, führte die Entdeckung zu einer Spaltung
der Schule. Von den Akusmatikern – den auf die Überlieferung und letztlich auf die Worte des Schulgründers
Hörenden –, die auf dem ursprünglichen pythagoreischen
Standpunkt verharrten, spalteten sich die sogenannten Mathematiker ab, die der neuen Denkweise aufgeschlossen ge-
genüberstanden.

Das Verhalten der Traditionalisten ist nachvollziehbar, denn sicherlich ist es nicht leicht, mit dem Bankrott vertrauter Denkweisen fertig zu werden. Es ist daher verständlich, daß man alles daransetzt, die ins Wanken geratenen Fundamente des Weltbildes zu stützen. Doch etwas zu verstehen heißt nicht immer, es zu billigen. Bei allem Verständnis für die Einstellung der Vertreter der dogmatischen Denkweise ist doch die Unterdrückung neuer Auffassungen zu mißbilligen, weil sie tendenziell freiheitsfeindlich ist. Außerdem spricht gegen das Festhalten an überholten Auffassungen, daß es die Bereitschaft, sich mit neuen Gedanken auseinanderzusetzen, hemmt und daher eine notwendige Bedingung des gedanklichen Fortschritts außer Kraft setzt.

Der pythagoreische Glaube an eine vernünftige Ordnung der Welt kommt besonders deutlich in der Lehre von der Harmonie der Sphären zum Ausdruck (siehe Kapitel 7). Die Verhältnisse im Bereich der Sphären galten als die vollkommenste und erhabenste Harmonie, die aber für menschliche Ohren nicht hörbar sein soll. Deshalb nahm man an, daß sie nur vernünftig erfaßt werden könne, namentlich mit Hilfe der Mathematik bzw. im Rahmen der mathematischen Naturauffassung. Auch Blasius von Parma, von dessen zufälligerweise richtiger Vorhersage eingangs die Rede war, war noch von dem alten, im Grunde pythagoreischen Weltbild beeinflußt, und seine Selbstsicherheit ist nichts anderes als die Folge seines Glaubens an dessen unbedingte Wahrheit. Seine Einstellung war nicht nur inhaltlich, sondern auch methodologisch fragwürdig, da sie auf dem Glauben an die Endgültigkeit eines Weltbildes beruhte, das nicht anders als hypothetisch sein konnte.

Die Lehre von der Harmonie der Sphären blieb bis in die frühe Neuzeit wirksam. Vor allem Astronomen und Astrologen spürten dieser Harmonie nach. Auch Johannes Kepler (1571–1630) war noch von der Idee der Sphärenharmonie beeinflußt, als er nach der mathematischen Form des Planetensystems suchte und zunächst glaubte, sie definitiv gefunden zu haben. Als er einsehen mußte, daß er geirrt hatte, war er wegen seines vermeintlichen Scheiterns zunächst tief enttäuscht. Für ihn stürzte jedoch nicht der Himmel ein, sondern er bemühte sich um eine Korrektur seiner Auffassung. Dabei eröffnete sich ihm eine neue Sicht auf den Himmel, die sich als epochemachend erweisen sollte. Er reagierte auf das Scheitern seines ursprünglichen Versuchs nicht mit Verzweiflung oder Resignation, sondern nahm es zum Anlaß, nach einer befriedigenderen Theorie zu suchen.

Nach der Überwindung des alten Weltbildes durch Kepler und andere frühneuzeitliche Astronomen ist ein Glaube von der Art, wie ihn Blasius von Parma und viele andere hegten, nicht mehr vertretbar. Der im Mittelalter für gerechtfertigt gehaltene Glaube an die astrologische Lehre ist heute Aberglaube, weil die Vorstellung einer Welt, in der der Stand der Planeten über das Schicksal der Menschen entscheidet, hinfällig ist. Die Vorstellung, daß die Erde Mittelpunkt des Alls sei, mußte der heliozentrischen Auffassung weichen. Die Sonne, die im Zentrum des Planetensystems steht, erwies sich als einer unter unzähligen Sternen der Milchstraße, und diese ist nur eine unter unzähligen Galaxien. Damit waren die Annahmen, auf die sich das alte Weltbild mit seinen astrologischen Ansprüchen stützte, unhaltbar geworden. Gewisse Schwierigkeiten, die mit der früheren Ansicht verbunden waren, entfielen mit der neuen Theorie. Zum Beispiel mochte die Annahme, daß sich der Fixsternhimmel täglich um die Erde bewege, vertretbar sein, solange man mit relativ kleinen Entfernungen rechnete. Als man erkannte, daß die Fixsterne viel weiter von der Erde entfernt sind als lange Zeit angenommen, hätte man dem Fixsternhimmel eine immer gewaltigere Geschwindigkeit zuschreiben müssen. Die Schwierigkeit verschwand mit der Einsicht, daß die scheinbare Bewegung des Sternenhimmels auf der täglichen Umdrehung der Erde um ihre eigene Achse beruht.

Nicht nur der Zusammenbruch kosmologischer Lehren konnte deren Vertreter beunruhigen; auch der Umsturz philosophischer Weltbilder wurde immer wieder als Katastrophe erlebt, die persönliche Erschütterungen auslöste. So geriet der Dichter Heinrich von Kleist (1777–1811) in eine schwere Krise, als sein Glaube an die Möglichkeit eines über den Tod hinausgehenden Prozesses der Vervollkommnung durch Bildung und Wahrheitssuche unter dem Eindruck der Kantischen Philosophie hinfällig wurde. Seine ursprüngliche optimistische Denkweise schilderte er in einem Brief an seine Braut: «Ich hatte schon als Knabe (...) mir den Gedanken angeeignet, daß die Vervollkommnung der Zweck der Schöpfung wäre. Ich glaubte, daß wir einst nach dem Tode von der Stufe der Vervollkommnung, die wir auf diesem Stern erreichten, auf einem andern weiter fortschreiten würden, und daß wir den Schatz von Wahrheiten, die wir hier sammelten, auch dort einst brauchen könnten. Aus diesen Gedanken bildete sich so nach und nach eine eigne Religion. ... Bildung schien mir das einzige Ziel, das des Bestrebens, Wahrheit der einzige Reichtum, der des Besitzes würdig ist.»

Diese spekulative, quasi-religiöse Auffassung, die auf dem Glauben an die Erkennbarkeit des An-sich-Seins der Wirklichkeit beruhte, hielt der Kantischen Kritik nicht stand, wie Kleist seiner Braut schrieb. Hatte er ursprünglich geglaubt, das Wesen der Seele und der Natur erkennen zu können, sah er unter Kants Einfluß ein, daß wir die Wirklichkeit nicht so, wie sie an sich ist, erkennen, sondern immer nur so, wie sie uns auf Grund unserer Anschauungs- und Denkformen erscheint. «Wir können nicht entscheiden, ob das, was wir Wahrheit nennen, wahrhaft Wahrheit ist, oder ob es uns nur so scheint. Ist das letzte [der Fall], so ist die Wahrheit, die wir hier sammeln, nach dem Tode nicht mehr – und alles Bestreben, ein Eigentum sich zu erwerben, das uns auch in das Grab folgt, ist vergeblich.» Für Kleist verliert damit das Dasein den Sinn, den es früher für ihn gehabt hatte: «Mein einziges, mein höchstes Ziel ist gesunken, und ich habe nun keines mehr.» (Nach E. Ermatinger: *Deutsche Dichter*, 2. Teil)

Mit dieser Reaktion wurde Kleist der Kantischen Philosophie nicht gerecht, weil er nicht bedachte, daß die Kantische Philosophie nicht in der kritischen Theorie der Erkenntnis aufgeht. Nach Kant hat die Philosophie nicht nur die Frage «Was kann ich wissen?» zu beantworten, sondern auch die Fragen «Was soll ich tun?» und «Was darf ich hoffen?» Als Antwort auf die dritte Frage postulierte Kant aus praktischen Gründen die Fortdauer der über den Tod hinaus nach Vervollkommnung strebenden Seele. Seine praktische Philosophie überwindet somit die Schwierigkeit, vor die sich Kleist gestellt sah. Die Postulate der Unsterblichkeit, der Freiheit und der Existenz Gottes sind Inhalt einer Art philosophischen, moralisch motivierten Glaubens; sie haben nicht Erkenntnischarakter.

Kleist war nicht der einzige, der in Kant den Zerstörer anerkannter Wahrheiten und Werte erblickte; schon Moses Mendelssohn hatte vom «alles zermalmenden Kant» gesprochen (Mendelssohn: *Morgenstunden*, Vorbericht) – und damit dessen Philosophie mißverstanden. Das ist nicht erstaunlich, wenn man bedenkt, daß er sich nach eigenem Geständnis mit Kants Werken nicht gründlich auseinandergesetzt hat. Kant war kein Skeptiker und kein Nihilist, der nur zweifelt und negiert. Die skeptische Denkweise, wie er sie bei Hume fand, spielt seiner Ansicht nach zwar eine Rolle als vorübergehende Rast auf dem Weg zu einer haltbaren Metaphysik, kann aber nicht das Ziel des Philosophierens sein.

Eine Erschütterung seiner philosophischen Grundauffassung erfuhr auch Edmund Husserl (1859–1938), der die Philosophie, genauer: die Phänomenologie, als strenge, auf Wesens-

schau beruhende Wissenschaft betrachtete. Gegen Ende seines
Lebens – Heidegger hatte der Phänomenologie inzwischen
eine neue Richtung gewiesen und damit starken Eindruck gemacht – mußte er gestehen: «*Philosophie als Wissenschaft*, als
ernstliche, strenge, ja apodiktisch strenge Wissenschaft – der
Traum ist ausgeträumt.» Offenbar sah er nicht nur die euro-
päische Wissenschaft in einer Krise, nach deren Ursachen er in
seiner letzten Abhandlung fragte, sondern auch die Philosophie, sofern sie mit dem Anspruch unbedingter Wahrheit ihrer Sätze auftritt. Das Scheitern des Projekts einer unbedingt
wahren Philosophie, dem er viele Jahre sein Denken gewidmet hatte, eröffnete Husserl nicht die Aussicht auf eine neue
Denkweise; er nahm es, wie es scheint, resignierend hin.

In der jüngsten Geschichte bietet sich als Beispiel eines
Weltanschauungszusammenbruchs das Scheitern der marxi-
stisch-leninistischen Ideologie an, die nicht nur in der Sowjetunion herrschte, wo sie die Ideologie der Kommunistischen
Partei war und von Staats wegen verbindlich gemacht wurde,
sondern weit darüber hinaus, auch in der westlichen Welt, Anhänger fand. Diese Anhängerschaft begann allerdings zu brök-
keln, als die Sowjetunion über die internen Repressionen hinaus auch in den Satellitenländern gewaltsam eingriff, wenn es
darum ging, reformistische Tendenzen zu unterdrücken.

Als mit dem Zusammenbruch der Sowjetunion der Marxis-
mus-Leninismus seinen politischen Rückhalt verlor, ging sein
Einfluß allgemein zurück. Man betrachtete den Histo-Dia-
Mat nicht mehr als wissenschaftliche Theorie, sondern als
Ideologie im negativen Sinne oder als eine Art Mythus.
Manche ehemalige Anhänger dieser Ideologie suchten den
Abschied von der vorgeblichen «wissenschaftlichen Weltanschauung» erträglicher zu machen, indem sie befanden, daß
nicht nur der Marxismus-Leninismus, sondern auch andere
umfassende weltanschauliche Entwürfe nichts anderes als
«große Erzählungen» seien, somit Entwürfe ohne Wahrheits-

anspruch. Dieser Grundgedanke der sogenannten postmodernen Philosophie konnte bei manchen ehemaligen Marxisten im angedeuteten Sinne als Palliativ wirken.

Obwohl im Vorhergehenden meist von Krisen, die durch den Zusammenbruch eines Weltbildes ausgelöst wurden, die Rede war, darf nicht übersehen werden, daß der Kollaps eines Weltbildes nicht immer als Katastrophe erfahren wurde. Nicht alle von Weltbildumbrüchen Betroffenen reagierten mit Verzweiflung, sondern manche sahen sich gerade dadurch veranlaßt, nach haltbareren Auffassungen zu suchen. Das tat, wie erwähnt, in eindrucksvoller Weise Johannes Kepler. In diesem Sinne kann die Krise einer als absolut gültig betrachteten Weltanschauung positive Wirkungen haben. Mit dem Schwinden eines dogmatischen Glaubens wird der Blick für andere Denkmöglichkeiten frei, so daß man zwischen Alternativen abzuwägen und auf Grund der Würdigung von Gründen für eine von ihnen zu optieren vermag. Wenn man sich klarmacht, daß derartige Optionen nicht unwiderruflich sind, kann man der Versuchung eines neuen Dogmatismus widerstehen und offen bleiben für konkurrierende Denkweisen. Wenn es dabei zur Abkehr von gewohnten Denkweisen kommt, stürzt nicht gleichsam der Himmel ein, sondern es eröffnen sich neue Perspektiven, die das Denken bereichern können.

Weltbilder absolut zu setzen, wie es Blasius von Parma tat, ist nicht mehr möglich, wenn man sich vor Augen hält, daß Weltbilder nicht das Wesen der Wirklichkeit abbilden, sondern wandelbare, historisch bedingte und verbesserungsfähige Entwürfe sind. Billigt man diese Auffassung, wird man die Ablösung eines Weltbilds durch ein anderes nicht mehr als Katastrophe betrachten.

13.

«Und sie bewegt sich doch!»
Das Ringen um Denkfreiheit

Als Galilei im Jahre 1633, im Alter von neunundsechzig Jahren, widerstrebend, aber durch die Androhung der Folter eingeschüchtert, der Annahme abgeschworen hatte, daß die Erde ein Planet sei, der sich um die Sonne bewege, soll er in seinen Bart gemurmelt haben: «Und sie bewegt sich doch!»

Daß er dies nicht nur gedacht, sondern vernehmlich gesagt haben könnte, ist äußerst unwahrscheinlich, wäre doch damit der Widerruf entwertet und mit neuen Repressalien zu rechnen gewesen. Doch auch wenn die Anekdote historisch unwahr ist, bringt sie treffend die Tatsache zum Ausdruck, daß das Verhältnis zwischen wissenschaftlicher Überzeugung und kirchlicher Gewalt aufs äußerste angespannt war. Das Heilige Offizium – das Inquisitionsgericht – suchte den Konflikt gewaltsam zu lösen. Das schien zunächst zu gelingen, denn der alternde Galilei war durch das Vorzeigen der Folterwerkzeuge unschwer zu beeindrucken und zum Widerruf zu zwingen. Auf lange Sicht schadete der Prozeß der Kirche, die als Bewahrerin wissenschaftlich überholter Ansichten und generell als Feind der Wissenschaft und als rückschrittlich erschien.

Das lange Zeit vorherrschende geozentrische Weltbild, nach dem die Erde Mittelpunkt des Weltalls ist und die Sonne sich, wie Mond und Planeten, auf einer Kreisbahn um sie bewegt, wurde nicht erst in der frühen Neuzeit in Frage gestellt. Schon der Pythagoreer Philolaos sprach im 5. vorchristlichen Jahrhundert der Erde die zentrale Stellung ab, und Aristarch von Samos hatte im dritten Jahrhundert vor der Zeitenwende

angenommen, daß die Sonne im Mittelpunkt des Planetensystems stehe. Diese Ansicht wurde aber wieder verdrängt,
so daß während des gesamten Mittelalters das geozentrische
Weltbild dominierte. Als Nikolaus Kopernikus (1473–1543)
auf Aristarch zurückgriff, tat er das nur zögernd. Seine Auffassung wurde akzeptiert, da man ihm zubilligte, lediglich ein
mathematisches Modell des Planetensystems entworfen und
auf dessen realistische Deutung verzichtet zu haben.

Galilei wollte es mit dieser vorsichtigen Auffassung nicht
bewenden lassen, so wie er auch das von Tycho Brahe (1546–
1601) entworfene hybride System, nach dem sich die Sonne
um die Erde bewegt und Mittelpunkt der Umlaufbahnen der
anderen Planeten ist, als unhaltbar zurückwies. Er erhob den
Anspruch, die Richtigkeit des heliozentrischen Weltbildes
ausgehend von der Tatsache der Gezeiten beweisen zu können. Er führte Flut und Ebbe darauf zurück, daß sich die
Ozeane bald schneller, bald langsamer bewegen, so daß das
Wasser der Meere, wie Flüssigkeit in einer mit unterschiedlicher Geschwindigkeit bewegten Schüssel, bald vorwärts und
bald zurück schwappt. Die unterschiedliche Beschleunigung
läßt sich seiner Ansicht nach nur mit Hilfe der Annahme erklären, daß die Bewegung der Erde aus zwei Teilbewegungen
resultiert, der Rotation um die eigene Achse und der Revolution um die Sonne. Je nachdem, ob diese Bewegungen dieselbe Richtung haben oder einander entgegengesetzt sind,
ergibt sich ein Unterschied der Beschleunigung der Wasser-
massen der Meere. Diese Erklärung setzt aber das heliozentrische Weltbild voraus, das daher als bewiesen gilt.

Diese Erklärung ist allerdings fragwürdig. Die richtige Auffassung, der zufolge die Gezeiten durch die Anziehungskräfte
von Mond und Sonne verursacht werden, war damals schon
gefunden, aber Galilei kannte sie entweder nicht, oder er hielt
sie für verfehlt. Außerdem ist festzustellen, daß die Theorie
der Gezeiten für die Anerkennung des heliozentrischen Sy-

stems bestenfalls hinreichend gewesen sein kann. Galileis Anspruch, das heliozentrische System unter Ausschluß aller konkurrierenden Erklärungen definitiv bewiesen zu haben, ist daher nicht aufrechtzuerhalten.

Hätte Galilei die kopernikanische Auffassung nicht als unbedingt wahr, sondern als hypothetisch aufgefaßt, hätte er sich und den theologischen Glaubenshütern viel Ungemach erspart. Doch zu der Einsicht, daß naturwissenschaftliche Theorien immer hypothetischen Charakter haben und somit niemals als definitiv wahr betrachtet werden können, war er nicht vorgedrungen. Er war von der Wahrheit seiner Theorie so fest überzeugt, daß er, wie es scheint, die Konfrontation mit der kirchlichen Autorität gesucht und das Mittel der Provokation nicht gescheut hat. In seinen *Dialogen über die beiden wichtigsten Weltsysteme* (1632) ließ er den Verteidiger des geozentrischen Weltbildes unter dem Namen Simplicio auftreten, was leicht als Simpel verstanden werden konnte. Dazu kam, daß die Simplicio in den Mund gelegten Ansichten auch vom damaligen Papst vertreten wurden. Urban VIII. mußte den Eindruck haben, daß er als Einfaltspinsel dargestellt werden sollte. Galilei versicherte zwar, er habe den Namen nicht in beleidigender Absicht gewählt, sondern an den spätantiken Platoniker Simplicius (Simplikios) gedacht; aber diese Ausflucht – und um eine solche handelt es sich offenbar – kann nicht überzeugen.

Nicht nur der Unbedingtheitsanspruch, den Galilei in bezug auf seine Theorie erhob, war für die Inhaber der kirchlichen Lehrautorität unannehmbar, auch die Konsequenzen der neuen Lehre schienen mit Grundgedanken der Theologie unvereinbar zu sein. Wenn die Erde nur ein Trabant der Sonne ist, dann ist sie ein Planet unter Planeten und verliert die besondere Stellung, die ihr bisher zugeschrieben worden ist. Dann wird auch die (schon von Aristoteles vertretene) Ansicht, daß alles um des Menschen willen da sei, erschüttert.

Dazu kam, daß die Theologen meinten, der Bibel entnehmen zu können, daß die Sonne sich um die Erde bewege, denn wäre sie unbeweglich, dann hätte Josua ihr nicht mit göttlicher Hilfe befehlen können stillzustehen (Josua 10,12). Sie gehorchte dem Befehl und ging erst unter, als die Israeliten vollständig über die Amoriter gesiegt hatten. In einer Zeit, als die Bibel in allen Einzelheiten als göttlich inspiriert galt, konnte eine Theorie, die im Gegensatz zu einem biblischen Bericht stand, nicht als richtig gelten.

Galilei geriet aber nicht nur in einen Gegensatz zur wörtlich verstandenen Bibel; mit der Trennung von wissenschaftlicher Erkenntnis und theologischem Dogma trat er auch dem kirchlichen Anspruch auf Meinungsführerschaft in wissenschaftlichen und philosophischen Fragen entgegen. Die Vertreter der kirchlichen Lehrautorität werden gemerkt haben, daß sich das bisher gültige Koordinatensystem zu verschieben begann. Während des Mittelalters stand das Denken unter der Herrschaft der Theologie, an deren Lehren alle einzelwissenschaftlichen und philosophischen Auffassungen zu messen waren. Nun erhob, repräsentiert durch Galilei, die Wissenschaft den Anspruch, unabhängig von der Theologie, ja unter Umständen im Gegensatz zu ihr bestimmen zu können, was gültige Lehre ist.

Der Konflikt zwischen Autorität und autonomem Erkenntnisstreben ist jener Aspekt des Galilei-Prozesses, der den Fall auch philosophisch bemerkenswert macht. Obwohl Galilei nicht ganz unschuldig an der Art war, in der der Konflikt ausgetragen wurde, darf dieser Umstand nicht von der Tatsache ablenken, daß es sich bei dem vom Inquisitionsgericht eröffneten Prozeß um einen schwerwiegenden Eingriff in die Denkfreiheit, namentlich in die Freiheit des wissenschaftlichen Forschens, gehandelt hat. Das Vorgehen der Inquisition läßt sich auch nicht mit dem Hinweis auf Fehler in Galileis Theorie rechtfertigen, denn zur Denkfreiheit gehört auch das

Recht, irren zu dürfen, ohne mit Repressionen rechnen zu müssen.

Die Unterdrückung der Denkfreiheit ist auch wegen ihrer praktischen Konsequenzen abzulehnen. Da das freie Denken Bedingung des Erkenntnisfortschritts ist, führen Repressionen früher oder später zu mentaler Stagnation. Auch dies illustriert der Fall Galilei. Der Galilei-Prozeß hatte zur Folge, daß Forscher eingeschüchtert wurden und der Forschungsimpuls in den katholischen Ländern gehemmt wurde.

Selbst Descartes wagte es angesichts der Verurteilung Galileis nicht, ein Werk mit dem Titel *Le monde* (*Die Welt oder Abhandlung über das Licht*), in dem das heliozentrische System als wahr vorausgesetzt wurde, zu veröffentlichen. Dabei war er in den Niederlanden, wohin er im Interesse seiner Ruhe und Sicherheit übersiedelt war, dem Zugriff der Inquisition entzogen. Daß er trotzdem von einer Publikation seiner Theorie absah, läßt erkennen, wie stark der Eindruck des Prozesses gewesen sein muß. Im November 1633 schrieb er an seinen Freund P. Marin Mersenne: «... ich gestehe, daß, wenn sie [die heliozentrische Auffassung] falsch ist, alle Grundlagen meiner Philosophie es gleichfalls sind, denn sie wird durch dieselbe evident bewiesen». Im folgenden Jahr kommt er hierauf nochmals zurück: «... alle Auffassungen, die ich in meiner Abhandlung [*Le Monde*] dargelegt habe – die Ansicht, daß sich die Erde bewege, mit eingeschlossen –, hängen so voneinander ab, daß es genügt zu wissen, daß eine von ihnen falsch sei, um zu erkennen, daß alle von mir angeführten Gründe ihre Kraft verlieren». Er beeilt sich aber, ungeachtet der festen Überzeugung von der Richtigkeit seiner Theorie, zu versichern, daß er sie um nichts in der Welt gegen die Autorität der Kirche aufrechterhalten wolle (an Mersenne, April 1634). In seinem systematischen Hauptwerk, den *Prinzipien der Philosophie*, erklärte er: «wir haben unserem Gedächtnis als oberste Regel einzuprägen, daß das, was Gott uns offenbart hat, als das Gewisseste von allem zu glauben ist. Wenn daher auch das Licht der Vernunft etwas anderes noch so klar und überzeugend uns eingibt, so sollen wir doch lieber der göttlichen Autorität als unserem eigenen Urteil vertrauen» (Ende des I. Teils).

Man darf annehmen, daß solche Ergebenheitskundgebungen und die Aufforderung zum *sacrificio dell'intelletto* nur dazu dienen sollten, Einwänden von theologischer Seite zuvorzukommen. Descartes wagte es nicht, die kopernikanische Auffassung offen zu vertreten. Er suchte nach einem Mittelweg zwischen dem geozentrischen und dem heliozentrischen System und meinte, ihn mit der Annahme gefunden zu haben, daß die Erde von einem Fluidum umgeben sei und ihre Lage diesem gegenüber nicht ändere. Man könne daher einerseits sagen, sie ruhe, nämlich in bezug auf dieses Fluidum; andererseits lasse sich annehmen, daß sie sich mitsamt dieser flüssigen Hülle um die Sonne bewege (*Prinzipien der Philosophie* III, § 26).

Descartes' Taktik ist nur allzu durchsichtig. Man erkennt, daß er immer noch, wie in seinem Erstlingswerk, das heliozentrische Weltbild als integrierenden Teil seiner Naturphilosophie betrachtete. Die theoretischen Verrenkungen, die es ihm möglich machten, die Erde als ruhend zu betrachten, lassen erkennen, wie groß damals der auf Philosophen und Wissenschaftlern lastende Druck gewesen sein muß.

Im 17. Jahrhundert war die Furcht vor Einschränkungen der Denk- und Redefreiheit keineswegs unbegründet. Nicht nur katholische, sondern auch protestantische Theologen unterwarfen philosophische Auffassungen der Zensur, wie Descartes erfahren mußte. Seine Ansichten wurden von der Universität Utrecht verurteilt, allerdings ohne Nennung seines Namens. Descartes war so sehr beunruhigt, daß er den französischen Botschafter in den Niederlanden um Schutz bat.

Für wie groß die Gefahr von Repressalien gehalten wurde, zeigt Spinozas Reaktion auf den Ruf an die Universität Heidelberg, den er 1673 erhielt. Die Initiative war allerdings nicht von der Universität ausgegangen, sondern vom Kurfürsten, dessen Wunsch die Universität nicht zuwiderhandeln konnte. In dem Berufungsschreiben, gezeichnet vom Heidelberger Professor Ludwig Fabritius, heißt es: «Nirgends werden Sie einen Fürsten finden, der gegen ausgezeichnete Geister, wozu er Sie rechnet, huldvoller ist. Unbeschränkte Freiheit zu philosophieren soll Ihnen gewährt sein, in der Überzeugung, daß sie dieselbe nicht zur Störung der öffentlich geltenden Religion mißbrauchen werden.» Diese Klausel weckte Spinozas Mißtrauen; in seinem Antwortschreiben heißt es: «daß ich nicht weiß, innerhalb welcher Grenzen die Freiheit des Philosophierens sich halten müsse, damit ich nicht die öffentlich geltende Religion stören zu wollen scheine» (48. Brief). Spinoza nahm den Ruf nicht an und dürfte sich damit manchen Konflikt erspart haben.

Zu dieser Zeit war bekannt, daß Spinoza ein entschiedener Verfechter der Denkfreiheit war, denn einige Jahre vorher hatte der Philosoph seinen *Theologisch-politischen Traktat* (1670) veröffentlicht, das einzige seiner eigenen Philosophie gewidmete Werk, das zu seinen Lebzeiten im Druck erschien. Es wurde zwar ohne Verfassernamen publiziert, doch blieb der Autor nicht lange unbekannt. In diesem Werk wird nachdrücklich die ungehinderte Entfaltung des Denkens gefordert. In der Vorrede heißt es: «es widerstreitet ganz und gar der allgemeinen Freiheit, das freie Urteil eines jeden durch Vorurteile zu beschränken». Spinoza versicherte, sich glücklich zu schätzen, «in einem Staat zu leben, in dem einem jeden die volle Freiheit zugestanden wird, zu urteilen und Gott nach seinem Sinne zu verehren, und in dem die Freiheit als das teuerste und köstlichste Gut gilt».

Das Werk löste heftige Angriffe, vor allem von theologi-

scher Seite, aus und wurde 1674 in den Niederlanden verbo-
ten. Spinoza warf aber nicht nur Fragen auf, die die Theologie
tangierten, sondern er unterzog auch, ausgehend von Sätzen
seiner Metaphysik, die Prinzipien der Politik einer Prüfung.
Das Verbot des Werkes erwies sich zunächst als wenig wirksam, was den Utrechter Magistrat einige Jahre später veranlaßte, verschärfte Sanktionen gegen die Verbreitung des Werkes anzudrohen, nämlich außer Geldbußen auch Berufsverbot,
ja im Wiederholungsfall Verbannung (G. Gawlick: *Einleitung
zu Spinozas Theologisch-politischem Traktat*, 1994). Die Ver-
sicherung des Autors, seine Ausführungen dem Urteil der
Staatsgewalt zu unterwerfen und zurückzunehmen, wenn sie
sich als gesetzwidrig oder gesellschaftsschädlich erweisen
sollten, nützte ihm wenig. Die Angriffe gegen den *Tractatus*
veranlaßten ihn, auf die Veröffentlichung seines Hauptwerks,
die *Ethik*, zu verzichten; es erschien erst in den Nachgelassenen
Werken, die in seinem Todesjahr (1677) herauskamen.

Noch im folgenden Jahrhundert mußte mit schweren Repressionen gerechnet werden, wenn religionsphilosophische
Anschauungen den herrschenden theologischen Auffassungen
zu widersprechen schienen. Das mußte Kant erfahren, der
wegen seiner Religionsphilosophie in einen Konflikt mit der
staatlichen Gewalt geriet, die als Hüterin der traditionellen
Religion auftrat. Kant, der das Wesen der Aufklärung in der
Anerkennung der Selbständigkeit des Denkens erblickte und
dazu aufrief, sich des eigenen Verstandes zu bedienen – somit
sich nicht ungeprüft traditionellen Auffassungen anzuschließen –, brachte die Autonomie des philosophischen Denkens
auch in der Religionsphilosophie zur Geltung. Zum Konflikt
kam es nach dem Tod Friedrichs des Großen, unter dessen
Nachfolger – Friedrich Wilhelm II. – eine Reaktion einsetzte,
die auch Kant zu spüren bekam. Gegen die «sogenannte Aufklärung» und gegen die als «Pressefrechheit» verunglimpfte
Pressefreiheit wurde ein Zensurgesetz erlassen, das es ermög-

lichte, die Meinungs- und Redefreiheit einzuschränken. Für die religionsphilosophische Abhandlung *Vom radikalen Bösen in der menschlichen Natur* erhielt Kant zwar von der Zensurbehörde die Druckerlaubnis, doch eine weitere religionsphilosophische Schrift wurde nicht zur Veröffentlichung freigegeben. Kant nahm die Maßnahme nicht hin, sondern veröffentlichte diese Abhandlungen zusammen mit zwei weiteren unter dem Titel *Die Religion innerhalb der Grenzen der bloßen Vernunft* (1793).

Obwohl Kant damals bereits berühmt war, sah er sich starkem politischen Druck ausgesetzt. Der König drückte in einem Schreiben sein «großes Mißfallen» angesichts der vermeintlichen «Herabwürdigung mancher Haupt- und Grundlehren der heiligen Schrift und des Christentums» aus. Sollte Kant sich als renitent erweisen, habe er «unfehlbar unangenehme Verfügungen zu gewärtigen». Von Kant wurde kein Widerruf, wohl aber Schweigen in bezug auf religionsphilosophische Themen gefordert. Zum Verzicht auf Äußerungen der fraglichen Art verpflichtete sich der Philosoph «als Ew. Königlichen Majestät getreuester Untertan». Das «als Untertan des Königs» gegebene Versprechen sollte ihn nicht über dessen Tod hinaus binden. Unter dem Nachfolger des Königs änderte sich das geistige Klima tiefgreifend. Der neue König, Friedrich Wilhelm III. (seit 1797), lehnte Zwang in Weltanschauungsfragen ab und empfahl die enge Verbindung von Religion und Philosophie.

Auch später gab es immer wieder weltanschaulich motivierte Repressionen, die im 20. Jahrhundert allerdings nicht mehr von Religionsgemeinschaften, sondern von politischen Parteien oder Staatsregierungen ausgingen. So wurden in der Sowjetunion Vertreter von Auffassungen, die mit der marxistischen Staatsdoktrin nicht in Einklang zu bringen waren, mit allen Mitteln unterdrückt. Das war innerhalb der russischen Sozialdemokratie nicht immer so, auch nicht in deren bolschewistischer Richtung. Bevor die Bolschewiken die Macht in Rußland an sich gerissen hatten, mußte die Partei-linie mit theoretischen Mitteln gegen vermeintlich irrige und gefährliche Ideen abgeschirmt werden. Ein Beispiel für diese – prinzipiell legitime – Art der Auseinandersetzung mit konkurrierenden Anschauungen ist die Kritik, die Vladimir I. Lenin (1840–1924) an Theoretikern übte, die den Kommunismus durch Einbeziehung neuerer philosophischer Ansichten zu modernisieren versuchten. In seinem Buch *Materialismus und Empiriokritizismus* (1909) stellte er den Positivismus Ernst Machs als idealistischen Subjektivismus in der Nachfolge George Berkeleys (siehe Kapitel 14) dar und kritisierte ihn als Denkweise, die den revolutionären Elan hemme. Vor allem dieser Umstand ist ausschlaggebend, denn die Philosophie ist in Lenins Augen vor allem eine Waffe im Klassenkampf.

Nach der Oktoberrevolution wurden «Abweichler» nicht mehr nur mit Argumenten, sondern mit Gewalt unterdrückt, nicht nur in der Sowjetunion, sondern auch in den Satellitenstaaten. Typisch für die Verhältnisse unter der Diktatur ist ein Vorgang, der sich in den fünfziger Jahren in der DDR ereignete. Ein bereits gedrucktes Heft der *Deutschen Zeitschrift für Philosophie* (Jahrgang 4, 1956) wurde eingezogen und eingestampft, weil es Gedanken enthielt, die mit dem offiziell sanktionierten Marxismus-Leninismus nicht im Einklang standen. Der Herausgeber kam ins Gefängnis, und an die Stelle des eingezogenen Heftes trat ein neues mit politisch unanstößigem Inhalt.

Ideologisch motivierte Unterdrückung philosophischer Denkweisen gab es auch unter der nationalsozialistischen Diktatur, die freilich, anders als der Marxismus, kein ernstzunehmendes philosophisches Fundament hatte. So wurde der Neopositivismus vor allem deshalb geächtet, weil er als jüdische Philosophie galt. Tatsächlich gab es unter den Vertretern dieser Denkrichtung viele Juden, die nach der nationalsozialistischen Machtübernahme emigrierten, und zwar meist nach England und in die USA. Von dort wurde diese Philosophie nach dem Ende des Krieges nach Kontinentaleuropa reimportiert. Sie und die sie ablösende Analytische Philosophie gehören zu den weltweit wichtigsten philosophischen Strömungen.

Die erwähnten Beispiele lassen erkennen, daß die inkriminierten Denkweisen auf die Dauer nicht unterdrückt werden konnten, was darauf hinweist, daß Gewalt kein angemessenes Mittel der Beeinflussung des Denkens ist. Die angemessene Art, auf philosophische und wissenschaftliche Anschauungen einzuwirken, besteht in der kritischen Auseinandersetzung mit ihnen.

14

Ein Fußstoß als Argument
Philosophie und Common Sense

Als der seinerzeit berühmte Aufklärer und vielseitige Schriftsteller Samuel Johnson (1709–1784) einmal gefragt wurde, was
er von der Ansicht halte, daß die Dinge in Raum und Zeit nur
in der Vorstellung existierten und daß es eine Welt materieller
Dinge unabhängig vom Bewußtsein nicht gebe, soll er mit
dem Fuß gegen einen Stein gestoßen und gesagt haben: Ich
widerlege das so!

Die Frage, auf die Dr. Johnson mit einem Fußstoß reagierte, betraf einen zentralen Gedanken der Philosophie des
berühmten irischen Philosophen und Theologen George
Berkeley (1685–1753). Er hatte zu zeigen versucht, daß
das, was wir materielle Dinge nennen, nicht außerhalb unseres Bewußtseins existiert. Das Dasein der Dinge besteht
vielmehr in ihrem Wahrgenommenwerden – ihr *esse* ist
ihr *percipi* –, so daß im Grunde nur geistige Wesen, welche
Dinge wahrnehmen, real sind, nicht die wahrgenommenen
Dinge.

Dr. Johnson hielt das für absurd: Wären die materiellen
Dinge nichts anderes als Vorstellungskomplexe, dann – so
meinte er – könnten sie uns nicht Widerstand leisten, wenn
wir an sie stoßen oder wenn wir sie zu bewegen bzw. zu verändern suchen. Stößt man heftig gegen einen harten Gegenstand wie einen Stein, dann erfährt man unter Umständen sehr
schmerzhaft, daß es etwas gibt, das unabhängig von uns existiert. Tatsächlich ist im Rahmen des alltäglichen Wirklich-
keitsverständnisses nichts selbstverständlicher, als daß es materielle Dinge gibt, die auch ohne uns da sind, die wir einfach

vorfinden und auf die wir innerhalb bestimmter Grenzen einwirken können.

Die kleine Episode, die Dr. Johnsons Biograph James Bos-
well überliefert (*Denkwürdigkeiten aus Johnsons Leben*,
1791 ff.), ist typisch für die Art, in der der Common Sense – der
sogenannte gesunde Menschenverstand – auf gewisse philosophische Auffassungen reagiert: Er pocht auf das, was alle Welt
für richtig hält, weil daran zu zweifeln im höchsten Maße paradox erscheint, und hält philosophische Ansichten, die dem All-
tagsverständnis widersprechen, aus diesem Grund für falsch.

Ähnlich wie Johnson meinte auch George Edward Moore
(1873–1958), seine realistische Einstellung rechtfertigen zu
können: In einer Vorlesung in der British Academy ging es um
die Frage, ob eine denkunabhängige Außenwelt existiere. Zur
Rechtfertigung seiner realistischen Auffassung hielt Moore
seine Hände hoch und sagte, indem er zunächst die rechte
Hand bewegte: «Hier ist eine Hand», und dann, indem er die
linke Hand bewegte, hinzufügte: «Und hier ist noch eine»
(Moore: *Proof of an External World*; in: Philosophical Papers,
1959). Bertrand Russell bemerkte hierzu, daß sich das nur ein
Mann vom Rang eines Moore leisten konnte, ohne sich lä-
cherlich zu machen. Jedenfalls ist klar: Von einem Beweis
kann hier nicht die Rede sein.

Winston Churchill nahm eine ähnliche Position ein. Gegen
Überlegungen, die darauf hinauslaufen, eine denkunabhängige Realität zu leugnen, bekannte er sich zum Realismus. So
hielt er es für verfehlt, die Wirklichkeit der Sonne anzuzwei-
feln; für ihr denkunabhängiges Dasein spricht zum Beispiel
das Zutreffen von Vorhersagen eines Durchgangs der Planeten
Merkur oder Venus vor der Sonne. Daher sagte er mit Nachdruck: «Die Sonne ist wirklich, auch heiß – heiß wie die Hölle,
und wenn die Metaphysiker das anzweifeln, sollen sie hinge-
hen und sich überzeugen» (zitiert nach Popper: *Objektive
Erkenntnis*).

Was veranlaßte einen Philosophen wie Berkeley, von Überzeugungen des gesunden Menschenverstands so stark abzuweichen, wie es bei der These der Fall ist, daß es eine von unserem Bewußtsein unabhängige materielle Welt gar nicht gebe? Sicherlich nicht die pure Freude an ausgefallenen Meinungen oder die Lust am Paradoxen. Berkeley wollte vielmehr die Konsequenzen aus Auffassungen ziehen, die er vorfand und die ihm, wie vielen Zeitgenossen, einleuchtend erschienen. Vor allem stützte er sich auf die damals so gut wie allgemein akzeptierte Annahme, daß wir materielle Dinge niemals direkt, sondern nur vermittels der Vorstellungen, die wir von ihnen haben, erfassen. Unmittelbar bekannt sind nur die Bilder der Dinge im Bewußtsein, nicht Dinge, die sich sozusagen hinter den Bildern befinden.

Ausgangspunkt von Berkeleys Überlegungen ist die in der damaligen Zeit von vielen Philosophen und Wissenschaftlern (zum Beispiel von John Locke, René Descartes, Galileo Galilei, aber auch schon von den griechischen Atomisten) vorgenommene Unterscheidung zwischen Eigenschaften, die den Dingen selbst zukommen – den primären Qualitäten –, und Eigenschaften, die bei der Wahrnehmung von Dingen im wahrnehmenden Subjekt entstehen – den sekundären Qualitäten. Nach dieser Ansicht sind Ausdehnung, Form, Lage und Lageänderungen Bestimmungen der Dinge selbst; ihre Farbe, ihre Temperatur, ihre Oberflächenbeschaffenheit usw. kommen nicht den Dingen an sich zu, sondern sie entstehen erst im wahrnehmenden Bewußtsein auf Grund von Reizen, die von den Dingen ausgehen. So wie der Schmerz, den die Verletzung durch ein Messer hervorruft, nicht dem Messer zugeschrieben werden kann, sondern von diesem im Verletzten hervorgerufen wird, so verhält es sich auch mit Farbe, Ton, Geruch usw.

Die Unterscheidung von primären und sekundären Qualitäten ist auf den ersten Blick durchaus plausibel; ein zweiter

Blick zeigt jedoch, daß sie nicht unproblematisch ist. Die Größe oder die Form eines Dings läßt sich nicht unabhängig von seiner Farbe, seiner Oberflächenbeschaffenheit usw. wahrnehmen; erst im abstrahierenden Denken wird zwischen den beiden Arten von Bestimmungen unterschieden. Berkeley suchte die Annahme, daß sich primäre Qualitäten nicht unabhängig von sekundären erfassen lassen, auf verschiedene Weise zu rechtfertigen. Eines seiner Argumente zugunsten seiner Auffassung geht von der Wahrnehmung bewegter Dinge aus. Sie ist, wie er hervorhebt, nicht rein passives Abbilden eines objektiven Vorgangs, sondern zum Teil subjektiv bedingt. Sie beruht nämlich nicht, wie man zunächst meinen könnte, darauf, daß ein Ding an verschiedenen Stellen der Netzhaut abgebildet wird. Wer einen bewegten Gegenstand beobachtet, folgt ihm mit den Augen, so daß er auf der Netzhaut immer an der Stelle des schärfsten Sehens abgebildet wird. Daß sich der Gegenstand bewegt, wird vielmehr auf Grund des äußeren Eindrucks und der Empfindung der Augenbewegung (oder der Bewegung des Kopfes), also sekundärer Qualitäten, erschlossen.

Wenn die Wahrnehmung primärer Eigenschaften nicht von der Wahrnehmung sekundärer Eigenschaften getrennt werden kann, dann muß nach Berkeley von ihnen gelten, was verbreiteter Ansicht nach von den sekundären Qualitäten gilt, nämlich daß sie nicht unabhängig vom Subjekt bestehen. Das vermeintlich von unseren Wahrnehmungen unabhängige Ding schrumpft zu einem X zusammen, dem gar keine Eigenschaften mehr beigelegt werden können. Ein solches X ist unvorstellbar und, wie Berkeley meint, auch undenkbar und kann daher nicht als wirklich gelten.

Mit dieser Auffassung steht Berkeley nicht allein. Zum Beispiel vertrat Ernst Mach (1838–1916) eine der Berkeleyschen ähnliche Auffassung. Wie Berkeley war er der Ansicht, daß von Dingen an sich nicht sinnvoll gesprochen werden könne.

«Ding» ist ein Gedankensymbol, das für einen relativ beständigen Komplex von Empfindungen, wie Farben, Töne, Oberflächeneigenschaften usw., steht. Ähnlich verhält es sich mit dem Ausdruck «Ich», mit dem ein Komplex längere Zeit gleichbleibender Organgefühle bezeichnet wird.

Gegen derartige Auffassungen beriefen sich manche Philosophen, wie Samuel Johnson oder G.E.Moore, auf einen Common Sense (was mit «Gemeinsinn» oder «gesunder Menschenverstand» übersetzt wird). Sie stimmten in dieser Hinsicht mit den Vertretern einer philosophischen Richtung des 18. und 19.Jahrhunderts, die nach dem Common Sense benannt wird, überein: der von Thomas Reid (1710–1796) begründeten schottischen Common-Sense-Philosophie. Nach der in dieser Schule vertretenen Ansicht sind grundlegende Überzeugungen des gesunden Menschenverstandes, wie der Glaube an eine vom menschlichen Bewußtsein unabhängige materielle Realität, jedem vernünftigen Zweifel entzogen.

Die Common-Sense-Philosophie war eine Reaktion auf den Skeptizismus, der damals besonders eindrucksvoll von Hume vertreten worden war. Hume hatte zum Beispiel die Annahme, daß unsere Vorstellungen unabhängig von unserem Bewußtsein existierende Dinge repräsentieren, nicht nur für unbeweisbar, sondern für sinnlos gehalten. Reid widersprach dieser Meinung und hielt ihr entgegen, daß die Existenz einer denkunabhängigen Außenwelt gar nicht bewiesen zu werden brauche. Wir nehmen unmittelbar Dinge wahr, nicht Bilder von Dingen, von denen bezweifelt werden könnte, daß ihnen etwas außerhalb des Bewußtseins entspricht.

Tatsächlich erscheint die Berufung auf den Common Sense am ehesten gerechtfertigt, wenn es um die Frage geht, ob es eine vom Bewußtsein unabhängige Außenwelt gebe. Eine Philosophie, die das Dasein einer denkunabhängigen Welt leugnet, scheint zum Solipsismus – der Ansicht, daß nur das eigene Selbst wirklich sei – zu führen oder den Solipsismus mindestens zu implizieren, und zu dieser Denkweise mag sich kaum jemand bekennen. Nicht nur die Common-Sense-Philosophen weisen den Solipsismus zurück, weil er nicht der Auffassung des gesunden Menschenverstandes entspricht.

Wenn dann und wann doch der Standpunkt des Solipsismus eingenommen wird, geschieht das in der Absicht, ihn zu widerlegen, oder deshalb, weil «Solipsismus» in anderem Sinne als üblich verwendet wird. Das erstere war bei Descartes der Fall, dessen methodischer Zweifel zur Ausblendung aller Gewißheiten, die Zusammenhänge jenseits der Grenzen des denkenden Ich betreffen, führt – freilich nur vorübergehend. Descartes meinte, zuerst die Existenz des wahrhaftigen Gottes beweisen zu müssen, um dann argumentieren zu können, daß Gott die Beziehung deutlicher Vorstellungen auf die denkunabhängige Wirklichkeit garantiert. In unüblicher Weise sprach Ludwig Wittgenstein von Solipsismus, wenn er diesen Ausdruck auf die Ansicht bezog, daß die Welt, in der wir leben, nicht unabhängig von uns besteht: Die Welt ist stets *meine* Welt. Allerdings ist der Ausdruck «Solipsismus» hier auch deshalb nicht mehr angemessen, weil es nach Wittgenstein kein Selbst gibt: «Das denkende Subjekt gibt es nicht» (*Tractatus* 5.62 und 5.631), wie er meinte. Gibt es kein *Ipse*, kann auch nicht von Solipsismus in der üblichen Bedeutung gesprochen werden.

Der Rekurs auf den Common Sense spielt nicht nur bei der Auseinandersetzung mit dem Außenweltproblem eine Rolle, sondern er hat auch die Funktion, andere grundlegende Überzeugungen gegen skeptische Bedenken abzuschirmen, zum Beispiel den Glauben an die eindeutige kausale Bestimmtheit des Naturgeschehens oder den Glauben an ein substantielles geistiges Ich. Allgemein geht es in der Common-Sense-Philosophie darum, vertraute, lange Zeit als unbezweifelbar geltende Ansichten jeder Diskussion zu entziehen.

Die Common-Sense-Philosophie beruht auf der Voraussetzung, daß der «gesunde Menschenverstand» unbedingt zuverlässig ist. Doch woher kommt das Vertrauen, das ihm entgegengebracht wird? Wie kann sichergestellt werden, daß der Common Sense «gesund» ist? Der Umstand, daß gewisse Common-Sense-Ansichten seit sehr langer Zeit gegolten und sich augenscheinlich bewährt haben, kann sie nicht definitiv als gerechtfertigt erscheinen lassen, denn traditionelle Ansichten können sich als irrig erweisen. Sollte der gemeine Menschenverstand deshalb als zuverlässig gelten, weil er uns von Gott gegeben wurde und daher nicht in die Irre führen kann? Sollte dies gemeint sein, dann liegt der Einwand nahe, daß ein solcher Erklärungsversuch auf fragwürdigen Voraussetzungen beruht.

Gegen die Common-Sense-Philosophie spricht auch, daß sie gedankliche Fortschritte zu blockieren droht. Indem ihre Vertreter annehmen, daß die Grundlagen eines bestimmten Weltbildes nicht in Frage gestellt werden können, schirmen sie eine bestimmte Konzeption gegen jeglichen Zweifel ab. Damit wird eine bestimmte Auffassung als unveränderlich statuiert. Vertritt man dagegen die Ansicht, daß jede solche Deutung auf einem provisorischen und prinzipiell revidierbaren Entwurf beruht, werden als Ergebnis kritischer Auseinandersetzungen neue Auffassungen möglich.

Wie man zum Außenweltproblem Stellung nehmen kann, ohne sich auf den Common Sense zu berufen und ohne sich auf spekulative Annahmen zu stützen, hat Karl R. Popper gezeigt. Seiner Ansicht nach ist der Realismus unbeweisbar und der solipsistische Idealismus unwiderleglich. Er betont aber, daß sich der Realismus mit guten Gründen als Annahme vertreten läßt, was beim Idealismus nicht der Fall ist. Der idealistische Glaube, daß mein Bewußtsein diese Welt geschaffen habe, ist unhaltbar, denn «ich weiß, daß ich nicht ihr Schöpfer bin» (Popper: *Objektive Erkenntnis*, 1972). Hier könnte es so scheinen, als rekurriere Popper auf den gesunden Menschenverstand; tatsächlich jedoch unterscheidet sich seine Denkweise deutlich von der Common-Sense-Philosophie, denn anders als deren Vertreter beruft er sich für seine Auffassung nicht auf einen Gemeinsinn, der Argumente entbehrlich macht. Er schlägt vor, «den Realismus als die einzige vernünftige Hypothese zu akzeptieren – als eine Vermutung, zu der noch nie eine vernünftige Alternative angegeben worden ist».

Die Common-Sense-Philosophie ist, wie gesagt, als Reaktion auf den Skeptizismus zu verstehen. Die Alternative zwischen diesen Positionen ist aber nicht vollständig, denn es gibt eine Denkweise, die die Mitte zwischen ihnen hält, nämlich die kritische Philosophie in der Nachfolge Kants, nach der Tatsachenerkenntnis nicht ohne Erfahrungsdaten zustande kommt, aber Leistungen des Subjekts in Form von Deutungen des Gegebenen erfordert. Der von Berkeley vertretene Idealismus läßt sich zwar kaum mehr vertreten, aber er enthält den berechtigten Gedanken, daß es keine Wahrnehmung gibt, die nicht vom Wahrnehmenden mitbestimmt würde. Wahrnehmen ist nicht bloßes Abbilden, sondern setzt Deutungen des wahrnehmenden Ich voraus. Was wir erkennen, besteht nicht unabhängig von uns, sondern ist innerhalb eines begrifflichen Rahmens interpretiert.

Sofern die Erkenntnis innerweltlicher Zusammenhänge von Deutungen abhängt bzw. durch Theorien bedingt ist, läßt sich in gewissem Sinne sagen, daß wir Schöpfer unserer Welt sind. Doch nur im Hinblick auf ihre allgemeinsten Formen erschaffen wir die Welt. Die Inhalte, die interpretierend geformt werden, können wir nicht erzeugen. Sie sind uns gegeben und verweisen daher auf eine Wirklichkeit, die unabhängig von uns existiert. Wir brauchen uns, wenn wir dem solipsistischen Skeptizismus entgehen wollen, nicht auf einen Common Sense zu berufen, sondern können zugunsten eines vorsichtigen Realismus argumentieren, ohne ihn jedoch beweisen zu können.

15

Alles voll von Göttern?

Mythische Naturauffassung und Entzauberung der Natur

Der Philosoph Heraklit aus Ephesus (um 500 v. Chr.), der sich aus Protest gegen die in seiner Vaterstadt herrschenden politischen Verhältnisse in die Einsamkeit zurückgezogen hatte, wurde eines Tages durch den Besuch einiger Freunde überrascht. Sie trafen ihn an seinem primitiven Herd liegend an, weil er durch die Wärme seine Beschwerden zu lindern suchte. Die Besucher wußten nicht recht, wie sie sich verhalten sollten. Sie mögen gemeint haben, daß es dem Philosophen peinlich sein könnte, in dieser Lage angetroffen zu werden, und zögerten daher, den Raum zu betreten. Heraklit soll sie jedoch mit den Worten gedrängt haben, näher zu kommen: Tretet ein, auch hier sind Götter! (Überliefert von Aristoteles: *Die Teile der Tiere*, I 5) Damit spielte er auf einen älteren Ausspruch an, der Thales, dem etwa hundert Jahre vor Heraklit lebenden ersten europäischen Philosophen, zugeschrieben wurde: Alles sei voll von Göttern. Wenn Heraklit sagte: «Auch hier sind Götter», dann kann das nur heißen: «hier wie überall»: Wenn überall Götter sind, dann eben auch an einem gewöhnlich gemiedenen Platz wie der mit Asche bedeckten Umgebung des Herdes.

Die Natur, die «voll von Göttern» ist, kann nicht die Natur als Gesamtheit der physischen Dinge und ihrer Beziehungen, sondern nur die mythisch gedeutete und als beseelt gedachte Natur sein. Im Rahmen des mythischen Denkens sind die Gestirne, die Erde, das Meer, der Sturm usw. Äußerungen göttlicher und quasi-seelischer Mächte, die personifiziert vorgestellt oder dargestellt werden. Die Vorstellung, daß die Natur insgesamt beseelt sei – den Panpsychismus –, hat die früh-griechische Philosophie vom mythischen Denken geerbt.

Die Annahme, daß göttliche Kräfte in den Dingen wirken, mußte um so näher liegen, je rätselhafter eine Erscheinung war. Daher ist der Bericht glaubhaft, daß die Vorstellung einer von göttlichen Kräften erfüllten Natur durch die Beobachtung des Magnetismus gestützt wurde. Da die Tatsache, daß der in Kleinasien, Thales' Heimat, vorkommende Magnetit Eisen anzieht, im siebten und sechsten vorchristlichen Jahrhundert physikalisch nicht erklärt werden konnte, bot sich die Deutung des Phänomens als Äußerung einer quasi-seelischen Kraft an. Beim Magnetismus schien sich in exemplarischer Weise zu zeigen, was man auch sonst annahm: daß in allen Dingen und Vorgängen etwas am Werke sei, das sich nicht auf Verhältnisse von Druck und Stoß zurückführen läßt und als göttlich zu betrachten ist.

Später trat an die Stelle göttlicher, sich in den Erscheinungen äußernder Kräfte ein einziges höchstes Prinzip, das bald als persönlicher, bald als unpersönlicher Grund der Natur verstanden wurde. Ein solches Prinzip nahm Heraklit an und nannte es «Logos» im Sinne von «Weltvernunft». Dieses Prinzip verbindet nicht nur die Dinge ungeachtet ihrer Gegensätze zu einer einheitlichen Ordnung, sondern es lenkt auch das Geschehen in der Natur. Heraklit bezeichnete dieses Prinzip als vernünftiges Feuer, doch was er damit meinte, ist heute nicht mehr verständlich. Wie soll etwas Materielles – das Feuer – zugleich etwas Ideelles – Vernunft – sein?

Die auf dem Logos beruhende Harmonie aller Dinge läßt sich nicht auf den ersten Blick erkennen. Obwohl sie nicht offenkundig ist, hat sie darum nicht weniger Macht: Die verborgene Harmonie (der Kräfte) ist stärker als die offenkundige (der Kraftäußerungen).

Heraklit machte, indem er mit der Äußerung «Auch hier sind Götter» an Thales' Auffassung der Natur anknüpfte, eine

Aussage über das Wesen der Natur. Er meinte jedoch nicht, daß wir es vollständig erkennen könnten. Vollkommenes Wissen von der Natur ist uns wegen der Begrenztheit der menschlichen Erkenntnisfähigkeit versagt: «Menschliches Wesen hat keine Einsichten, wohl aber göttliches», wie er schreibt. Daß wir das Wesen der Natur nicht vollkommen erkennen können, liegt aber nicht nur an uns, sondern auch an der Natur; sie «liebt es, sich zu verbergen». Dennoch können wir etwas von ihr erfassen, wenn wir sie in angemessener Weise analysieren und untersuchen, in welchen Beziehungen die Dinge zueinander stehen.

Der Glaube, daß in den Dingen göttliche Kräfte wirken oder ein einziges göttliches Prinzip herrscht, wurde durch die Auffassung überholt, daß die Natur als Ganzheit göttlich sei. Dieser Glaube – der Pantheismus, wie man ihn später nannte – wurde ausdrücklich von Xenophanes, einem Zeitgenossen Heraklits, vertreten: Für ihn ist die Natur «ein und alles» (*hen kai pan*). Sie ist nicht nur göttlich, sondern außer ihr gibt es keinen Gott und kein Göttliches.

Pantheistische Gedanken tauchen bei späteren Philosophen immer wieder auf, zum Beispiel bei Vertretern der Mystik oder bei Spinoza, für den «Gott» und «Natur» bedeutungsgleich sind. Der Gedanke, daß die Natur als Gesamtheit alles Seienden göttlich sei, gewann in der Neuzeit nur nach und nach an Boden. Lange Zeit war es nicht ungefährlich, in den Verdacht des Pantheismus zu geraten, wie manche Theologen im Mittelalter erfahren mußten. Noch im 17. und 18. Jahrhundert galt diese Auffassung als anstößig. Deshalb wurde Spinozas Philosophie etwa ein Jahrhundert nach seinem Tod zwar nicht vergessen, denn man ließ sich immer wieder durch sie anregen, doch man bekannte sich meist nicht offen zum Spinozismus.

In der deutschen Philosophie des ausgehenden 18. Jahrhunderts änderte sich die Situation, nachdem der Bann, der

über den Spinozismus verhängt worden war, gebrochen
wurde. Dies hat Gotthold Ephraim Lessing (1729–1781) mit
seinem Bekenntnis bewirkt: «Die orthodoxen Begriffe von
der Gottheit sind nicht mehr für mich; ich kann sie nicht ge-
nießen. Hen kai pân [Ein und alles] – ich weiß nichts anderes.»
Diese kurz vor seinem Tode bekannt gewordene Hinwendung
zum Pantheismus und namentlich zur Philosophie Spinozas
überraschte die Zeitgenossen und erschreckte manche von ihnen, wie Moses Mendelssohn (siehe Kapitel 25), aufs tiefste.
Der Bericht über Lessings Ausspruch löste eine Debatte aus,
deren Ergebnis die Enttabuisierung des pantheistischen Spinozismus war. Für die nachkantischen Idealisten war der (spi-
nozistische) Pantheismus von größter Bedeutung. Wie attrak-
tiv er war, geht zum Beispiel daraus hervor, daß sich die
angehenden Philosophen Schelling, Hölderlin und Hegel, die
in Tübingen Theologie studierten, im Geist des Pantheismus
unter dem Motto «hen kai pan» zu einem Bund zusammen-
schlossen.

Schelling hat die pantheistische Überzeugung in einem der
Form nach scherzhaften, in bezug auf den Grundgedanken jedoch ernst gemeinten Gedicht mit dem Titel «Heinz Wider-
porstens Glaubensbekenntnis» (1800) in Knittelversen ausgedrückt:

«Wüßt auch nicht, wie mir vor der Welt könnt' grausen,
Da ich sie kenne von innen und außen.
Steckt zwar ein Riesengeist darinnen,
Ist aber versteinert mit allen Sinnen.
Daher der Dinge Quallität,
Weil er drinnen treiben und quallen tät.»

Wenn Goethe in einem berühmten Gedicht von 1812/13
fragte:

«Was wär' ein Gott, der nur von außen stieße,
Im Kreis das All am Finger laufen ließe»,

und die Antwort gab:

«Ihm ziemt's, die Welt im Innern zu bewegen,
Natur in Sich, Sich in Natur zu hegen,
So daß, was in Ihm lebt und webt und ist,
Nie Seine Kraft, nie Seinen Geist vermißt»,

dann sprach er aus, was in der damaligen Philosophie vielfach geglaubt wurde: daß unter «Gott» nicht ein Wesen jenseits der Natur zu verstehen sei, sondern daß die Natur selbst als göttlich zu gelten habe.

In der Sicht des Pantheismus ist die Natur keine Maschinerie, die es zu beherrschen gilt, und sie steht dem Menschen nicht als etwas Fremdes gegenüber, sondern stellt sich als Organismus dar, der die Menschen wie alle Wesen umfaßt. Die Überwindung der Entfremdung des Menschen von der Natur ist dieser Ansicht nach die Wiederherstellung seines ursprünglichen Verhältnisses zur Natur. Die gelegentlich erhobene Forderung, die durch die Naturwissenschaften entzauberte bzw. entgötterte Natur wiederzuverzaubern, ist jedoch illusorisch. Ein Zurück zum Mythus gibt es nicht, doch man kann, wie es immer wieder geschehen ist, den als Entzauberung der Natur bezeichneten Prozeß kritisieren. Er führte nach Ansicht der Kritiker dazu, daß die Natur auf eine Menge toter Objekte, über die der Mensch zu herrschen und deren Ressourcen er zu nutzen berufen ist, reduziert wurde. Mit der Entzauberung und Entgötterung der Natur durch die Naturwissenschaft ändert sich die Einstellung ihr gegenüber; sie wird der unbeschränkten Ausbeutung durch die Technik preisgegeben.

Die kritische Einstellung gegenüber der Technik ist weit verbreitet und wird von verschiedenen Standpunkten aus vorgebracht, wie ein Blick auf zwei ihrer Vertreter, nämlich Max Horkheimer und Martin Heidegger, zeigt. Sie stimmen in der negativen Beurteilung der Technik und ihrer naturwissenschaftlichen Grundlagen überein, obwohl die Voraussetzungen, von denen sie ausgehen, nicht unterschiedlicher sein könnten.

Max Horkheimer (1895–1973), Protagonist der Frankfurter sozialphilosophischen Richtung, geht bei seiner Kritik am naturwissenschaftlichen Weltbild davon aus, daß die Technik mit dem Streben des Menschen nach Herrschaft zu tun habe. Unter den Bedingungen der kapitalistischen Wirtschaft hat dieses Streben die Ausbeutung des Menschen und der Natur zur Folge. Diese Tendenz findet Horkheimer im Ansatz schon bei dem Propheten des technischen Zeitalters, Francis Bacon (1561–1626). Bacon stellte das Wissen in den Dienst der Macht und bewertete die Wissenschaft im Hinblick auf ihre praktische Brauchbarkeit; der Verstand soll über die entzauberte Natur gebieten (Max Horkheimer/Theodor W. Adorno: *Dialektik der Aufklärung*). Als Folge der Entgötterung der Natur durch die Wissenschaft betrachtet Horkheimer die Eliminierung der Qualitäten aus dem Begriff der Natur. Die auf quantitative Bestimmungen reduzierte Natur steht dem Menschen als etwas Fremdes gegenüber; diese Entfremdung ist der Preis, der für die Herrschaft über die Natur zu entrichten ist.

Martin Heideggers Kritik am naturwissenschaftlich-technischen Denken ist dadurch gekennzeichnet, daß sie sich nicht in erster Linie gegen vermeintliche oder reale negative Folgen der Technisierung richtet, sondern nach den metaphysischen Voraussetzungen der Technik und der ihr zugrundeliegenden Wissenschaft fragt. Der Metaphysik, wie sie zum Beispiel von Descartes vertreten worden war, kommt in der Entwicklung der wissenschaftlich-technischen Denkweise eine Schlüsselstellung zu. Sie begreift das Seiende als Gegenstand des subjektiven Vorstellens und versteht unter Wahrheit die Gewißheit solchen Vorstellens. Das in dieser Weise Vorgestellte läßt sich berechnen und planen, somit beherrschen. Das heißt: Die Natur wird im Rahmen der neuzeitlichen wissenschaftlichen Denkweise der Verfügungsgewalt des Menschen überantwortet (Heidegger: *Das Zeitalter des Weltbildes*, in: *Holzwege*). Um die neuzeitliche Naturwissenschaft und die von ihr abhängige Technik in die Schranken weisen zu können, ist es demnach nötig, das Denken, das Heidegger «metaphysisch» nennt, zu überwinden. Indem die Metaphysik seiner Ansicht nach sich darauf beschränkt, nach dem Seienden als solchem und den diesem zukommenden Bestimmungen zu fragen, unterläßt sie es, nach dem Sein zu fragen. So wie die neuzeitliche Wissenschaft die Natur entzaubert und entgöttlicht, so verdrängt die Metaphysik die Seinsfrage. Die Seinsvergessenheit des metaphysischen Denkens entspricht der Entzauberung der Natur.

Kritiker des naturwissenschaftlichen Weltbildes neigen oft dazu, nur die negativen Aspekte der wissenschaftlichen Entwicklung und der Technisierung zu berücksichtigen. Man kann aber einräumen, daß sich diese Entwicklung nicht nur positiv auswirkte, ohne die Augen vor den theoretischen und praktischen Fortschritten, die sie mit sich brachte, zu verschließen. Hier ist nochmals Max Planck (1858–1947) zu erwähnen, der darauf hingewiesen hat, daß die durch das physikalische Denken bewirkte Ausschaltung anthropomorpher Elemente aus dem Weltbild – die Entzauberung der Natur – um den Preis des Verlustes der qualitativen Mannigfaltigkeit der Welt der alltäglichen Erfahrung und deren Beziehung zu den vielfältigen Bedürfnissen des Menschen erkauft sei. Darüber dürften aber die positiven Seiten dieser Entwicklung nicht übersehen werden (*Acht Vorlesungen zur theoretischen Physik*, 1910).

Demnach ist die totale Ablehnung der naturwissenschaftlichen Weltanschauung ebenso verfehlt wie ihre Auszeichnung als einzig wahre Sicht der Wirklichkeit. Unbeschadet der großen theoretischen und praktischen Bedeutung der naturwissenschaftlichen Denkweise ist anzuerkennen, daß es andere Betrachtungsweisen gibt, die von ihr unabhängig und sozusagen eigenen Rechts sind, zum Beispiel die moralische oder die ästhetische. Nimmt man das an, gibt es keinen Grund, nostalgisch mit der Auffassung zu sympathisieren, daß alles voll von Göttern sei.

16

Glaube, der Wissen werden soll
Die Problematik der Gottesbeweise

Vom dem aus Aosta stammenden Anselm, seit 1060 Mönch in
Le Bec in der Normandie – er wurde 1093 Erzbischof von
Canterbury –, wird berichtet, daß er eines Tages, noch vor dem
Morgengottesdienst in seinem Kloster, durch intensives, von
Gebeten begleitetes Denken einen neuen Weg gefunden habe,
die Existenz Gottes zu beweisen. Er notierte das Argument
auf seiner Schreibtafel und begab sich in die Kirche. Bei seiner
Rückkehr war die Tafel gelöscht, und Anselm hatte den neuen
Beweis vergessen. Er versuchte ihn zu rekonstruieren, doch
seine Bemühungen waren zunächst vergeblich. Eines Morgens
jedoch gewann Anselm wiederum die gesuchte Einsicht. Wie
beim ersten Mal notierte er den Beweisgang, machte sich auf
den Weg zur Kirche und mußte bei seiner Rückkehr wiederum
feststellen, daß seine Aufzeichnungen getilgt waren. Da er
unglücklicherweise auch diesmal nicht mehr imstande war,
den Beweis aus dem Gedächtnis wiederherzustellen, mußte er
mit seinen Bemühungen von neuem beginnen. Als er schließlich den Gedankengang zum dritten Mal gefunden hatte, beauftragte er vor dem Gang zur Matutin einen Klosterbruder
mit der Beaufsichtigung seiner Schreibtafel, so daß die Aufzeichnungen nicht mehr zerstört werden konnten (Eadmer:
Vita Anselmi). Man ahnt, daß Anselm die wiederholte Zerstörung der Notizen, die für den Atheismus fatal zu sein schienen, für ein Werk des bösen Feindes gehalten hat.

Der Beweis, auf den sich der Bericht bezieht, wird in dem
kleinen Werk *Proslogion* geführt und zur Diskussion gestellt.
Er ist in der Tat neuartig, da er weder von erfahrbaren Wir-

kungen auf eine erste unverursachte, mit Gott identifizierte Ursache noch von zweckmäßigen Zusammenhängen in der empirischen Wirklichkeit auf Gott als jenseitiges zwecksetzendes Prinzip schließt, sondern unabhängig von der Erfahrung, allein mit Hilfe des Begriffs Gottes, dessen Existenz zu demonstrieren unternimmt.

Ausgangspunkt von Anselms Argumentation ist ein Psalmvers, nach dem der Tor in seinem Herzen spricht, es gebe keinen Gott (*Psalm 14*). Doch der Tor, der Gott leugnet, das heißt bestreitet, daß es ihn in Wirklichkeit gibt, muß ihn denken, und zwar als ein so großes (vollkommenes) Wesen, daß ein größeres (vollkommeneres) nicht denkbar ist. Gedacht zu werden bedeutet für Anselm das Sein des Gedachten im Verstande, das heißt als Gedankeninhalt. Wenn der Tor behauptet, das von ihm gedachte unüberbietbar große Wesen existiere nur im Verstande, widerspricht er sich. Indem er nämlich zugibt, etwas unüberbietbar Großes zu denken, ihm aber die denkunabhängige Wirklichkeit abspricht, hat er nicht ein unüberbietbar großes Wesen gedacht; es gibt etwas Größeres, nämlich ein nicht nur im Denken, sondern auch in der Wirklichkeit existierendes unüberbietbar großes Wesen. Wer Gott wie vorausgesetzt denkt, kann ihn nur als existent denken. Auf die Frage, wie der Tor in seinem Herzen sprechen kann: Es gibt keinen Gott, antwortet Anselm daher: weil er ein Tor ist. Es ist nämlich töricht, etwas Widerspruchsvolles zu behaupten, ohne den Widerspruch zu bemerken.

Dieser Gedankengang ist frappant und reizt zum Widerspruch, denn man kann sich kaum des Eindrucks erwehren, daß dabei etwas nicht stimmt. Anselm scheint dies geahnt zu haben. Wenn er, wie die Anekdote es darstellt, den neuen Beweis zweimal vergaß und nur mit Mühe zu rekonstruieren vermochte, so könnte das als Hinweis darauf verstanden werden, daß er in seinem Unterbewußtsein einen kritischen Vorbehalt machte.

Anselms Argument stieß sogleich auf Widerspruch. Ein Zeitgenosse Anselms – Gaunilo, ein Mönch wie Anselm – versuchte eine Widerlegung: Dürfte man so wie Anselm argumentieren, dann könnte man auch die Existenz einer höchst vollkommenen Insel beweisen. Denn wenn eine solche Insel nur im Denken existierte, wäre sie nicht mit allen Vollkommenheiten ausgestattet, denn eine Insel, die nicht nur im Denken, sondern auch in der Wirklichkeit existiert, ist vollkommener als eine nur in der Phantasie vorhandene. Wer also eine höchst vollkommene Insel denkt, würde sich widersprechen, wenn er ihr ein Sein nur im Denken und nicht auch in der Wirklichkeit zuschriebe. Folglich muß eine höchst vollkommene Insel, wenn man sie denken kann, auch wirklich vorhanden sein.

Die Pointe dieses Gedankengangs liegt auf der Hand: Da es niemand einfallen würde, aus der Tatsache, daß man sich eine höchst vollkommene Insel vorstellen kann, zu folgern, daß es sie in Wirklichkeit gibt, kann auch der Schluß vom Gedanken Gottes als eines höchst vollkommenen Wesens auf Gottes Existenz nicht in Ordnung sein. Anselm war freilich nicht der Meinung, daß sein Gottesbeweis durch das Gegenbeispiel entkräftet werde, denn, wie er in seiner Erwiderung betonte, die Vollkommenheit einer Insel ist etwas anderes als die Vollkommenheit Gottes. Die erstere ist immer relativ, die letztere dagegen absolut.

Die Kontroverse zwischen Anselm und Gaunilo endete ohne Ergebnis, ja die Debatte hielt jahrhundertelang an, ohne daß eine Einigung erzielt worden wäre. Immer wieder wurde das Anselmianische Argument aufgegriffen, immer wieder suchten andere es zu widerlegen. Auch die allgemeinere Frage, ob Gottes Dasein bewiesen werden könne, wurde in der Folgezeit unterschiedlich beantwortet, wie ein Blick auf die Problematik der Gottesbeweise zeigt. Sie läßt eine Entwicklung erkennen, die hier nur knapp skizziert werden kann.

Im Altertum spielten Gottesbeweise lange Zeit kaum eine Rolle. Der Glaube an die Götter war entweder so lebendig, daß ein Bedürfnis nach Beweisen ihrer Existenz nicht bestand, oder er wurde so ins Gleichnishafte umgedeutet, daß es gar keinen Anlaß zu Beweisversuchen gab. In der klassischen griechischen Philosophie gibt es zwar Argumente zugunsten eines göttlichen Ersten Bewegers oder einer Zwecke setzenden Gottheit, doch dabei ging es um die Existenz eines unpersönlich gedachten Göttlichen, nicht eines persönlichen Gottes. Im frühen Christentum wurde der Glaube an einen einzigen persönlichen Gott so ausschließlich auf die Offenbarung gestützt, daß er nicht darauf angewiesen zu sein schien, durch Beweise bestätigt zu werden. Erst als nach und nach der Vernunft eine gewisse Eigenständigkeit als Erkenntnisquelle zugebilligt wurde, entstand das Bedürfnis, die Übereinstimmung des Geglaubten mit der vernünftigen Einsicht zu beweisen. So verlangt nach Anselm – wie nach Augustinus, an dessen Auffassung er anknüpfte – der Glaube nach Ergänzung durch vernünftige Einsicht (*Fides quaerens intellectum*, wie es im vollen Titel des *Proslogion* heißt).

Anselm war, als Theologe und Philosoph in Personalunion, nicht der Meinung, daß der Glaube auf Beweise angewiesen sei. Im Gegenteil, der Glaube hat für ihn unbedingten Vorrang, die vernünftige Vergewisserung des Geglaubten kommt erst an zweiter Stelle. So wendete er sich in dem gebetsartigen ersten Kapitel des Werkchens, das den berühmten Beweis enthält, an Gott: «Ich suche dich nicht zu erkennen, um zu glauben, sondern ich glaube, um zu erkennen.» Und nachdem der Beweis geführt ist, dankt er Gott, weil er nun, von Gott erleuchtet, begreift, was er vorher geglaubt hat. Der Gott, dessen Existenz Anselm zu beweisen sucht, ist zugleich der geglaubte Gott der Bibel und der kirchlichen Lehre. Für Anselm gibt es keinen Widerspruch zwischen Theologie und Philosophie, so wie es keinen Widerspruch zwischen Glauben und

Wissen gibt. Diese Auffassung wurde immer wieder in Frage gestellt, sie ist aber auch heute noch präsent, wie ein Blick auf die Enzyklika «Fides et Ratio» (1998) von Papst Johannes Paul II. zeigt.

Im 17. Jahrhundert waren die meisten Philosophen weit davon entfernt, die Existenz Gottes in Frage zu stellen, und bei vielen von ihnen spielten Gottesbeweise, vor allem das von Anselm gefundene Argument, eine zentrale Rolle. Aber der Gott, von dem die Metaphysiker der Neuzeit sprachen, war nicht mehr der Gott der Bibel. Es handelte sich, wie Blaise Pascal sagte, um einen Gott der Philosophen und nicht mehr um den Gott Abrahams, Isaaks und Jakobs. Äußerlich wurde der philosophische Begriff Gottes zwar noch mit der religiösen Gottesvorstellung identifiziert, aber im Grunde hatte er mit dieser nichts mehr zu tun.

Um zu verstehen, welche Rolle der Gott der Philosophen spielte, muß man sich vergegenwärtigen, welche Probleme im Mittelpunkt der neuzeitlichen Philosophie standen. Im 16. und 17. Jahrhundert wurde die moderne Naturwissenschaft grundgelegt. Das wissenschaftliche Denken schien eine Gewißheit zu besitzen, die der Philosophie nicht mehr zugetraut wurde. Das alte Ziel sicherer Wirklichkeitserkenntnis schien greifbar nahe, weshalb auch der Traum sicherer Naturbeherrschung realisierbar zu sein schien. Die Philosophie sah sich in dieser Situation mit der Frage konfrontiert, was der Grund der Gewißheit sei, die die Naturwissenschaft für sich in Anspruch nahm.

Die Naturwissenschaft macht Annahmen über die gesetzmäßige Struktur der Wirklichkeit und deutet sie als Beschreibung realer Zusammenhänge. Man kann aber, wie Descartes bemerkte, bezweifeln, daß sie sich auf eine denkunabhängige Wirklichkeit bezieht. Die Frage des Skeptikers, ob wissenschaftliche Theorien nicht rein subjektive, widerspruchsfreie, aber mit der Realität nicht übereinstimmende

Konstruktionen sein könnten, läßt sich mit den Mitteln der Naturwissenschaft nicht beantworten, weil keine Wissenschaft ihre eigene objektive Gültigkeit beweisen kann. Das ist nur auf einer höheren theoretischen Ebene möglich, nämlich auf der Ebene einer Metaphysik, zu der die Idee eines absolut vollkommenen Wesens gehört. Im Mittelpunkt der Metaphysik, die Descartes, Spinoza, Leibniz und andere Vertreter der rationalistischen Philosophie vertraten, steht der Gedanke, daß die Form der Natur, die in der Wissenschaft zu erkennen gesucht wird, und die Form des vernünftigen Denkens denselben Grund, nämlich Gott, haben. Da beide in einem absolut vollkommenen Wesen fundiert sind, stimmen sie prinzipiell überein. Gott stellt sich vom Standpunkt der rationalistischen Metaphysik aus als Garant der objektiven Gültigkeit evidenter Sätze von der Art der physikalischen Grundsätze dar. Die so verstandene Metaphysik hat nicht mehr die Aufgabe, mit Hilfe von Argumenten etwas zu beweisen, das für den religiösen Glauben unabhängig von Argumenten feststeht.

Kant wies die rationalistische Auffassung zurück. Er erklärte die Existenz Gottes für unbeweisbar und betrachtete die Gottesidee als Inhalt des Glaubens. Mit «Glauben» ist dabei nicht ein Fürwahrhalten auf Grund von Autoritäten gemeint, sondern die Anerkennung einer für die Ethik unentbehrlichen Idee. Das Dasein Gottes ist mit einem Wort aus ethischen Gründen zu fordern – zu «postulieren», wie Kant sagt. Wenn er erklärt, daß die Religion auf dem Glauben an Gott als Urheber des Sittengesetzes beruht, meint er, Gott sei so zu denken, als wäre er moralischer Gesetzgeber. Die Gottesidee hat noch eine weitere Funktion: Die Ethik sucht der Erwartung, daß dem moralisch Handelnden auf lange Sicht auch die angemessene Befriedigung zuteil werden könne, Rechnung zu tragen. Das ist aber nur möglich, wenn die Welt so eingerichtet ist, daß der Gute nicht definitiv unglücklich, der Böse aber glücklich wird. Eine diesem Erfordernis genügende Weltordnung ist nur denkbar, wenn Gott als ihr Urheber anerkannt wird.

Von Beweisen der Existenz Gottes kann bei einer solchen Auffassung selbstverständlich nicht mehr die Rede sein. An Gott zu glauben bedeutet für Kant, sich so zu verhalten, als ob es Gott gebe und als ob das Sittengesetz ein von ihm erlassenes Gebot sei.

Spricht man der Gottesidee die Eigenständigkeit ab, dann liegt es nahe, sie als abhängig nicht nur von der Ethik, sondern auch von der Psychologie oder der Anthropologie zu sehen, wie das Ludwig Feuerbach (1804–1872) getan hat. In der Gottesidee finden seiner Ansicht nach menschliche Bedürfnisse und Wünsche einen Niederschlag, namentlich die Sehnsucht nach Vollkommenheit und Macht. In der Realität kann diese Sehnsucht nicht befriedigt werden; der Mensch findet aber eine Ersatzbefriedigung, indem er das Vollkommenheitsideal auf ein geglaubtes Jenseits projiziert und es in Gott als allwissendem und allmächtigem Wesen verwirklicht denkt. Die Gottesidee ist ein Optativ des Herzens, der im Gottesglauben zum Indikativ umgedeutet wird.

Angesichts der Schwierigkeiten, auf die Versuche stoßen, Gott vernünftig zu erkennen, schien es manchen geboten, den Gottesglauben völlig vom Wissen zu trennen. Zum Beispiel stellte Blaise Pascal dem Gott der Philosophen den Gott Abrahams, Isaaks und Jakobs gegenüber und bekannte sich zum Glauben an den verborgenen Gott der Bibel. Gott läßt sich nicht mit dem Verstand, sondern nur mit dem Herzen erfassen. Das Herz hat seine Gründe (raisons), die die Vernunft (raison) nicht kennt. (Das Wortspiel des Originals, das auf der Doppeldeutigkeit von «raison» beruht, läßt sich im Deutschen nicht wiedergeben.)

Ähnlich wie Pascal faßte Søren Kierkegaard (1813–1855) das Verhältnis von Glauben und Wissen auf. Er betonte den paradoxen Charakter des christlichen Glaubens und meinte, daß der Glaube nur als «Sprung» von der Ebene der Vernunft zu einer ganz anderen Ebene möglich sei. Der Glaube erfordert die Suspendierung des Denkens in allgemeinen Begriffen, so daß eine Vermittlung von Endlichem und Unendlichem nicht möglich ist. Im 20. Jahrhundert betonten die Vertreter der Dialektischen Theologie (zum Beispiel Karl Barth) die absolute Transzendenz Gottes; er ist dieser Ansicht nach jenseits des Alls der Dinge und entzieht sich allen Erkenntnisbemühungen. Damit hört die Gottesfrage auf, ein Problem der Philosophie zu sein, was aber nicht heißen kann, daß man darauf verzichten müßte, die zugrundeliegende religionsphilosophische Denkweise kritisch zu erörtern.

Ein gewisses Interesse an Gottesbeweisen gibt es allerdings auch in jüngerer und jüngster Zeit, doch es richtet sich meist auf die mit ihnen verbundenen logischen Probleme: Man fragt, ob logisch korrekt aus bestimmten Voraussetzungen die Existenz Gottes gefolgert werden könne. Doch auch wenn man die Ableitung als formal richtig betrachtet, heißt das nicht, daß man das Dasein Gottes anerkennen müßte; das wäre nur dann zu erwarten, wenn auch den Prämissen der Beweise zugestimmt würde, was schwerlich der Fall sein dürfte. Die Gottesbeweise haben weitgehend aufgehört, metaphysisch relevant zu sein. Das ist nicht so zu verstehen, als könnte an Gott nicht mehr geglaubt werden; es heißt nur, daß der Gottesglaube nicht, wie Anselm gemeint hat, in rationales Wissen übersetzt werden kann.

17

Frevelnde Philosophen
Philosophie und Religion

Der Philosoph Anaxagoras aus dem kleinasiatischen Klazomenai lebte und lehrte im fünften vorchristlichen Jahrhundert in Athen. Er wurde, wie es in späteren Berichten heißt, der Gottlosigkeit angeklagt, weil er die Ansicht vertrat, daß die Himmelskörper rein materieller Natur, somit nicht beseelt oder gar göttlicher Art sind, wie es der traditionellen religiösen Weltsicht entsprach. Die Sonne erkannte er als glühende Masse, und vom Mond vermutete er, daß er aus ähnlichem Stoff bestehe wie die Erde und vielleicht größer sei als die Peloponnes. Daß die Himmelskörper von gleicher Art seien wie die Erde, hatte er nicht aufs Geratewohl angenommen, sondern angeregt durch die Beobachtung eines Meteoriten, der die Halbinsel Gallipoli an den Dardanellen getroffen hatte.

Der Vorwurf der Mißachtung des traditionellen Götterglaubens (der Asebie) war Gegenstand eines Gerichtsverfahrens, das nach der Überlieferung mit der Verhängung einer Geldstrafe und der Verbannung des Angeklagten aus der Stadt endete; die Todesstrafe blieb Anaxagoras erspart. Perikles, der als früherer Schüler und Freund den Philosophen zu verteidigen suchte, war bereits politisch geschwächt, so daß er ihn nicht wirksam schützen konnte; Anaxagoras mußte ins Exil gehen. Er ließ sich in Lampsakos an den Dardanellen nieder, wo er bald danach (428 v. Chr.) starb.

Ob der Bericht über den gegen Anaxagoras angestrengten Asebie-Prozeß zutreffend ist, läßt sich nicht feststellen. Zweifel an seiner historischen Wahrheit sind möglich, da ver-

schiedene, nicht in Einklang zu bringende Versionen über Anklage und Prozeß in Umlauf waren (Diogenes Laërtius: *Leben
und Meinungen berühmter Philosophen*, 3. Jh. n. Chr.). Es ist
auch nicht auszuschließen, daß Anaxagoras ein ähnliches
Schicksal wie Sokrates, von dem sogleich die Rede sein wird,
zugeschrieben wurde. Doch auch wenn der Bericht unhisto-
risch sein sollte, ist er doch aufschlußreich, denn er zeigt, daß
schon früh Spannungen zwischen philosophischem und reli-
giösem Denken auftraten. Diese Spannungen rührten daher,
daß die Hüter der religiösen Tradition für ihre Überzeugungen unbedingte Gültigkeit beanspruchten, abweichende Meinungen von vornherein für falsch hielten und meinten, sie unterdrücken zu können.

Etwa dreißig Jahre später fand ein anderer Prozeß statt,
der dem gegen Anaxagoras angestrengten Verfahren sehr ähnlich ist, aber mit einem Todesurteil endete, nämlich der Prozeß gegen Sokrates. Der nach dem Spruch des delphischen
Orakels weiseste Mensch seiner Zeit sah sich mit zwei Vor-
würfen konfrontiert: Er frevle, denn er habe erstens den Glauben an die Götter der herkömmlichen, staatlich sanktionierten
Religion verworfen sowie ein neues göttliches Wesen ein-
zuführen gesucht und zweitens die Jugend verführt (Plato:
Apologie 24 b).

Beim ersten Punkt stützte sich die Anklage auf die Tatsache,
daß Sokrates wiederholt von einer inneren Stimme – dem
Daimonion – sprach und durch sie eine höhere Macht zu vernehmen meinte. Das Daimonion warnte in der Regel und riet
nur selten zu einer bestimmten Verhaltensweise. Vielleicht
aber hatte der Vorwurf der Gottlosigkeit auch damit zu tun,
daß Sokrates anstatt der üblichen Bekräftigungsformel «Beim
Zeus» manchmal die Wendung «Beim Hunde» gebraucht haben soll, was freilich ein sehr schwaches Indiz der ihm unter-
stellten Gottlosigkeit gewesen wäre. Was die Jugendverführung betrifft, so können schwerlich sexuelle Handlungen

gemeint gewesen sein; viel näher liegt die Annahme, daß man die Sokrates eigene kritische Denkweise für gefährlich hielt. Unausgesprochen könnte bei dem Urteil der Umstand. eine Rolle gespielt haben, daß einige Sokrates-Schüler zu den Dreißig Tyrannen gehört hatten, die in Athen nach der Niederlage im Peloponnesischen Krieg kurze Zeit diktatorisch regierten. Im vorliegenden Zusammenhang wird auf den zweiten Anklagepunkt nicht eingegangen; nur der erste – der Vorwurf des Religionsfrevels – ist hier von Interesse, weil der gegen Sokrates angestrengte Prozeß ein frühes Beispiel für einen Konflikt zwischen kritischem philosophischen Denken und traditionsgebundenem religiösen Glauben ist.

Wie der Prozeß endete, ist bekannt: Sokrates wurde zum Tode verurteilt, wofür teilweise die Art seiner Verteidigung verantwortlich war. Er ließ sich nicht ernstlich auf den Vorschlag einer Alternativstrafe ein und tat den Richtern auch nicht den Gefallen, sich der Hinrichtung durch Flucht zu entziehen. Er leerte den Schierlingsbecher – die Hinrichtung erfolgte durch die Verabreichung von Gift – mit der größten Seelenruhe und im Glauben an die Fortdauer der Seele in einer besseren Welt.

Sokrates und Anaxagoras waren nicht die einzigen, die sich in Athen als Frevler an der überlieferten Religion Repressionen ausgesetzt sahen; auch der Sophist Protagoras, berühmt durch seinen Relativismus – der Mensch galt ihm als Maß aller Dinge –, wurde aus der Stadt verbannt, weil sein Buch *Über die Götter* Anstoß erregte. Protagoras nahm einen agnostischen Standpunkt ein: Wir wissen nichts von den Göttern, weder daß sie sind, noch daß sie nicht sind. Auf der Schiffsreise nach Sizilien soll er ums Leben gekommen sein.

Die Asebie, die Sokrates, Protagoras und möglicherweise schon Anaxagoras vorgeworfen wurde, wird oft als Gottlosigkeit aufgefaßt. Doch das ist nicht ganz angemessen, da mit dem letzteren Ausdruck gewöhnlich die Ablehnung des

Ein-Gott-Glaubens bezeichnet wird. «Asébeia» bedeutet aber wörtlich «ohne fromme Scheu» oder «ohne religiöse Ehrfurcht». Gemeint ist die Verweigerung der Achtung, die die Hüter der Tradition gegenüber der überlieferten und anerkannten Religion, und das heißt in bezug auf das damalige Griechenland: gegenüber dem Polytheismus, forderten. Letzten Endes lag dem Vorwurf der Asebie der Gedanke zugrunde, daß die traditionelle Frömmigkeit und die für die Philosophie charakteristische kritische Denkweise nicht zu vereinbaren seien und daß alles, was die erstere in Frage zu stellen geeignet scheint, als Frevel zu gelten habe. Beispiele für die Tendenz, Ansichten und Verhaltensweisen zu ächten, die von den Dogmen und Normen einer fundamentalistischen Religion abweichen, sind auch aus späterer Zeit bekannt.

Die erwähnten Fälle zeigen, daß das selbständige philosophische Denken in Athen zunächst einen schweren Stand hatte; anderswo konnte es sich freier entfalten. Erste religionskritische Gedanken finden sich nicht in Athen, sondern bei Xenophanes aus dem kleinasiatischen Kolophon, der den größten Teil seines Lebens in Großgriechenland (d. h. in Unteritalien) verbrachte. Angesicht der Tatsache, daß es in verschiedenen Kulturen verschiedene religiöse Vorstellungen gibt, vermutete er, daß diese von zufälligen Umständen abhängig seien und den Charakter der an sie glaubenden Menschen widerspiegelten. So denken die Thraker ihre Götter nach der Art von Thrakern, die Äthiopier nach Art der Äthiopier, und könnten sich Tiere Gottheiten denken, würden sie als Tiere vorgestellt. Da religiöse Vorstellungen anthropomorph sind, können sie nicht als allgemein wahr gelten. Diese Auffassung läuft auf eine Absage an den theologischen Fundamentalismus hinaus. Außerdem wird dem traditionellen Polytheismus eine Absage erteilt: An die Stelle des Glaubens an eine Vielzahl menschenähnlicher Götter tritt die Annahme einer einzigen, den Menschen weder der Gestalt noch dem

Denken nach ähnlichen, vollkommenen, unentstandenen und unvergänglichen Gottheit.

Bald wurde auch in Athen eine von den traditionellen Göttervorstellungen unabhängige Auffassung des Göttlichen vertreten, ja die Stadt wurde für lange Zeit zum wichtigsten Zentrum der Entwicklung der Philosophie. In der klassischen griechischen Philosophie spielte der herkömmliche Götterglaube keine wesentliche Rolle mehr, auch wenn immer noch dann und wann metaphorisch von Göttern gesprochen wurde. In dem Maße, in dem der herkömmliche religiöse Glaube an Einfluß verlor, wurden Abweichungen von ihm als zulässig betrachtet; Philosophen konnten sich offen zu religiösen Fragen äußern. Manche hielten es allerdings für ratsam, auf die traditionelle Religion Rücksicht zu nehmen. Zum Beispiel vermied es Epikur (341–271 v. Chr.), sich zum Atheismus zu bekennen, obwohl die Vorstellung von Göttern in seiner Philosophie keine Funktion mehr hat und daher entbehrlich ist. Er versetzte die Götter in einen von unserer Welt getrennten Bereich des Alls und sprach ihnen jegliches Interesse an den Menschen und am irdischen Geschehen im allgemeinen ab. Mit dem Festhalten am Götterglauben dürfte er versucht haben, sich gegen den Asebie-Verdacht abzuschirmen.

Mit der Ausbreitung des Christentums in der Spätantike änderte sich die Beziehung der Religion zur Philosophie. Das Christentum ist als Offenbarungsreligion mit dem Anspruch verbunden, unbedingte Wahrheiten zu lehren. Das hat zwangsläufig die Zurückweisung aller mit ihm nicht zu vereinbarenden religiösen und philosophischen Auffassungen zur Folge. Da die Christen auch manche Traditionen, auf denen der Herrschaftsanspruch im Römischen Reich beruhte, verwarfen und sich zum Beispiel weigerten, den Göttern zu opfern, reagierten mehrere Kaiser mit Christenverfolgungen, aus denen das Christentum jedoch gestärkt hervorging.

Nach dem Sieg des Christentums wurden die früher Verfolgten leider oft selbst zu Verfolgern, wie der schaurige Fall der Ermordung der Philosophin Hypatia, Lehrerin an der Hochschule in Alexandrien, zeigt. Da sie sich nicht taufen ließ, sah man in ihr eine Feindin des christlichen Glaubens. Ein antiker Chronist – Socrates Scholasticus, der zur Zeit des Kaisers Theodosius II. (im 5. Jahrhundert) lebte – beschreibt ihr Ende: «Einige Männer von fanatischer Gesinnung ... lauerten ihr auf, als sie auf dem Heimweg war. Sie warfen sie aus dem Wagen und zerrten sie zu einer ... Kirche. Dort entkleideten sie sie vollständig und töteten sie dann mit Ziegelsteinen. Nachdem sie ihren Körper in Stücke gerissen hatten, häuften sie die einzelnen Glieder ... auf und verbrannten sie.» (Nach W. Gombocz: *Die Philosophie der ausgehenden Antike und des frühen Mittelalters*) Ein anderes Beispiel religiöser Unduldsamkeit bietet der Kirchenvater Augustinus (gest. 430 als Bischof von Hippo in Nordafrika). Er veranlaßte die staatliche Gewalt, gegen christliche Häretiker vorzugehen. Bei der Aktion fanden mehrere Menschen den Tod.

Die Schließung der von Plato gegründeten Athener Akademie im Jahre 529 durch Kaiser Justinian I. macht deutlich, daß damals eine Epoche zu Ende ging. An der Akademie war etwa tausend Jahre lang die Tradition der «heidnischen» platonischen Philosophie gepflegt worden. Mit ihrer Aufhebung fand nicht nur eine Institution ihr Ende, sondern es war für lange Zeit um die Philosophie als unabhängige Lehre überhaupt geschehen. Im Mittelalter wurde sie meist als Helferin der Theologie, wenn nicht gar als deren Magd betrachtet.

Erst im ausgehenden Mittelalter und in der frühen Neuzeit begann sich das philosophische Denken wieder von der Religion zu emanzipieren. Dabei stieß es auf den Widerstand der kirchlichen Lehrautorität. Wie stark dieser Widerstand sein konnte und welcher Mittel er sich bediente, zeigt der gegen Giordano Bruno (geb. 1548) geführte Inquisitionsprozeß.

Bruno wich mit der These, daß das Universum unendlich und ewig sei, von der herrschenden theologischen Lehre ab und leugnete darüber hinaus mehrere kirchliche Dogmen. Er wurde von der römischen Inquisition zum Tode verurteilt und starb im Jahre 1600 in Rom auf dem Scheiterhaufen. Wenig später wurde Galileo Galilei beim Inquisitionsgericht angeklagt und gezwungen, sich vom heliozentrischen System, das er bewiesen zu haben meinte, zu distanzieren (siehe Kapitel 13). Noch Descartes wagte es unter dem Eindruck des Galilei-Prozesses nicht, ein Werk, in dem er, wie Galilei, das heliozentrische Weltbild vertrat, zu veröffentlichen, obwohl er seine astronomische Auffassung lediglich als Hypothese vorgetragen hatte, ja als Fabel verstanden wissen wollte.

Daß nicht nur christlicher Fundamentalismus zur Verfolgung Andersdenkender veranlassen konnte, zeigt das Beispiel Spinozas, der sich der jüdischen religiösen Tradition verweigerte und 1656 von den Amsterdamer Rabbinern mit dem Großen Bann belegt wurde. Die Bannformel läßt die Schwere des Konflikts erahnen: «Nach dem Urteil der Engel und dem Beschluß der Heiligen bannen, verstoßen, verwünschen und verfluchen wir den Baruch de Espinosa ... Er sei verflucht bei Tag und sei verflucht bei Nacht! Er sei verflucht, wenn er schläft, und sei verflucht, wenn er aufsteht! Es sei verflucht bei seinem Ausgang und sei verflucht bei seinem Eingang! Der Herr wolle ihm nie verzeihen! Er wird seinen Namen unter dem Himmel vertilgen und ihn zu seinem Unheil von allen Stämmen Israels trennen mit allen Flüchen des Firmaments, die im Buch des Gesetzes stehen ...» Dem Großen Bann war der Versuch vorausgegangen, Spinoza mit Geld zum Einlenken zu bewegen. Einem Anschlag auf sein Leben von seiten eines jüdischen Fanatikers war er mit knapper Not entgangen.

Auf Dauer ließ sich die Verselbständigung des philosophischen und wissenschaftlichen Denkens nicht aufhalten. Das

Verhältnis von Philosophie und Theologie bzw. Religion änderte sich radikal: Die Philosophie beschränkte sich nicht mehr auf Bemühungen um Anerkennung ihrer Autonomie, sondern ging zum Angriff auf die Theologie, manchmal auch auf die Religion über. Während Descartes, einer der Bahnbrecher des neuzeitlichen philosophischen und wissenschaftlichen Denkens, darauf bedacht war, Konflikten mit den Theologen aus dem Wege zu gehen – er bemühte sich zum Beispiel um den Nachweis, daß die Transsubstantiationslehre mit seiner Philosophie vereinbar sei –, machte sich im selben Jahrhundert bereits die Tendenz bemerkbar, religiöse Auffassungen rational zu analysieren und unter Umständen zu kritisieren. So deutete Spinoza, mit dem die wissenschaftliche Bibelkritik einsetzt, die wahre, das heißt von abergläubischen Vorstellungen freie Religion als bildhafte, auf der Einbildungskraft beruhende Einkleidung metaphysischer Ideen. Entschieden sprach er sich zugunsten der freien Religionsausübung im Rahmen der staatlichen Rechtsordnung aus. Die Koexistenz von Religion und Philosophie ist in seinen Augen möglich, wenn die ihnen gezogenen Grenzen respektiert werden.

Die Tendenz zur Beschränkung der Religion auf ihren vernünftigen Kern ist deutlich beim Deismus des 17. und 18. Jahrhunderts zu sehen. Nach deistischer Ansicht sind religiöse Vorstellungen nur unter der Bedingung zu billigen, daß sie vernünftig sind, und das heißt, daß sie sich mit philosophischen Auffassungen vereinbaren, im besten Falle sogar auf sie zurückführen lassen. Zugleich wurde die Religion ethisiert, das heißt, nur moralisch relevante religiöse Ideen wurden gebilligt. Dabei wird die Religion nicht mehr als Fundament der Moral verstanden, sondern als deren Überbau. Keinesfalls darf dieser Ansicht nach der moralisch gedeutete religiöse Glaube als Erkenntnisweise verstanden werden; er ist nur ein subjektiv, nicht aber ein objektiv zureichendes Fürwahrhalten.

Der Versuch, die Religion durch Übersetzung ihrer Grundgedanken in moralische Postulate zu rechtfertigen, blieb nicht
unwidersprochen. So wies schon Pierre Bayle gegen Ende des
17. Jahrhunderts nicht nur alle Versuche, zwischen Glauben
und Wissen theoretisch zu vermitteln, zurück, sondern er
sprach dem religiösen Glauben auch die moralische Bedeutung
ab: «Eine Gesellschaft von Atheisten würde die bürgerlichen
und moralischen Tugenden ebenso gut als die übrigen Ge-
sellschaften realisieren ...; denn dadurch, daß die Glieder der
Gesellschaft nichts wüßten von einem ersten Wesen und
Schöpfer der Welt, würden nicht die Gefühle für Ehre und
Schande, für Lohn und Strafe und alle sonstigen Leiden-
schaften, welche die übrigen Menschen bewegen, ausgerottet,
auch nicht alle Erkenntnisse der Vernunft vertilgt.» Die Vernunft vermag unabhängig von religiösen Vorstellungen die
Menschen davon zu überzeugen, daß es Dinge gibt, die zu tun
moralische Anerkennung verdient.

Radikale Aufklärer gingen über die skizzierte Auffassung
hinaus und lehnten religiöse Auffassungen überhaupt ab, weil
für sie kein Platz in ihrem naturalistischen Weltbild war. Auch
später noch sah sich die Religion mit grundsätzlicher Kritik
von seiten des Naturalismus konfrontiert; sie lief darauf hinaus, ihr jede Berechtigung abzusprechen.

Ein radikaler Vertreter der Religionskritik war Friedrich
Nietzsche (1844–1900), der die Religion von ihrer Bedeutung
für die seelische Verfassung des Menschen her zu verstehen
suchte. Menschen, die deprimiert und gehemmt sind oder unter Schuldgefühlen leiden, finden in ihr Trost. Die Religion
lindert jedoch als mentales Narkotikum nur Symptome und
beseitigt nicht deren Ursachen (*Zur Genealogie der Moral*;
Was bedeuten asketische Ideale?). Weil sie Glücksgefühle hervorruft, wird sie für wahr gehalten. Sie ist aber schädlich, weil
sie zum Beispiel mit dem Gedanken der Gleichheit aller
Menschen vor Gott die Herdenmoral fördert. Das gilt insbe-

sondere für die christliche Religion, die das Hauptziel von Nietzsches Kritik ist. Nietzsche glaubte zu sehen, daß der Gottesglaube seinen Einfluß im großen und ganzen bereits verloren habe. Das ist der Sinn seines Verdikts: Gott ist tot (siehe Kapitel 18).

In der Gegenwart ziehen Spannungen zwischen Philosophie und Religion, soweit sie noch bestehen, keine Unterdrückkungsmaßnahmen mehr nach sich, allerdings nur im Falle der christlichen Religion. Daß es sich beim Islam anders verhält, ist bekannt. Kritik an Lehre oder Praxis des Islam kann immer noch lebensgefährlich sein, so wie es die Kritik an christlichen Dogmen vor Jahrhunderten gewesen ist.

18.

«Der große Pan ist tot»
Die Krise des Gottesglaubens

Der griechische Philosoph Plutarch (gest. 120 n. Chr.), Priester in Delphi, erzählt, daß zur Zeit des Kaisers Tiberius Schiffsreisende vor der westgriechischen Küste eine Stimme vernommen hätten, die klagte: Der große Pan ist tot. Als sich das Schiff dem Land näherte, habe der Steuermann die Nachricht mit lauter Stimme weitergegeben, worauf ein Wehklagen vieler Stimmen zu hören gewesen sei. Offenbar klagte die ganze Natur über den Tod des Gottes der Wälder, der Hirten und Herden, des Erfinders der Hirtenflöte.

Auffallend an diesem Bericht ist der Umstand, daß es um den Tod eines Gottes, der als solcher zu den Unsterblichen gehört, geht. Wenn schon die Vorstellung, daß einer von den vielen Göttern Griechenlands stirbt, überraschend ist, muß der Gedanke, daß der Gott des Monotheismus sterben könne, erst recht als abwegig erscheinen. Dennoch findet er sich in den letzten zweihundert Jahren immer wieder.

Der Gedanke vom Tod Gottes klingt bei Jean Paul an, wenn er in seinem Roman *Siebenkäs* (1796) Christus auf die Frage, ob denn die Menschen nicht einen göttlichen Vater hätten, antworten läßt: «Wir sind alle Waisen …, wir sind ohne Vater.» Damit wird vorausgesetzt, daß es einmal einen Vater-Gott gegeben habe, den es nun nicht mehr gibt. Jean Paul läßt Christus das Grauen einer Welt ohne Gott in Worte fassen: «Ich ging durch die Welten, ich stieg in die Sonnen und flog mit den Milchstraßen durch die Wüsten des Himmels; aber es ist kein Gott. Ich stieg herab, soweit das Sein seine Schatten wirft, und schauete in den Abgrund und rief: ‹Vater, wo bist du?›, aber ich hörte nur den ewigen Sturm, den niemand regiert, und der schimmernde Regenbogen aus Wesen stand ohne eine Sonne, die ihn schuf, über dem Abgrunde und tropfte herunter. Und als ich aufblickte zur unermeßlichen Welt nach dem göttlichen Auge, da starrte sie mich mit einer leeren bodenlosen Augenhöhle an; und die Ewigkeit lag auf dem Chaos und zernagte es und wiederkäuete sich. – Schreiet fort, Mißtöne, zerschreiet die Schatten, denn Er ist nicht!»

Bei Jean Paul handelt es sich um einen beklemmenden Traum, in dem die Sinnlosigkeit eines Universums ohne Gott erfahren wird. Nach dem Erwachen macht die schreckliche Vision der beglückenden Gewißheit Platz, daß die vergängliche Welt von einem unendlichen Vater behütet wird. Ganz anders spricht Heinrich Heine vom Tod Gottes, wenn er mit der für ihn charakteristischen Ironie den Lebenslauf Jehovas schildert: «Wir haben ihn so gut gekannt, von seiner Wiege in Ägypten, als er unter göttlichen Kälbern, Krokodilen, heiligen Zwiebeln, Ibissen und Katzen erzogen wurde – Wir haben ihn gesehen, wie er diesen Gespielen seiner Kindheit und den Obelisken und Sphinxen seines heimatlichen Niltals Ade sagte und in Palästina, bei einem armen Hirtenvölkchen, ein kleiner Gott-König wurde und in einem eigenen Tempelpalast wohnte – Wir sahen ihn späterhin, wie er mit der assyrisch-babylonischen Zivilisation in Berührung kam und seine allzu menschlichen Eigenschaften ablegte, nicht mehr lauter Zorn und Rache spie, wenigstens nicht mehr wegen jeder Lumperei gleich donnerte – Wir sahen ihn auswandern nach Rom, der Hauptstadt, wo er aller Nationalvorurteile entsagte und die himmlische Gleichheit aller Völker proklamierte – Wir sahen, wie er sich noch mehr vergeistigte, wie er sanftselig wimmerte, wie er ein liebevoller Vater wurde, ein allgemeiner Menschenfreund, ein Weltbeglücker, ein Philanthrop – es konnte ihm alles nichts helfen – Hört ihr das Glöckchen klingeln? Kniet nieder – man bringt die Sakramente einem sterbenden Gotte.»

(*Zur Geschichte der Religion und Philosophie in Deutschland*, 1835)

Was hier als Kurzbiographie Gottes vorgetragen wird, ist eine geraffte Darstellung der Geschichte der jüdisch-christlichen Gottesidee, wie Heine sie sah. Selbstverständlich kann der Gott der monotheistischen Religionen, anders als der große Pan, wenn es ihn gibt, nicht sterben. Schwinden kann aber der Glaube an Gott, der mit der Wendung «Tod Gottes» gemeint ist. In diesem Sinne sprach auch Friedrich Nietzsche (1844–1900) vom Tode Gottes. Ähnlich wie Heine meinte er das Verblassen der Gottesvorstellung. Die Völker hatten, wie er annahm, ursprünglich ihre Nationalgötter, die verkörperten, was als kräftig, gesund und gut galt. Das änderte sich, als die Gottesvorstellung moralisch gedeutet, verallgemeinert und ihrer ursprünglichen Kraft beraubt wurde; mit dem Glauben, daß Gott Mitleid mit den Menschen habe, war das Schicksal des Gottesglaubens besiegelt: An seinem Mitleiden mit den Menschen ist Gott gestorben. Es erinnert an Heines Darstellung, wenn Nietzsche schreibt: «Als er jung war, dieser Gott aus dem Morgenlande, da war er hart und rachsüchtig ... Endlich aber wurde er alt und weich und mürbe und mitleidig ... Da saß er, welk, in seinem Ofenwinkel, härmte sich ob seiner schwachen Beine, weltmüde, willensmüde, und erstickte eines Tages an seinem allzu großen Mitleiden.» (*Also sprach Zarathustra*, IV; Außer Dienst)

Das ist aber nicht Nietzsches eigentlicher Ton. Wenn er vom Tode Gottes redet, urteilt er nicht aus der Distanz des Ironikers, sondern spricht als – positiv oder negativ – Betroffener. Bald erschreckt ihn der mit dem Tode Gottes drohende Nihilismus, bald erlebt er die Loslösung vom Gottesglauben als Befreiung.

Nietzsche hat den Gottesglauben schon früh hinter sich gelassen. Der Abschied von seinem Jugendglauben kündigt sich in dem Gedicht *Dem unbekannten Gotte* an, das er als Zwanzigjähriger schrieb. Darin heißt es: «Noch einmal, eh ich weiterziehe und meine Blicke vorwärts sende, heb ich vereinsamt meine Hände zu dir empor ...». Bald darauf distanzierte er sich vom Gottesglauben, dessen Schwinden in der zeitgenössischen Kultur er diagnostizierte.

Die ergreifendste Formulierung dieses Gedankens findet sich in Nietzsches *Fröhlicher Wissenschaft* (1882), wo sie einem «tollen Menschen» in den Mund gelegt wird, der am hellichten Tag mit einer Laterne auf den bevölkerten Markt kommt und ruft: «Ich suche Gott.» Er fragt die Leute: «Wohin ist Gott?» und gibt selbst die Antwort: «Wir haben ihn getötet – ihr und ich! Wir alle sind seine Mörder! Aber wie haben wir dies gemacht? Wie vermochten wir das Meer auszutrinken? Wer gab uns den Schwamm, um den ganzen Horizont wegzuwischen? Was taten wir, als wir diese Erde von ihrer Sonne losketteten? Wohin bewegt sie sich nun? Wohin bewegen wir uns? Fort von allen Sonnen? Stürzen wir nicht fortwährend? Und rückwärts, seitwärts, vorwärts, nach allen Seiten? Gibt es noch ein Oben und ein Unten? Irren wir nicht wie durch ein unendliches Nichts? Haucht uns nicht der leere Raum an?» (*Die fröhliche Wissenschaft*, § 125)

Der tolle Mensch meint, wir, die Urheber des Gottesmordes, müßten uns fragen, ob diese Tat nicht zu groß für uns sei und ob wir nicht selbst zu Göttern werden müßten, wenn wir sie uns zutrauen wollen. So zu fragen ist aber nur sinnvoll, wenn man die Rede vom Tod Gottes wörtlich auffaßt. Versteht man sie jedoch als Schwinden des Gottesglaubens, ist klar, daß man nicht göttlich sein muß, um diesen Prozeß zu unterstützen. Nietzsches Wortwahl ist auch deshalb bemerkenswert, weil mit ihr der Wahn anklingt, selbst göttlich werden zu können. Er wird zwar zunächst zurückgewiesen, beherrscht aber Nietzsches Denken in der Zeit seines Zusammenbruchs uneingeschränkt (siehe unten).

Das Ereignis, das Nietzsche «Tod Gottes» nannte, hat für ihn aber auch einen positiven Aspekt: «Wir Philosophen und ‹freien Geister› fühlen uns bei der Nachricht, daß der ‹alte Gott› tot ist, wie von einer neuen Morgenröte angestrahlt ... – endlich erscheint uns der Horizont wieder frei, gesetzt selbst, daß er nicht hell ist, endlich dürfen unsre Schiffe wieder auslaufen, auf jede Gefahr hin auslaufen, jedes Wagnis des Erkennens ist wieder erlaubt, das Meer, unser Meer liegt wieder offen da, vielleicht gab es noch niemals ein so ‹offenes Meer›.» (*Die fröhliche Wissenschaft*, § 343)

Der positive Aspekt des Gottestods läßt sich mit dem negativen, den Nietzsche so ergreifend zum Ausdruck brachte, nicht in Einklang bringen; er löst die negative Sicht ab und überwindet sie zugunsten einer bejahenden Einstellung. Diesen Schritt tat Nietzsche allerdings erst fünf Jahre nach Erscheinen der *Fröhlichen Wissenschaft*, nämlich in der zweiten Auflage des Werkes. In diesem Zeitraum war *Also sprach Zarathustra* entstanden, jenes Werk, in dem die unbedingte, von Jenseits- und Gottesglauben unabhängige Bejahung des Daseins proklamiert wird. Um das Dasein vorbehaltlos bejahen zu können, bedarf es keines objektiven, von Gott gestifteten Sinns des Seins, denn der Mensch kann für sich einen Sinn erzeugen. Er kann sich und der menschlichen Gattung ein Ziel setzen, im Hinblick auf welches sich das Dasein als sinnvoll bejahen läßt. Dieses Ziel ist in Nietzsches Augen die Überwindung des gegenwärtigen Menschen durch die Hinwendung zum Übermenschen. Der Tod Gottes ist in dieser Perspektive positiv, weil durch ihn dem Menschen die Verantwortung für sein Leben zurückgegeben wird. Der vom Gottesglauben entlastete Mensch kann die Aufgabe übernehmen, jene Wahrheiten und Werte zu schaffen, an denen er sich orientieren kann.

Nachdem der alte Gott gestorben ist, hält Nietzsche die Geburt eines neuen Gottes, das heißt die Entstehung eines neuen Gottesglaubens, für möglich, ohne ihn antizipieren zu können, denn «noch [liegt] kein neuer Gott in Wiegen und Windeln ...» (*Also sprach Zarathustra*, Das Lied der Schwermut, 2). Nietzsche hatte die unglaubliche Kühnheit, sich selbst die Fähigkeit zur Erzeugung eines neuen Gottes- oder Götterglaubens zuzuschreiben: «... wieviele neue Götter sind noch möglich! Mir selber, in dem der religiöse, das heißt gottbildende Instinkt mitunter zur Unzeit lebendig wird: wie anders, wie verschieden hat sich mir jedesmal das Göttliche offenbart!» (Nachlaß, Mai–Juni 1888) Die maßlose Selbstüberschätzung, die aus solchen Äußerungen spricht, kündigt bereits Nietzsches wahnhafte Selbstvergottung an, die Anfang 1889 voll zum Ausbruch kam. Ein Zeugnis des Wahnsinns ist ein Brief an seinen Basler Kollegen Jacob Burckhardt, in dem es heißt: «... zuletzt wäre ich viel lieber Basler Professor als Gott; aber ich habe es nicht gewagt, meinen Privat-Egoismus so weit zu treiben, um seinetwegen die Schaffung der Welt zu unterlassen.»

Nietzsche ist es offenbar nicht gelungen, das Bedürfnis nach einem metaphysischen Halt vollkommen zu unterdrücken. Dieses Bedürfnis hat sich bei ihm nicht nur in den erwähnten Wahnvorstellungen, sondern auch in seiner Idee des Übermenschen geäußert, die an die Stelle der diskreditierten Gottesidee tritt: «Gott starb: nun wollen wir – daß der Übermensch lebe», heißt es im *Zarathustra* (*Vom höheren Menschen*, 2). So wie einst der Glaube an Gott dem Leben Sinn gegeben hat, so soll der Glaube an den Übermenschen das Dasein als sinnvoll erscheinen lassen: «Der Übermensch ist der Sinn der Erde» (*Zarathustras Vorrede*, 3). Dieser neue Sinn entspringt nicht theoretischer Einsicht, sondern beruht auf einem Wollen, durch das dem Menschen ein Ziel gesetzt wird: «Euer Wille sage: der Übermensch sei der Sinn der Erde.» Der Wille setzt Ziele, und wo man sich an Zielen orientieren kann, da hat das Handeln einen Sinn.

Da aber die Wirklichkeit an sich sinnlos ist, bleibt der willentlich erzeugte Sinn subjektiv. Nietzsche hätte folgerichtig sagen müssen, daß der Mensch auf Sinn gar nicht angewiesen sei. Gelegentlich hat er wirklich diese Auffassung vertreten, so wenn er schreibt: «Es ist ein Gradmesser von Willenskraft, wieweit man des Sinnes in den Dingen entbehren kann, wieweit man in einer sinnlosen Welt zu leben aushält: weil man ein kleines Stück von ihr selbst organisiert.» (Nachlaß, Herbst 1887)

Am Anfang des Jahrhunderts, in das Nietzsches Leben fällt, spielten idealistische Auffassungen nicht nur in der Philosophie, sondern in der Kultur im allgemeinen noch eine wichtige Rolle; an seinem Ende war der Idealismus und mit ihm der Glaube an eine erfahrungsjenseitige Wirklichkeit durch Materialismus, Naturalismus und Positivismus weitgehend in den Hintergrund gedrängt. Nietzsche, der wie ein empfindlicher Seismograph auf Änderungen der geistigen Situation reagierte, hat ungeachtet der Tatsache, daß seine Formulierungen manchmal überspitzt und inhaltlich angreifbar sind, Tendenzen der damaligen Kultur zutreffend beschrieben. Das gilt insbesondere für den Nihilismus in der damaligen Kultur, mit dem auch die mit der Wendung «Tod Gottes» gemeinte Entwicklung zusammenhängt. Doch auch wenn man Nietzsches Diagnose akzeptiert, läßt sich nicht übersehen, daß sie nicht zu einer brauchbaren Therapie führt. Nietzsche glaubte, durch einen Willensakt, durch ein voluntatives Ja zum Dasein, einen neuen Sinn des Daseins stiften zu können. Aber der Wille allein kann keinen Sinn erzeugen. Daher war das Scheitern seines Versuchs, nach dem Tode Gottes dem Dasein einen neuen Sinn zu verleihen, unvermeidlich.

Nietzsche hat es vermocht, das, was mit ihm heute viele den «Tod Gottes» nennen, nicht nur den Zeitgenossen, sondern auch den Späteren ins Bewußtsein zu rufen. Seine Erklärung des mit dieser Wendung gemeinten Vorgangs als Aspekt der allgemeinen Dekadenz in unserer Kultur muß man nicht akzeptieren, doch daß der Gottesglaube, mindestens in unserem Kulturkreis, in der jüngeren und jüngsten Vergangenheit immer häufiger in Frage gestellt wurde, läßt sich kaum übersehen. Die Ursachen des «Todes Gottes» sind mannigfaltig und können hier nicht erörtert werden. Doch selbst wenn sie hinreichend erkannt werden könnten, wäre noch nichts zu der Frage gesagt, ob die zum Tod Gottes führende Entwicklung rückgängig gemacht oder wenigstens aufgehalten werden kann.

19

Argumentieren mit dem Schürhaken
Der Umgang mit philosophischer Kritik

Im Oktober 1946 hielt Karl Popper im Moral Science Club an der Universität Cambridge einen Vortrag, in dem es um die Auffassung philosophischer Probleme als Folge von Irreführungen durch die Sprache ging. Diese Ansicht wurde in radikaler Form von Ludwig Wittgenstein (1889–1951) vertreten, der Popper zu dem Vortrag eingeladen hatte. Als Wittgenstein seine Auffassung in Frage gestellt sah, unterbrach er den Vortragenden, um ihm zu widersprechen. Dabei fuchtelte er mit einem Schürhaken herum, der neben dem offenen Kamin des Vortragsraumes gelegen hatte, und verlieh damit seinen Einwänden Nachdruck. Er forderte Popper auf, philosophische Sätze zu nennen, die sich nicht auf sprachliche Konfusionen zurückführen lassen. Erkenntnistheoretische Sätze, die Popper anführte, akzeptierte Wittgenstein nicht. Popper erwähnte darauf Sätze der Moral und nannte als Beispiel den Satz «Man soll einen Gast nicht mit dem Schürhaken bedrohen» (Popper: *Ausgangspunkte*, 1979). Wittgenstein fühlte sich mißverstanden und verließ verärgert den Raum. Der ebenfalls anwesende Bertrand Russell unterstützte Poppers Auffassung; er hatte Wittgensteins Ansicht seit jeher abgelehnt.

Möglicherweise hat Popper den Vorfall nicht ganz unvoreingenommen geschildert, denn andere Augen- und Ohrenzeugen stellten ihn etwas anders dar. Aus allen Berichten geht aber hervor, daß Wittgenstein nicht bereit war, seine Auffassung ernsthaft zur Diskussion zu stellen. Popper stand ihm in dieser Hinsicht wohl nicht nach, denn obwohl er immer wieder den hypothetischen Charakter aller wissenschaftlichen und philosophischen Auffassungen und deren mögliche Korrekturbedürftigkeit betonte, soll er Kritik gegenüber recht empfindlich gewesen sein.

Wittgensteins Griff nach dem Schürhaken bedeutete selbstverständlich keine reale Bedrohung, ist aber insofern interessant, als er deutlich zeigt, wie schwer es manchmal fällt, Meinungen, die der eigenen Überzeugung zuwiderlaufen, ernst zu nehmen – was natürlich nicht heißt, ihnen zuzustimmen. Beispiele lassen sich leicht finden.

Descartes hat durch die Veröffentlichung von Einwänden kompetenter Zeitgenossen gegen die *Meditationen über die Erste Philosophie* ein eindrucksvolles Beispiel der Bereitschaft zu einer offenen Auseinandersetzung gegeben. Doch selbst er hat seine philosophischen Auffassungen nicht nur argumentativ verteidigt, sondern gelegentlich auch gereizt auf Kritik reagiert. In den meisten Fällen bemühte er sich um Gelassenheit und suchte den Kritikern rein sachlich Mißverständnisse oder Irrtümer nachzuweisen. In einem Fall reagierte er jedoch ungehalten, nämlich in der Auseinandersetzung mit Pierre Gassendi (1592–1655), der an die Atomistik des Altertums anknüpfte und es wagte, eine materialistische Position einzunehmen, wozu damals noch Mut gehörte. Anders als Descartes, der im Denken das Wesen einer geistigen Substanz erblickte, sah Gassendi im Bewußtsein eine Begleiterscheinung körperlicher Vorgänge und wies daher die Cartesianische Annahme eines mit dem Körper verbundenen, von diesem aber wesentlich verschiedenen Geistes zurück. Gassendi spielte auf diese Auffassung an, wenn er mit leichter, aber nicht verletzender Ironie Descartes mit «verehrter Geist» oder «Seele» (o anima) anredete. Descartes reagierte scharf: «Du unternimmst es, mich mit einer nicht unwitzigen Personifizierung nicht mehr als ganzen Menschen, sondern als isolierte Seele zu befragen. Dadurch willst Du mich wohl daran erinnern, daß diese Einwände nicht von dem Geist eines subtilen Philosophen, sondern allein vom Fleisch erhoben worden sind.» Wenn Descartes Gassendi mit «o Fleisch» anredet, ist das nicht nur die Revanche für die Wendung «o Geist», denn bei der von Descartes verwendeten Anrede klingt zweifellos die moralisch negative Bedeutung an, die das Wort «Fleisch» in der christlichen Moral hatte. Descartes schloß seine Erwiderungen sehr selbstbewußt: «Im übrigen habe ich mich gefreut, daß von einem so berühmten Mann in einer so langen und sorgfältig geschriebenen Untersuchung kein Grund beigebracht wurde, der meinen Gründen entgegenstünde, und auch kein Grund gegen meine Folgerungen, auf den zu entgegnen mir nicht ein leichtes gewesen wäre.» (*Fünfte Erwiderungen* auf Einwände gegen die *Meditationen*) So einfach läßt sich die Kritik jedoch nicht erledigen, denn in der Metaphysik gibt es keine definitive Begründung, sondern letzten Endes immer nur mehr oder weniger gut gerechtfertigte Optionen. Descartes war weit davon entfernt, dies einzuräumen, weshalb er auch nicht bereit war, Gassendis Auffassung als Alternative zu seiner Position ernst zu nehmen.

Empört reagierte auch Benedictus (Baruch) de Spinoza (1632–1677) auf die Zumutung, sich auf eine der seinen völlig entgegengesetzte Denkweise einzulassen. Ein früherer Anhänger namens Albert Burgh, der zum Katholizismus konvertiert war und nun die Spinozanische Philosophie entschieden ablehnte, wollte Spinoza für die christliche Religion gewinnen. Er betrachtete Spinozas Philosophie als Hirngespinst, ja als Verirrung. In einem langen Brief fragte er Spinoza, wie er denn wissen könne, daß seine Philosophie die beste sei unter allen Systemen, die man je lehrte, gegenwärtig lehrt oder in Zukunft lehren wird. Er stellte mit einem Wort den von Spinoza in bezug auf seine Metaphysik erhobenen Anspruch absoluter Wahrheit in Frage. Allerdings begnügte er sich nicht mit formaler Kritik, sondern erhob inhaltliche Vorwürfe, die Spinoza mit Recht scharf zurückgewiesen hat. Er forderte ihn nämlich in zudringlicher Weise (wohl mit dem Blick auf Spinozas Bibelkritik) auf, seine Irrtümer aufzugeben und sich der Kirche anzuschließen: «Gehen Sie in sich …, erkennen Sie Ihre weise Torheit und Ihre wahnwitzige Weisheit; werden Sie aus einem Hochmütigen zu einem Demütigen.» Nur auf diese Weise könne der Philosoph vor der ewigen Verdammnis gerettet werden. (*Briefwechsel*, 67. Brief)

Spinoza wies den Versuch weltanschaulicher Beeinflussung mit aller Entschiedenheit zurück: «Ich erhebe nicht den Anspruch, die beste Philosophie ersonnen zu haben, sondern ich weiß, daß ich die wahre erkenne.» (76. Brief) Zugunsten dieses Anspruchs beruft er sich auf die Vernunft als Einsicht in den Unterschied von wahr und falsch: Das Wahre ist das Kennzeichen (index) seiner selbst und des Falschen. Er ist fest überzeugt, daß die Grundlagen seiner Philosophie unbedingt wahr sind, und sieht daher keinen Raum für andere mögliche Auffassungen. Sicherlich war er im Recht, wenn er Burghs Bekehrungsversuch scharf zurückwies und sich gegen die Zudringlichkeit des Konvertiten verwahrte. Doch abgesehen von diesem Aspekt der Kontroverse läßt sich fragen, ob Burgh nicht recht hatte, wenn er meinte, Spinoza vertrete nicht *die* Philosophie, sondern *eine* Philosophie.

Auch Kant hat, trotz einer gewissen Bereitschaft zur Relativierung metaphysischer Konzeptionen, der Tendenz zur Absolutsetzung der eigenen Ansicht nachgegeben. Zwar stellte er die Auffassung, daß Grundbegriffe und Grundsätze der Philosophie nicht der Wirklichkeit abgelesen, sondern ihr vorgeschrieben werden, zunächst als Hypothese dar, meinte schließlich jedoch, daß sie definitiv als wahr erkannt werden könne. So wie eine Entscheidung zwischen konkurrierenden naturwissenschaftlichen Theorien unter Umständen mit Hilfe von Experimenten herbeigeführt werden kann, so gibt es nach Kant auch in der Metaphysik der Erkenntnis ein Experimentum crucis.

Kants Überlegung verläuft, aufs kürzeste ausgedrückt, so: Nimmt man den Standpunkt der rationalistischen Metaphysik ein, stößt man auf Widersprüche. Zum Beispiel soll sich beweisen lassen, daß die Welt einen Anfang gehabt haben muß und daß sie keinen Anfang gehabt haben kann. Wenn aber aus einer Auffassung ein Widerspruch folgt, kann sie nicht wahr sein. Im Rahmen von Kants kritischer Philosophie tritt diese Schwierigkeit nicht auf, weshalb diese anerkannt und der rationalistischen Metaphysik vorgezogen werden muß.

In der Rückschau zeigt sich, daß Kants Philosophie, insbesondere seine Metaphysik der Erfahrung, keineswegs endgültig begründet war. So wurde klar, daß es zum euklidischen Raum-Begriff, von dem Kant ausging, Alternativen gibt und daß auch der von Kant zugrundegelegte Begriff der Zeit nicht der einzig mögliche ist. Schon damit war klar, daß Alternativen zur Kantischen Theorie der Erfahrung nicht ein für allemal ausgeschlossen werden können.

Endgültigkeitsansprüche sind auch für den nachkantischen Idealismus des 19. Jahrhunderts charakteristisch. Um so bemerkenswerter ist es, daß Arthur Schopenhauer (1788–1860) metaphysische Entwürfe als Annahmen erkannt hat. Sie sind hypothetisch, weil sie nicht völlig losgelöst von der Erfahrung sein können und weil Erfahrungssätze immer hypothetischen Charakter haben. Er schwächte seine Ansicht jedoch in einer Weise ab, die erkennen läßt, daß er noch dem Ideal einer unbedingt wahren Metaphysik verpflichtet war. Hypothetisch sind seiner Ansicht nach nämlich nur metaphysische Deutungen *einzelner* Erfahrungen; eine Metaphysik, die sich auf die Erfahrung *im allgemeinen* bezöge, wäre dagegen notwendig wahr (*Die Welt als Wille und Vorstellung*, Bd. II, Kap. 17). Eine solche umfassende und zutreffende Interpretation der Erfahrung meinte Schopenhauer gefunden zu haben, weshalb er überzeugt war, die einzig wahre Metaphysik zu vertreten. Entsprechend hart ging er mit Vertretern anderer metaphysischer Auffassungen ins Gericht. Abweichende Auffassungen, wie er sie bei Fichte oder Hegel fand, auch nur als Denkmöglichkeiten gelten zu lassen, kam für ihn nicht in Frage. Das zeigt sich in der Art, wie er gegen sie polemisierte. Es gibt keinen anderen Philosophen, der so herabsetzend über Vertreter konkurrierender Denkweisen gesprochen hätte wie Schopenhauer; er erklärte sie für Windbeutel, Scharlatane und Betrüger.

Faßt man metaphysische Deutungen ausnahmslos als Annahmen auf, dann wird der Glaube an definitive Begründungen im Bereich der Philosophie hinfällig. Die Einnahme eines bestimmten Standpunkts hat letztlich den Charakter einer Option. Damit ist kein blinder Willensakt gemeint, sondern eine auf der Abwägung von Gründen und Gegengründen beruhende Entscheidung, die aber nicht unabänderlich ist. Von diesem Standpunkt aus ist der Anspruch, grundlegende Sätze definitiv begründen zu können, ungerechtfertigt. Das heißt nicht, daß man nicht berechtigt wäre, eine bestimmte metaphysische Position einzunehmen und sie zu verteidigen; es heißt nur, daß Alternativen zur eigenen Position als möglich und Optionen als revidierbar zu betrachten sind.

Mit dieser Betrachtungsweise wird eine Auffassung auf metaphysische Entwürfe übertragen, die von Karl Popper und anderen vor allem in bezug auf einzelwissenschaftliche Theorien zur Geltung gebracht wurde. Popper hat betont, daß auch die am besten bewährten Theorien unsicher sind und sich daher möglicherweise als falsch erweisen können. Die Übertragung dieser Denkweise – des Fallibilismus – auf metaphysische Konzeptionen ist möglich, obwohl zwischen wissenschaftlichen und metaphysischen Theorien ein wichtiger Unterschied besteht: Die letzteren lassen sich nur im Hinblick auf ihren Erklärungswert beurteilen. Vernünftigerweise wird man für jene Auffassung optieren, die befriedigendere Erklärungen liefert und mit weniger Voraussetzungen auskommt als konkurrierende Ansichten. Da jedoch kein objektives Kriterium für die Beurteilung des Erklärungswerts philosophischer Annahmen zur Verfügung steht, sind philosophische Optionen immer bis zu einem gewissen Grade subjektiv. Wenn man bereit ist, sie so zu betrachten und damit zu relativieren, wird es leichter sein, Ansichten, die mit den eigenen konkurrieren, nicht von vornherein zurückzuweisen, sondern sie mit Hilfe von Argumenten und ohne den Einsatz eines Schürhakens zu beurteilen.

20

Mit dem kategorischen Imperativ gut gefahren?

Sittliche Pflicht und Neigung

Der berühmte Philosoph und Theoretiker der Geisteswissenschaften Wilhelm Dilthey (1833–1911) forderte einmal einen Prüfungskandidaten auf, sich zu Kants Kategorischem Imperativ zu äußern. Der Examinand wußte offenbar keine angemessene Antwort und suchte in seiner Verlegenheit sein Heil in einer Ausflucht: Was ihn betreffe – er sei mit dem Kategorischen Imperativ immer «ganz gut gefahren» (mündlich berichtet von Erich Rothacker).

Wer auch nur oberflächlich mit Kants Lehre vom Kategorischen Imperativ vertraut ist, wird das Groteske dieser Antwort sogleich bemerken: Nach Kant sollen wir in moralisch relevanten Fällen allein aus Achtung vor dem Sittengesetz handeln, somit unabhängig von Neigungen, von der Hoffnung auf Lustgewinn oder Unlustvermeidung und von Nützlichkeitserwägungen, das heißt, ohne Rücksicht darauf, ob man dabei «gut fahren» zu können meint oder nicht. Ein Entschluß mag noch so viel Lusteinbuße nach sich ziehen, er mag den Neigungen – das heißt den empirischen Interessen – zuwiderlaufen oder ökonomische Nachteile mit sich bringen; wenn er aus Pflichtbewußtsein erfolgt, soll man ihn allen solchen Interessen zum Trotz fassen und entsprechend handeln.

Was hätte Diltheys Prüfling antworten sollen? Er hätte natürlich zunächst eine von Kants berühmten Formeln des Kategorischen Imperativs anführen können, etwa «Handle nur nach derjenigen Maxime, durch die du zugleich wollen kannst, daß sie ein allgemeines Gesetz werde» (*Grundlegung zur Metaphysik der Sitten*, II). Er hätte dann darauf hinweisen können, daß mit diesem Grundsatz nur die Form, nicht unmittelbar der Inhalt des Sittengesetzes bestimmt wird, nämlich die strenge Allgemeingültigkeit moralischer Gebote und Verbote: Moralische Regeln gelten unbedingt für einen jeden in einer bestimmten Situation. Imperative, die diesem Erfordernis nicht genügen, haben nicht moralischen Charakter. Mit Hilfe des Kategorischen Imperativs ist es aber möglich, praktische Regeln einem Test zu unterwerfen und diejenigen auszusondern, die nicht als moralische Gebote gelten können. Dieser Test besteht darin, daß man prüft, ob bei der Verallgemeinerung einer Regel ein Widerspruch auftritt; ist das der Fall, ist sie keine moralische Regel. Läßt sie sich widerspruchsfrei verallgemeinern, heißt das jedoch nicht, daß es sich um eine moralische Norm handelt: Die Universalisierbarkeit ist notwendige, aber nicht hinreichende Bedingung des moralischen Charakters einer praktischen Regel.

Wenn zum Beispiel jemand nach der Regel handelt, im Notfall dürfe man, um ein Darlehen zu erhalten, wahrheitswidrig versprechen, den geliehenen Betrag innerhalb einer bestimmten Frist zurückzahlen zu können, stößt die Verallgemeinerung auf Schwierigkeiten. Gälte sie allgemein und wären lügnerische Versprechungen erlaubt, würde niemand mehr Darlehen auf Treu und Glauben gewähren. Die Verallgemeinerung der Regel «Du darfst bei Bedarf lügenhafte Versprechungen abgeben» würde dazu führen, daß es keine Darlehensvergabe ohne Garantien mehr gäbe; sie führt sich selbst ad absurdum und zeigt, daß diese Regel aus der Menge moralischer Normen auszusondern ist.

Hier scheint auf den ersten Blick eine Bewertung im Licht von Handlungsfolgen vorzuliegen. Doch bei genauerem Hinsehen zeigt sich, daß der Widerspruch im Wollen liegt: Einerseits will, wer etwas verspricht, daß die praktische Regel, keine betrügerischen Versprechungen zu machen, allgemein gilt; andererseits will der Darlehensnehmer sich von der Geltung der Regel ausnehmen. Er will etwas und will es zugleich nicht.

Die mit dem Kategorischen Imperativ in bezug auf sittliche Gebote und Verbote erhobene Forderung strenger Allgemeingültigkeit hat zur Folge, daß neigungsbedingte praktische Regeln nicht als sittliche Imperative gelten können. Neigungen sind subjektiv und, wie die Erfahrung lehrt, von Mensch zu Mensch oft sehr verschieden. Selbst wenn alle Menschen faktisch dieselben Neigungen hätten, wäre diese Übereinstimmung nicht notwendig und auf sie gestützte Regeln nicht streng allgemeingültig. Solche Regeln wären auch nicht zeitlos gültig. Wäre nämlich zum Beispiel die Wahrheitspflicht neigungsbedingt, könnte sie sich mit den Neigungen ändern. Als moralische Norm im Sinne der Pflichtethik kann sie aber nur verstanden werden, wenn sie unbedingt gültig, somit unabhängig von Neigungen ist.

Die Pflichtethik war in ihrer kantianischen Form niemals unbestritten, oft vor allem deshalb, weil ihr unterstellt wurde, die Neigungen – das sinnliche Begehren, das emotional bedingte Streben – dem vernünftigen Handeln zu opfern. Dieser Vorwurf trifft Kant jedoch nicht. Das gilt auch für Friedrich Schillers Kritik am Kategorischen Imperativ. In zwei bekannten Distichen hat er die Pflichtethik nicht so sehr kritisiert als vielmehr karikiert, ja entstellt. Er formuliert den folgenden «Gewissensskrupel»:

«Gerne dien ich den Freunden, doch tu ich es leider mit Neigung, / Und so wurmt es mir (!) oft, daß ich nicht tugendhaft bin.»

Als Lösung empfiehlt er:

«Da ist kein anderer Rat; du mußt suchen, sie zu verachten, / Und mit Abscheu alsdann tun, wie die Pflicht dir gebeut.»

Schiller verkennt oder verschweigt, daß nach Kant der Gegensatz zwischen Pflichtgebot und Neigungen nicht Bedingung sittlich richtigen Handelns, sondern nur Bedingung *der Erkenntnis* eines solchen Handelns ist. Wenn jemand gegen alle seine Neigungen der sittlichen Pflicht folgt, ist klar, daß sein Motiv nur die Achtung vor dem Sittengesetz sein kann. Hält man sich das vor Augen, erledigt sich auch der Vorwurf, die Ethik der reinen Pflicht gehe an der Tatsache vorbei, daß zur menschlichen Person auch all das gehört, was mit dem Namen «Neigung» gemeint wird und oft durchaus anerkennenswert ist. Wenn Pflicht und Neigung in dieselbe Richtung weisen, beeinträchtigt das nach Kant keineswegs den sittlichen Charakter einer Entscheidung. Zu bedenken ist auch, daß Kant das Verlangen nach Glück nicht verdammt hat. Als Motiv sittlicher Entscheidungen kann es zwar nicht gelten, aber wir dürfen hoffen, durch sittliches Handeln des Glücks würdig zu werden.

Nach Glück zu streben und sich an Nützlichkeitserwägungen zu orientieren ist nicht verwerflich; oft ist es sogar geboten, die Folgen von Handlungen zu berücksichtigen und nach Vor- und Nachteilen von Entscheidungen zu fragen. Unter Umständen ist es verantwortungslos, etwas zu unternehmen, das möglicherweise oder sogar mit großer Wahrscheinlichkeit nachteilige Folgen für den Handelnden oder für andere hat. Das gilt aber nur für Entscheidungen, die nicht dem Sittengesetz zuwiderlaufen. Wenn ein Geschäftsmann überlegt, ob er einen Abschluß tätigen soll oder nicht, wird er nach der für sein Unternehmen vorteilhaftesten Regelung suchen, und er darf das auch, solange die Suche innerhalb der von Moral und Recht gezogenen Grenzen verbleibt. Doch in Situationen, in denen das Streben nach Vorteilen oder nach Nachteilsvermeidung mit moralischen Forderungen in Konflikt gerät, verlangt die Ethik, Nützlichkeitsüberlegungen dem Sittengesetz unterzuordnen, so wie bei Verstößen gegen das Recht alle

Nützlichkeitserwägungen zugunsten der positiven Gesetze zurückzustehen haben.

So wichtig der Kategorische Imperativ auch ist, so verfehlt wäre es, seine Rolle überzubewerten. Er ist ein Prinzip, das es ermöglicht, aus formalen Gründen gewisse Regeln aus dem Bereich moralischer Gebote auszuschließen; er hat aber keine positive Funktion bei der Begründung moralischer Auffassungen, das heißt, er reicht nicht hin, bestimmte Gebote und Verbote zu begründen. Hierzu bedarf es eines wertkonstitutiven Prinzips, und als solches fungiert bei Kant das Prinzip der Würde des Menschen, das besagt: «Handle so, daß du die Menschheit [d. h. das reine Wesen des Menschen] sowohl in deiner Person, als in der Person eines jeden andern jederzeit zugleich als Zweck, niemals bloß als Mittel gebrauchst.» (*Grundlegung zur Metaphysik der Sitten*, II) Die Würde des Menschen besteht darin, daß er keine Sache ist und daher auch nicht wie eine Sache – als bloßes Mittel zu einem Zweck – behandelt werden soll. Würde im ethischen Sinne ist ein Wert, der keinen Preis hat. Würde hat der Mensch, sofern er sittlich autonom ist, das heißt, sofern er nur moralischen Gesetzen gehorcht, die auf der reinen praktischen Vernunft beruhen. Das Prinzip der Würde ist keine entbehrliche Zutat zur Kantischen Ethik, sondern gehört zu ihren Grundgedanken.

Wie das Prinzip der Würde in der Ethik angewandt werden kann, läßt sich anhand des oben erwähnten Beispiels vom lügenhaften Versprechen erläutern: Wer sich ein Darlehen zu erschleichen sucht, indem er Rückzahlung zu einem bestimmten Termin verspricht, obwohl er weiß, daß das unmöglich ist, bedient sich des Darlehensgebers als eines bloßen Mittels. Andere Beispiele liegen nahe: Wer anderen Menschen ihre Freiheit nimmt und sie versklavt, beraubt sie ihrer Würde, ebenso wie jemand, der andere Menschen zu seinen neigungsbedingten Zielen manipuliert und instrumentalisiert.

Kants Erörterung der Würde als Moralprinzip weist allerdings eine Schwäche auf: Daraus, daß die Person keine bloße Sache ist, folgt nicht das Verbot, sie als bloßes Mittel zu gebrauchen. Die Forderung, die Würde der Person zu achten, kann nur postuliert werden.

Ein solches Postulat ist nicht bedeutungslos, denn es kann der Suche nach angemessenen Formulierungen bestimmter moralischer Gebote die Richtung weisen. Unter der Leitung der Idee der Würde läßt sich ein allgemeiner Rahmen sittlichen Sollens entwerfen, der zwar nicht unmittelbar konkrete moralische Regeln an die Hand gibt, der aber den Bereich abgrenzt, innerhalb dessen sich die Suche nach ihnen zu halten hat. Wie sich das in der Praxis auswirkt, zeigt die Rolle des im Grundgesetz der Bundesrepublik Deutschland formulierten Prinzips der Unantastbarkeit der menschlichen Würde. Dieses Prinzip ist so allgemein, daß mit seiner Hilfe Entscheidungen und Handlungen meist nicht direkt beurteilt werden können; es muß konkretisiert werden, das heißt, man muß angeben, was in besonderen Fällen als Verletzung der Würde der Person zu gelten hat. Diese Konkretisierung läßt sich nicht dogmatisch vornehmen; sie erfolgt aber auch nicht willkürlich, da sie in einem bestimmten, durch Traditionen geprägten gesellschaftlichen Zusammenhang zustande kommt. Die Meinungen gehen dabei oft weit auseinander, doch zeigt die Erfahrung, daß es in grundlegenden Fragen immer wieder zur Annäherung an einen Konsens kommt, auf den sich der Gesetzgeber beziehen kann, wenn er auf das Prinzip der Würde gestützte Imperative zu Normen des positiven Rechts macht.

Dilthey hat den Prüfungskandidaten mit der Frage nach dem Kategorischen Imperativ in schwieriges Gelände geführt, ist doch die Ethik keine einheitliche philosophische Disziplin. So konkurriert auch die Pflichtethik, in der der Kategorische Imperativ eine Rolle spielt, mit verschiedenen anderen ethischen Positionen. Zwar gibt es auch in anderen Bereichen der

Philosophie divergierende Positionen, aber man kann sagen, daß in keinem anderen Bereich der Philosophie so viele Denkweisen miteinander konkurrieren wie in der Ethik. Utilitaristische Ethik, Wertethik, eudämonistische und hedonistische Ethik, Ethik des gelingenden Lebens usw. haben nicht viel mehr als den Namen «Ethik» gemeinsam, nicht zu vergessen die deskriptive Ethik, die sich darauf beschränkt, moralische Auffassungen zu beschreiben und ihre Entstehung womöglich zu erklären. Diese verschiedenen Positionen sind hier nicht zu erörtern, wie auch nicht auf Einwände gegen die Pflichtethik, die nicht nur von Kant vertreten wurde, eingegangen wird.

21.

In Fesseln frei
Facetten des Freiheitsproblems

Der Philosoph Epiktet (50–138), der als Sklave nach Rom gekommen war, wurde von seinem zur Gewaltsamkeit neigen-
den Herrn bei einer Auseinandersetzung an den Beinen ge-
fesselt und nach einiger Zeit gefragt, ob er wieder befreit
werden wolle. Der Philosoph erwiderte stolz: Wieso befreien?
Ich bin nicht wirklich unfrei, denn meine Seele läßt sich nicht
fesseln.

Offenbar verstanden der Herr und der Sklave unter «Freiheit» nicht dasselbe: Der erstere meint die Unabhängigkeit
von äußerem Zwang, der letztere die Unabhängigkeit des
Geistes von allem, was ihm fremd ist. Er folgt damit der Auffassung der Stoiker, die zwischen dem, was unserem Wesen
fremd und unserer Verfügung entzogen ist, und dem, was von
unserer Entscheidung abhängt, unterschieden. Wahre Freiheit
besteht nach stoischer Ansicht in der innerlichen Unabhängigkeit von allem, worüber nicht verfügt werden kann.

Zu dem, was unserer Seele fremd ist, gehören Besitz, An-
sehen, soziale und politische Stellung, aber auch der Leib; als
Eigenes gelten Denken, Wünschen, Begehren, Anerkennen,
Zurückweisen usw. Beschränkt man sich auf das dem Men-
schen Eigene und macht sich unabhängig von allen fremden
Faktoren, ist man innerlich frei (Epiktet: *Handbüchlein der
Moral*). Knapp zusammengefaßt findet sich dieser Gedanke in
Epiktets *Unterredungen* (Buch IV, 1): «Der unabhängige
Mensch ist frei ... Wer aber ist unabhängig? Wer nichts
Fremdes begehrt. Was aber ist uns fremd? Was zu haben oder
nicht zu haben ... nicht bei uns steht.»

Diese auf den ersten Blick durchaus plausibel erscheinende Auffassung ist allerdings nicht so klar, wie es wünschenswert ist. Sucht man sie zu präzisieren, zeigt sich, wie schwer es ist, scharf zwischen dem, was unserer Verfügung unterliegt, und dem, was ihr entzogen ist, zu trennen. Ob wir im Begehren, im Billigen oder Mißbilligen wirklich vollkommen unabhängig sein können, ist zweifelhaft, denn es ist kaum zu übersehen, daß wir bei solchen Akten in mannigfacher Weise von äußeren Faktoren – von ererbten Anlagen, von Erziehungseinflüssen, von Traditionen – beeinflußt sind.

Neben den erwähnten Auffassungen der moralischen Freiheit – als Abwesenheit von Zwang und als Unabhängigkeit von wesensfremden Faktoren – gibt es andere, unter denen die Auffassung der Freiheit als Willensfreiheit (liberum arbitrium, Indifferenz oder Willkürfreiheit) die bekannteste, allerdings auch die fragwürdigste sein dürfte. Der Wille ist dieser Ansicht nach frei, wenn er angesichts unterschiedlich starker Motive nicht auf den jeweils stärksten Beweggrund festgelegt ist, sondern, mit einer Mehrzahl von Beweggründen konfrontiert, einem jeden Motiv – auch dem schwächsten – nach Belieben den Vorzug zu geben vermag.

Gegen diese Auffassung – den Indeterminismus – läßt sich einwenden, daß sich der Wille nur auf etwas richten kann, das als Wert betrachtet wird, also keinesfalls auf einen Unwert. Wäre es möglich, zugunsten eines geringeren Wertes auf einen größeren zu verzichten, hieße das, einen relativen Unwert zu wählen, was der Voraussetzung nach unmöglich ist.

Diese Überlegung beruht allerdings auf der problematischen Annahme, daß Motive im Hinblick auf ihre Stärke objektiv verglichen werden können. Das ist jedoch nicht der Fall, denn anders als beim Tauschwert von Gütern, für den es einen objektiven Maßstab gibt, steht bei Motiven ein solcher Maßstab nicht zur Verfügung. Welches Motiv in einer bestimmten Situation das stärkste ist, läßt sich vor einer Entscheidung nicht ermitteln, so daß auch nicht festgestellt werden kann, ob sie durch das stärkste oder ein anderes Motiv bestimmt ist. Letzten Endes hängt die deterministische Auffassung des Wollens von der deterministischen Auffassung des Geschehens im allgemeinen ab. Das ist besonders deutlich bei Spinoza zu sehen, nach dessen Ansicht jeder Vorgang in der physischen und psychischen Natur mit Notwendigkeit erfolgt. Das ergibt sich unter seinen Voraussetzungen daraus, daß das Endliche ebenso notwendig aus der unendlichen Substanz folgt wie die Lehrsätze der Geometrie aus deren Grundsätzen. Wenn in dieser Weise gegen die Annahme der Willensfreiheit argumentiert wird, geht man von Voraussetzungen aus, die den Charakter metaphysischer Hypothesen haben, somit nicht notwendig wahr sind. Allerdings beruht die Gegenposition, der Indeterminismus, ebenfalls auf Voraussetzungen, die keineswegs unmittelbar evident sind. Will man sich auf eine vermeintlich unmittelbare innere Erfahrung berufen, dann müßte man sie als unbedingt zuverlässig erweisen können, was nicht möglich ist. Weder die Behauptung noch die Leugnung der Willensfreiheit lassen sich somit definitiv beweisen.

Die Auffassung von «Freiheit» als «Indifferenz» schien bis vor kurzem längst durch andere Freiheitsauffassungen überholt zu sein, zum Beispiel durch die empiristische, der zufolge «frei» nichts anderes bedeutet als «unabhängig von Zwang», oder durch die idealistische, von der gleich die Rede sein wird. Tatsächlich spielte dieses Problem lange Zeit in der Philosophie eine marginale Rolle. Man hätte meinen können, daß es nur dank gelegentlicher Widerlegungsversuche nicht völlig in Vergessenheit geraten ist. In letzter Zeit ist das Problem jedoch wieder aufgegriffen worden, und zwar vor allem von Vertretern der Gehirnforschung, die, ausgehend von neurologischen Erkenntnissen, meinen, den Indeterminismus widerlegen und den Determinismus beweisen oder mindestens als sehr wahrscheinliche Denkweise darstellen zu können. Daß aber die dem bewußten Erleben zugeordneten Gehirnpartien schon vor einer bewußten Wahl aktiv sein können, muß nicht bedeuten, daß das Gehirn, und nicht das bewußte Ich, entschieden habe, wie unterstellt wird. Eine solche Auffassung stößt auf das Bedenken, daß völlig unklar ist, was «entscheiden» in bezug auf das Gehirn und die in ihm ablaufenden Prozesse bedeuten soll. Vor allem ist aber einzuwenden, daß die Neurologie zwar Korrelationen zwischen physischen und psychischen Vorgängen ermitteln kann, doch nicht die ersteren als Ursachen der letzteren zu erweisen vermag.

Der Indeterminismus wurde nicht nur von naturalistischer Seite zurückgewiesen, sondern auch von einem Vertreter des Idealismus wie Arthur Schopenhauer, der überzeugt war, daß der Wille durch die Motive und durch den Charakter, auf den die Motive treffen, eindeutig determiniert sei; ein nicht determinierter Willensakt wäre ein Vorgang ohne allen Grund, und ein solcher ist undenkbar.

Um den illusorischen Charakter der Annahme des freien Willens zu verdeutlichen, hat sich Schopenhauer eines anschaulichen Beispiels bedient. Angenommen, das Wasser eines Tümpels wäre imstande zu reden, dann könnte es sagen: Ich, das Wasser, kann gewaltige Wellen schlagen oder hoch emporsteigen. Das könnte es, aber nur, wenn es Wasser des Meeres oder Wasser eines Springbrunnens wäre. Da es beides nicht ist, bleibt es, was es ist: das Wasser eines Tümpels. Ähnlich könnte ein braver Bürger nach Feierabend sagen: Ich könnte ins Theater gehen oder einen Freund besuchen oder auf Nimmerwiedersehen in die weite Welt hinausziehen. Er könnte das wohl, wenn die entsprechenden Motive vorhanden wären und die Randbedingungen es möglich machten; solange das jedoch nicht der Fall ist, wird er wie alle Tage abends nach Hause zu Frau und Kindern gehen. Das ist allerdings, wie gleich gezeigt werden soll, nur ein Aspekt von Schopenhauers

Ethik, in der es Raum für eine andere Auffassung der moralischen Freiheitsidee gibt.

Nach idealistischer Ansicht, die auch Schopenhauer vertrat, läßt sich in zweierlei Bedeutung von «Freiheit» sprechen: Einmal wird Freiheit als Unabhängigkeit von determinierenden Motiven aufgefaßt, zum anderen wird sie als Zugehörigkeit zu einem von der Natur verschiedenen Bereich, in dem das Kausalitätsprinzip nicht gilt, verstanden. Freiheit im ersten Sinn kann es nicht geben, denn in der Erfahrungswelt gilt der Satz, daß nichts ohne hinreichenden Grund sein oder geschehen kann. Freiheit im zweiten Sinn ist möglich, jedoch nur, wenn man einen von der empirischen Wirklichkeit wesentlich verschiedenen Seinsbereich anerkennt.

Einen ersten Schritt in die Richtung dieser Auffassung hat Kant getan. Er betrachtete den Menschen insofern als frei, als er nicht nur dem Reich der Natur, sondern als Vernunftwesen einem anderen «Reich» angehört, das naturgesetzlicher Notwendigkeit entzogen ist und in dem es Kausalität aus Freiheit im Sinne spontanen Beginnens einer Folge von Ursachen und Wirkungen gibt. Der Mensch hat, wie er formulierte, einen Doppelcharakter: einen empirischen Charakter als Angehöriger der Erfahrungswelt und einen intelligiblen Charakter, der ihm als sittlich verantwortlichem Wesen eignet. Der Mensch ist gleichsam Bürger zweier Welten.

An die Annahme eines die Erfahrungswirklichkeit transzendierenden («intelligiblen») Charakters knüpften idealistische Philosophen nach Kant, wie Schelling oder Schopenhauer, an; sie meinten, der Mensch mache sich in einem von Raum und Zeit unabhängigen Akt zu dem, was er ist. So beschränkte Schopenhauer die deterministische Ansicht auf das Handeln in der Erscheinungswelt. Die ursächliche Bestimmtheit der Willensentscheidungen durch den Charakter des Wollenden und durch dessen Motive besteht nur beim empirischen Willen; sofern der Mensch, wie Schopenhauer meint, nicht nur der Erscheinungswelt, sondern zugleich der ihr zugrundeliegenden Wirklichkeit angehört, ist er unabhängig vom Kausalitätsprinzip und in diesem Sinne frei. Das Tun des Menschen in der Zeit ist eindeutig determiniert; frei ist nur der jenseits der Zeit vollzogene Akt der Entscheidung für eine bestimmte Weise des Seins.

Diese Auffassung hat in der weiteren Entwicklung der Ethik keine Rolle gespielt. Das ist verständlich, denn die Annahme einer Wahl jenseits von Zeit und Raum ist nicht begründet und vielleicht nicht einmal sinnvoll. Kant war vorsichtiger: Seiner Ansicht nach soll der Mensch als moralisches Wesen so betrachtet werden, *als ob* er nicht nur der Erfahrungswelt, sondern zugleich einem Bereich jenseits derselben angehöre.

Von Freiheit kann aber die Rede sein, ohne daß dabei auf die Annahme einer vor aller Zeit erfolgten Wahl – ganz zu schweigen von der Annahme einer Willensfreiheit im herkömmlichen Sinne – zurückgegriffen werden müßte. Man braucht nur einzuräumen, daß es einen Aspekt der Person gebe, durch den sie von Sachen grundsätzlich unterschieden ist und der sich der naturwissenschaftlichen Denkweise entzieht. Die Naturwissenschaften haben es mit quantitativen oder quantifizierbaren Verhältnissen zu tun; für die normativen Zusammenhänge im Bereich der Moral sind sie nicht zuständig. Im Gewissen, das heißt im Bewußtsein sittlichen Sollens, erfährt sich der Mensch als Adressat von Geboten, die ihn verpflichten, ohne daß dies kausal erklärt werden könnte. Daß der Mensch sich als moralisch verantwortlich für seine praktischen Entscheidungen fühlen kann, zeigt, daß er frei ist, das heißt, daß er nicht in dem aufgeht, was die Naturwissenschaft über ihn sagen kann.

Frei in diesem Sinne ist der Mensch nicht nur als moralisch Handelnder, sondern auch als Erkennender. Im Streben nach Erkenntnis sucht er zwar die Wirklichkeit zutreffend zu beurteilen und ist insofern durch sie determiniert; doch die erkennbare Wirklichkeit wird nicht einfach vorgefunden, sondern vom Erkennenden der Form nach entworfen. Nach dieser Auffassung, die Kant als erster klar vertreten hat, ist der Mensch, indem er etwas von der Wirklichkeit erkennt, keineswegs rein passiv, sondern immer zugleich aktiv; er legt sich vor aller bestimmten Erfahrung auf eine Auffassung des Raumes, der Zeit, der Ursächlichkeit und der anderen Kategorien fest. Was er erkennt, beruht auf Deutungen innerhalb des kategorialen Rahmens.

In dieselbe Richtung weist die von Jean-Paul Sartre (1905–1980) vertretene Auffassung der Freiheit als Fähigkeit, eine Welt zu entwerfen. Er lehnt nicht nur die Annahme einer Willensfreiheit ab, sondern bezieht den Begriff der Freiheit gar nicht in erster Linie auf den Willen, sondern auf den Entwurf des menschlichen Daseins als In-der-Welt-Sein. Der Mensch ist frei, sofern die Welt, deren Gesetze das menschliche Wollen und Handeln bestimmen, nicht unabhängig vom Ich besteht. Das Ich ist kein Seiendes in der Welt, sondern dasjenige, dem Seiendes erscheint.

Faßt man Freiheit in diesem Sinne auf, dann stellt sich der Entwurf, auf dem sie beruht, als unvermeidlich dar. Wir können nicht umhin, eine Welt und die Art, in der wir uns zu ihr verhalten, zu entwerfen; wir sind zur so verstandenen Freiheit verurteilt. Wenn Sartre sagt, daß sich der Mensch selbst wähle, läßt das an Schellings oder Schopenhauers oben erwähnte Ansicht denken. Er meint jedoch etwas anderes als jene: Die Wahl, von der er spricht, ist keine Entscheidung jenseits der Zeit, sondern der Entwurf eines Ich, das sich den Bedingungen der Zeitlichkeit nicht zu entziehen vermag.

Von Freiheit kann somit in einem Sinn gesprochen werden, der weder der empiristisch-naturalistische noch der spekulativ-idealistische ist. Diese Auffassung hat den Vorteil, daß sie keine starken metaphysischen Voraussetzungen erfordert und es uns doch ermöglicht, mit Schiller und im Sinne Epiktets sagen: Der Mensch ist frei, und würd' er in Ketten geboren.

22

Der Philosoph als Wegweiser?
Moral und Ethik

Max Scheler (1874–1928), der seinerzeit als einer der führenden Moralphilosophen galt, führte einen alles andere als
moralisch vorbildlichen Lebenswandel. Als man ihm – so
wird erzählt – vorhielt, daß sein sittliches Verhalten in ekla-
tantem Gegensatz zu seiner Moralphilosophie stehe und
er daher nicht als moralischer Wegweiser gelten könne, soll
er den Vorwurf mit der Frage pariert haben: Haben Sie je einen Wegweiser gesehen, der den Weg, den er weist, auch
geht?

Das Bedenken, auf das Scheler nach der Anekdote ebenso
witzig wie schlagfertig reagierte, war angesichts seines Verhaltens nicht unbegründet. Wie wenig er sich an traditionelle
moralische Normen hielt, zeigte sich deutlich bei dem von seiner Frau wegen seiner ehelichen Verfehlungen gegen ihn angestrengten Prozeß. Die Situation wurde als skandalös emp-
funden, und Scheler mußte die Universität Jena, an der er als
Privatdozent lehrte, verlassen. Er war gezwungen, die Lehr-
befugnis ein zweites Mal zu erwerben, was ihm an der Universität München gelang. Doch auch hier zwang ihn ein Skan-
dal, schlimmer als der erste, zum Verlassen der Universität.
Die Presse nahm sich auf Veranlassung seiner Frau des Falls
an, Scheler strengte einen Presseprozeß an, drang aber vor
Gericht nicht durch und verlor seine Dozentur. Etwa zehn
Jahre arbeitete er als Privatgelehrter, bis er endlich Professor
in Köln, später in Frankfurt am Main wurde.

Die Scheler zugeschriebene Entgegnung auf moralische
Vorhaltungen klingt zynisch, weil sie den Eindruck hinter-

läßt, der Philosoph habe sich mit seiner Replik nicht nur der Auseinandersetzung mit dem gegen ihn erhobenen Vorwurf entziehen wollen, sondern trachte zugleich, das moralische Problem zu bagatellisieren. Scheler scheint, wie die Anekdote zu verstehen gibt, nicht wahrhaben zu wollen, daß ein Moralphilosoph auch bereit sein sollte, sich moralisch korrekt zu verhalten. Wenn er sich den Konsequenzen seiner moralphilosophischen Auffassung in der Praxis meint entziehen zu können, ist das befremdlich.

Man kann allerdings fragen, ob man Schelers auf den ersten Blick frivoler Äußerung das Anstößige, das ihr anhaftet, nicht dadurch nehmen könnte, daß man sie mit der Unterscheidung von Moral und Ethik in Verbindung bringt. Man könnte sich, wie es scheint, auf den Standpunkt stellen, daß man ein Moralphilosoph sein kann, ohne sich an moralische Normen halten zu müssen, so wie man moralisch handeln kann, ohne etwas von Moralphilosophie zu wissen.

Um zu dieser Frage Stellung nehmen zu können, muß man zunächst angeben, was im vorliegenden Zusammenhang unter «Moral» und «Ethik» (oder «Moralphilosophie») verstanden wird. «Moral» soll eine Menge von Normen bedeuten, die das menschliche Verhalten, insbesondere das Verhalten gegenüber anderen, regeln. Moralische Normen sind mit dem Anspruch der Allgemeingültigkeit verbunden und verpflichten im Unterschied von Rechtsnormen nur im Gewissen. Ihre Befolgung gilt als gut. Der Name «Ethik» bedeutet die Theorie der Moral, das heißt die Moralphilosophie, und wird auch meist in diesem Sinne gebraucht. Die Aufgabe der Ethik besteht darin, den Charakter moralischer Sätze zu bestimmen, deren Geltung zu erklären und – wie manche Moralphilosophen meinen – zu rechtfertigen. Das ist aber auf verschiedene Weise möglich. So wie es nicht nur eine einzige Auffassung von «Moral» gibt, so gehen die Ansichten in bezug auf die Ethik weit auseinander.

Im vorliegenden Zusammenhang ist die Unterscheidung zweier Arten von Ethik, einer beschreibend-erklärenden und einer begründenden, besonders wichtig, denn nur vom Standpunkt der deskriptiven Ethik aus ist es möglich, sich der Geltung sittlicher Forderungen durch die Unterscheidung von Ethik und Moral zu entziehen.

Die beschreibende und erklärende Ethik geht von der Tatsache aus, daß Verhaltensweisen moralisch gebilligt oder mißbilligt werden; sie sucht zu erklären, was der Sinn solcher Stellungnahmen ist und wie der mit ihnen verbundene Anspruch allgemeiner Geltung zustande kommt. Die begründende Ethik gibt sich damit nicht zufrieden, sondern sucht zu beweisen, daß gewisse Gebote und Verbote unbedingt verbindlich sind.

Als Beispiel einer beschreibend-erklärenden Ethik bietet sich Humes Moralphilosophie an. David Hume (1711–1776) geht von der Tatsache aus, daß gewisse Einstellungen und Handlungen positiv, andere negativ eingeschätzt werden. Wer das leugnet, kann nicht mit Gründen eines besseren belehrt werden; man muß ihn sich selbst überlassen (Hume: *Eine Untersuchung über die Prinzipien der Moral*, 1751). Um die Tatsache des moralischen Wertens begreiflich zu machen, nimmt Hume an, daß dabei Gefühl und Verstand zusammenwirken. Neben egoistischen, mit dem Selbsterhaltungsstreben zusammenhängenden Gefühlen sind auch altruistische Gefühle am Werke; daher kann nicht nur gebilligt werden, was einem angenehm ist, sondern auch, was anderen zugute kommt. Das hierfür verantwortliche Gefühl nennt Hume «Sympathie» (auch «Wohlwollen» oder «Menschenfreundlichkeit»). Der Verstand kommt ins Spiel, wenn es darum geht, den Anspruch allgemeiner Geltung der moralischen Normen zu erklären. Er wird als Vermögen aufgefaßt, von konkreten Umständen abzusehen und Wertungen zu verallgemeinern. Außerdem erfaßt der Verstand auch Beziehungen zwischen Mitteln und Zwecken und kann daher etwas als Bedingung der Verwirklichung eines gefühlsmäßig gebilligten Zwecks – das heißt als nützlich in bezug auf diesen Zweck – erkennen. Mit dieser Erklärung ist das Ziel der moralphilosophischen Analyse erreicht; die Begründung moralischer Forderungen gehört nicht zu den Aufgaben dieser Art Ethik.

Erklärungen wie die angedeuteten stützen sich vor allem auf die empirische Psychologie, also auf eine Einzelwissenschaft. Zum Beispiel deutet Hume die Sympathie als Wirkung emotionaler Ansteckung. Mit Gefühlen ist es ähnlich wie mit dem Gähnen, das auch, wie jeder weiß, ansteckend ist. Wird aber die Ethik in dieser Weise psychologisiert, wird sie zu einer Teildisziplin der Psychologie. Philosophen wie Moritz Schlick (1882–1936) und Willard Van Orman Quine (1908–2000) haben diese Konsequenz ausdrücklich gezogen.

Man kann aber die Verbindlichkeit moralischer Gebote auch auf andere Weise erklären, wie bei Kant zu sehen ist, der ebenfalls bei der Grundlegung der Moralphilosophie zunächst die sittliche Pflicht, das heißt das Bewußtsein unbedingten sittlichen Sollens, beschreibt. Pflichtgebote werden nach Kant durch Imperative ausgedrückt, die nicht nur unter gewissen Bedingungen, sondern unbedingt gelten. Sie heißen kategorische Imperative, wobei «kategorisch» als Gegensatz zu «hypothetisch» aufzufassen ist. Dieses Attribut bezieht sich somit nur auf die Form gewisser Imperative. Sie existieren in der Mehrzahl, während von dem Kategorischen Imperativ als Prinzip nur in der Einzahl gesprochen wird (siehe Kapitel 20).

Zum Beispiel ist die Forderung «Du sollst nicht lügen» ein kategorischer Imperativ, weil er ohne Wenn und Aber gelten soll. Dagegen ist der Imperativ: «Wenn du deinen guten Ruf nicht aufs Spiel setzen willst, sollst du nicht lügen» hypothetisch. Der zweite Satz läßt sich ohne weiteres in eine Aussage übersetzen – etwa «Lügen schadet dem guten Ruf» oder ähnlich – und hat daher nicht den Charakter eines Pflichtgebots.

Imperative scheinen manchmal kategorisch zu sein, während sie in Wirklichkeit hypothetisch sind. Ärztliche Anordnungen sind von solcher Art. Wenn ein Arzt zum Patienten sagt: Sie müssen abnehmen, ist gemeint: Wenn Sie gesund bleiben (oder werden) wollen, müssen Sie abnehmen. Das Interesse an der Gesundheit, das vorausgesetzt wird, läßt sich nicht vorschreiben; es ist aber die Bedingung, unter der die ärztliche Empfehlung ausgesprochen wird.

Im Rahmen einer empiristischen Ethik kommen nur hypothetische Imperative in Betracht. Kant hat dagegen nur kategorische Imperative als moralische Sätze betrachtet. Die Frage, wie sich ein Sollen, das durch solche Imperative ausgedrückt wird, erklären läßt, hat er anders als Hume zu beantworten gesucht, nämlich nicht mit den Mitteln einer Einzelwissenschaft wie der Psychologie, sondern im Rahmen einer metaphysischen Konstruktion. Der moralisch handelnde Mensch ist seiner Ansicht nach als autonom aufzufassen, das heißt, das Sollen beruht auf Selbstgesetzgebung: Die Vernunft gibt sich selbst das Sittengesetz. Die sittliche Autonomie läßt sich aber nur als möglich begreifen, wenn der Mensch nicht nur dem Reich der Natur, sondern zugleich auch dem Reich der Freiheit angehört, somit Bürger beider Reiche ist, wovon in Kapitel 20 die Rede war.

Scheler folgt nicht der von Kant gewiesenen Richtung; er weist die Kantische Auffassung vielmehr als formalistisch zurück und stellt ihr eine Ethik inhaltlich bestimmter Werte gegenüber. Werte werden in Akten erfaßt, die nichts mit der sinnlichen Anschauung zu tun haben, sondern sich auf das Wesen von Werten beziehen. Die Werterfassung ist das praktische Seitenstück zur theoretischen Wesensschau, von der Husserl gesprochen hat.

In wertenden Akten werden nach Scheler nicht nur einzelne Werte erfaßt, sondern auch deren Ordnung. Auf der untersten Stufe der Wert-Hierarchie stehen Werte des Angenehmen, auf

der nächsthöheren Vitalwerte (wie Gesundheit), es folgen geistige Werte, z. B. Erkenntniswerte oder ästhetische Werte, und
den höchsten Rang nehmen die religiösen Werte – die Werte
des Heiligen – ein. Daß die jeweils niedrigeren Werte zugunsten der höheren zurückzutreten haben, ist seiner Ansicht
nach unmittelbar einsichtig.

Der Vertreter einer begründenden Ethik, wie es die Wert-
Ethik ist, kann sich der Verbindlichkeit der von ihm aufge-
stellten Sätze nicht entziehen, denn zum Begriff des Wertes im
vorausgesetzten Sinn gehört der Anspruch, daß der Wert verwirklicht werden soll. Scheler kann daher nicht gemeint haben, den sittlichen Vorhaltungen, denen er sich nach der
Anekdote ausgesetzt sah, durch die Trennung von Ethik und
Moral die Spitze zu nehmen. Wer eine Ethik vertritt, in deren
Mittelpunkt der Begriff des moralischen Wertes steht, und
sich zu einer bestimmten Wertordnung bekennt, muß, wenn
er seine Auffassung nicht durch sein Verhalten diskreditieren
will, diese Ordnung auch für sein eigenes Verhalten als maß-
geblich anerkennen. Wenn ein Vertreter einer solchen Ethik
meint, ihr in der Praxis nicht Rechnung tragen zu müssen, löst
sein Verhalten unweigerlich Befremden aus.

23.

Die großen Tiere fressen die kleinen
Recht und Natur

Von Spinoza wird berichtet, daß er, wenn er vom konzentrierten Nachdenken ermüdet war, gern eine Pfeife Tabak rauchte, und wenn es ihm «um irgendeinen anderen Zeitvertreib zu tun war, so fing er einige Spinnen und ließ sie miteinander kämpfen; oder er fing einige Fliegen, warf sie in das Netz der Spinnen und sah diesem Kampf mit Vergnügen, selbst mit Lachen zu» (Jakob Freudenthal: *Spinoza*, ²1927).

Auf Grund dieses Berichts könnte man meinen, daß Spinoza ein sadistischer Tierquäler gewesen sei, und tatsächlich wurde er auch gelegentlich – z. B. von Schopenhauer – als solcher betrachtet. Gegen diese Ansicht könnte ins Treffen geführt werden, daß Spinoza im Kampf der Insekten nur den Fall einer allgemeinen Gesetzmäßigkeit gesehen habe, von der in seiner Philosophie die Rede ist. Spinozas Genugtuung angesichts dessen, was sich im Spinnennetz abspielte, könnte darauf zurückgeführt werden, daß er das in der gesamten Natur waltende Recht des Stärkeren durch die Beobachtung der fliegenfressenden Spinnen bestätigt sah. Dennoch bleibt angesichts der Genugtuung, die Spinoza beim Betrachten der Fliegen im Spinnennetz empfand, ein ungutes Gefühl zurück. Die Überzeugung, daß es ein natürliches, mit der Macht eines Wesens identisches Recht gebe, ist nicht auf die Bestätigung durch Versuche der erwähnten Art angewiesen. Wenn er die Macht der Natur in ihren Erscheinungen bewundern wollte, brauchte er nicht derartige Situationen herbeizuführen.

Spinozas Auffassung des natürlichen Rechts geht unter anderem aus seinem *Theologisch-politischen Traktat* hervor;

dort heißt es: «Unter Recht und Gesetz der Natur verstehe ich nichts anderes als die Regeln der Natur bei jedem einzelnen Individuum, denen gemäß wir jedes seiner Natur entsprechend bestimmt sehen, auf eine gewisse Weise zu existieren und zu wirken. Zum Beispiel sind die großen Fische von Natur aus bestimmt zu schwimmen, die großen die kleineren zu fressen, und darum bemächtigen sich die Fische mit dem höchsten natürlichen Recht des Wassers und fressen die großen die kleineren. Denn es ist gewiß, daß die Natur an sich betrachtet das höchste Recht auf alles hat, was sie kann ...» (Kapitel 16 des genannten Werkes).

Die Auffassung, daß es ein natürliches Recht gebe, sich im Dasein zu behaupten und dieses Ziel mit allen geeignet erscheinenden Mitteln durchzusetzen, übernahm Spinoza von Thomas Hobbes (1588–1679), der wiederum von der stoischen, in der hellenistischen Periode entstandenen Philosophie beeinflußt war. Die Stoiker nahmen an, daß die Natur eine objektiv-vernünftige Struktur habe. Der Logos – die Weltvernunft – ist eine Gesetzmäßigkeit, die von Natur aus besteht und der sich die menschliche Vernunft anzupassen hat. Man kann Beispiele dieser Denkweise in noch früherer Zeit finden, nämlich schon bei den Vorsokratikern. So hat schon Heraklit von einem objektiven Logos gesprochen, dessen Allgemeinheit von den Menschen anerkannt werden muß. Nach Heraklit «nähren sich alle menschlichen Gesetze von dem Einen göttlichen» (Fragment B 114).

Nach der neuzeitlichen Auffassung, wie sie eindrucksvoll von Hobbes vertreten wurde, beruht das natürliche Recht auf dem Recht eines jeden, sich mit allen geeignet erscheinenden Mitteln im Dasein zu behaupten. Es gilt unabhängig von jeder positiven Rechtsordnung und vor der Entstehung des positiven Rechts, das heißt im Naturzustand. Aus diesem «Recht» folgen keine bestimmten Rechte, doch ist es möglich, Bedingungen anzugeben, die erfüllt sein müssen, wenn das natürliche Recht auf bestmögliche Weise zur Geltung kommen soll. Die Sätze, in denen Hobbes diese Bedingungen formuliert, heißen «natürliche Gesetze». Sie fordern zum Beispiel von den einzelnen, die im vorstaatlichen Zustand kraft ihres natürlichen Rechts die Mittel zur Selbsterhaltung nach ihrem Gutdünken bestimmen, eine Übereinkunft über die Abtretung des naturrechtlichen «Rechts auf alles» an eine souveräne Regierungsgewalt. Nur durch eine solche Übereinkunft – den Sozialkontrakt – wird der ursprüngliche Zustand allgemeiner Unsicherheit überwunden und eine rechtlich geordnete Gesellschaft begründet.

Die natürlichen Gesetze sind hypothetische Imperative, das heißt, sie gelten nur bedingungsweise. Zum Beispiel besagt das Gesetz, das die Rechtsübertragung auf den Souverän fordert, daß man, wenn man größtmögliche Sicherheit will, einen Vertrag zur Abtretung des natürlichen Rechts schließen soll. Dieser Satz ist im Grunde eine Tatsachenaussage, die etwa lauten könnte: Der Sozialkontrakt ist das adäquate Mittel zur Sicherung des Lebens. Da die notwendigen Mittel wollen muß, wer den Zweck – die allgemein erstrebte Erhaltung des Lebens in Sicherheit – will, muß man vernünftigerweise die Einsetzung einer souveränen, mit dem Gewaltmonopol ausgestatteten Instanz wollen. Der Vertrag, in dem das geschieht, muß, wenn man Rechtssicherheit will, unkündbar sein. Das ist gemeint, wenn der Grundsatz, daß Verträge unbedingt einzuhalten sind (pacta sunt servanda), als natürliches Gesetz bezeichnet wird. Die natürlichen Gesetze gleichen den Empfehlungen eines Arztes, der zum Beispiel seinem Patienten sagt: Wenn du gesund werden willst, mußt du dich so und so verhalten; daß der Patient gesund werden will, wird dabei vorausgesetzt. Ebenso verhält es sich mit den natürlichen Gesetzen: Sie betreffen Mittel der Selbsterhaltung; das Selbsterhaltungsstreben selbst kann nicht vorgeschrieben, sondern nur als in der Regel vorhanden konstatiert werden.

Spinoza hat den Gedanken eines natürlichen Rechts von Hobbes übernommen, aber unabhängig von ihm entfaltet. Anders als Hobbes, für den dieses «Recht» in der Abwesenheit jeglichen positiven Rechts bestand, identifiziert es Spinoza mit der Macht eines Wesens: Je größer die Macht ist, desto mehr Recht kommt ihm zu, denn in der Macht eines Wesens äußert sich die Macht der absolut unendlichen schöpferischen Natur. Das natürliche Recht erfährt damit eine metaphysische Deutung, die Hobbes fremd war. Auch in inhaltlicher Hinsicht geht Spinoza über Hobbes hinaus: Das natürliche Recht ist seiner Ansicht nach nicht nur die Macht, sich im Dasein zu behaupten, sondern schließt die Macht des vernünftigen Denkens ein.

Ungeachtet solcher Unterschiede stimmen die rationalistischen Auffassungen des Naturrechts in der Ablehnung der Naturrechtslehre der mittelalterlichen Scholastiker überein. In der christlichen Philosophie und Theologie wird das natürliche Recht mittelbar auf Gott zurückführt, der die Natur, in der es fundiert ist, geschaffen und geordnet hat. Wegen seiner Herkunft von Gott ist es allgemeinverbindlich. So hat Thomas von Aquin (1225–1274) angenommen, daß das natürliche Gesetz gebiete, Gutes zu tun und Böses zu unterlassen. Es hängt von dem ewigen Gesetz ab, das im Wesen Gottes begründet ist und vom Menschen dank der ihm von Gott verliehenen Vernunft eingesehen werden kann. Die vom Menschen gesetzten positiven Gesetze dürfen dem natürlichen Gesetz nicht widersprechen; sie sollen darüber hinaus das natürliche Gesetz konkretisieren und anwendbar machen (*Summa theologica* I, II, 91 ff.). Auch in inhaltlicher Hinsicht unterscheidet sich die christliche Naturrechtslehre von der rationalistischen: Während Hobbes, Spinoza und andere von wesentlich egoistischen Individuen ausgehen, die sich möglichst gut im Dasein zu behaupten suchen, heben die christlichen Theoretiker die Bedeutung der Nächstenliebe hervor.

Mit allen Versionen der Naturrechtslehre ist der Anspruch verbunden, positive Rechtsnormen im Licht überpositiver Normen beurteilen zu können; widerspricht eine positive Rechtsnorm dem Naturrecht, kann sie nicht als richtig gelten. Das natürliche Recht als «Inbegriff der unabhängig von allem positiven Recht und ihm gegenüber präeminent geltenden Normen, welche ihre Dignität nicht von willkürlicher Satzung zu Lehen tragen, sondern umgekehrt deren Verpflichtungsgewalt erst legitimieren» (Max Weber: *Wirtschaft und Gesellschaft*, 1956), stellt nach Ansicht seiner Vertreter einen dem Anspruch nach absoluten Maßstab zur Verfügung, mit dessen Hilfe positive Rechte oder Rechtssysteme beurteilt und bewertet werden können.

In der jüngeren Vergangenheit hatte die Naturrechtslehre ihre große Zeit in den Jahren nach dem Ende des Zweiten Weltkriegs, als man den Rechtspositivismus, der kein absolutes überpositives Recht kennt, für Nationalsozialismus und Faschismus verantwortlich zu machen suchte. Dem Rechtspositivismus wurde unterstellt, jedes beliebige Regime, das Recht setzen und durchsetzen kann, als legitim zu betrachten. Dieser Vorwurf ist schwerlich aufrechtzuerhalten, wie ein Blick auf Hans Kelsen (1881–1973), einen der prominentesten Rechtspositivisten des 20. Jahrhunderts, zeigt.

Der mit der Naturrechtslehre verbundene Anspruch ist immer wieder in Frage gestellt worden; er stößt auf das Bedenken, daß aus Aussagen über die Natur normative Sätze nicht abgeleitet werden können. Wenn es so scheint, als wäre eine solche Ableitung möglich, kommt das daher, daß eine gewisse normative Ordnung auf die Natur projiziert wird, ohne als solche Projektion erkannt zu werden. Ansätze der naturrechtlichen Denkweise finden sich sehr früh. Wenn man zum Beispiel mit Anaximander alles Geschehen von einem obersten Prinzip gesteuert sein läßt oder mit Heraklit ein göttliches Gesetz annimmt, von dem alle menschlichen Gesetze genährt werden, scheint man eine hierarchische Gesellschaftsordnung als naturgemäß rechtfertigen zu können.

Meist tritt die Naturrechtslehre in raffinierterer Gestalt auf. Wenn zum Beispiel John Locke (1632–1704) das Recht, Privateigentum zu erwerben, als natürliches Recht betrachtet, führt er dieses Recht darauf zurück, daß etwas durch die Bearbeitung eines Rohstoffs mein eigen wird. Wer nämlich etwas bearbeitet, ist Ursache des Arbeitsprodukts, und in der Verursachung geht etwas von meiner Kraft auf den Gegenstand über. Das Recht auf Eigentumserwerb scheint somit als naturgemäß aufgefaßt werden zu können, wenigstens solange nicht beachtet wird, daß die vorausgesetzte Deutung der Verursachung als Kraftübertragung problematisch und inzwischen überholt ist.

Zugunsten der Naturrechtslehre wird darauf hingewiesen, daß sie es erlaubt, wertend zwischen Rechtssystemen zu unterscheiden und zum Beispiel zu zeigen, daß eine liberale Rechtsordnung einer autoritären überlegen ist. Die Behauptung, daß das nur mit Hilfe überpositiver Rechtsnormen möglich sei, ist jedoch fragwürdig. Offensichtlich kann man Rechtssysteme bewerten, ohne sich auf ein natürliches Recht zu berufen. Man kann dann zwar nicht von einem vermeintlich notwendigen Standpunkt aus urteilen, aber Stellungnahmen und deren Erörterung sind auch auf der Grundlage hypothetischer Grundsätze möglich. Unbedingte Sicherheit ist dabei, wie im Bereich der Erkenntnis, nicht zu erwarten. Doch hier, wie auch sonst immer wieder, erweist sich die scheinbar schwächere Position auf längere Sicht als die stärkere.

24.

Philosophen als Herrscher?
Die Anziehungskraft der Macht

Plato hat eine Theorie des idealen Staats entworfen, nach der Philosophen zur Herrschaft im Staat berufen sind. Da er sich nicht mit der Theorie begnügen wollte, suchte er seine Idealvorstellung in der politischen Praxis zu bewähren. In Syrakus, wo ein ehrgeiziger Tyrann herrschte, schienen ihm die Bedingungen für ein solches Unterfangen günstig zu sein. Doch seine Hoffnung, in Sizilien als politischer Reformer Erfolg zu haben, erfüllte sich nicht; er scheiterte kläglich und mußte Syrakus verlassen. Auf der Rückreise soll er, angeblich im Auftrag des Tyrannen von Syrakus, Dionysius' des Älteren, festgenommen und auf dem Sklavenmarkt der Insel Aegina im Saronischen Golf zum Verkauf angeboten worden sein. Ein Sokrates-Schüler, der zufällig anwesend war, kaufte den Philosophen los und gab ihm die Freiheit wieder.

Plato hat den Aufenthalt in Sizilien in dem siebten der ihm zugeschriebenen Briefen (er dürfte der einzige echte Brief sein) ausführlich geschildert, den von der Anekdote behaupteten Vorfall in Aegina jedoch nicht erwähnt, was er sicherlich getan hätte, wenn er sich so, wie erzählt, ereignet hätte. Der Verdacht liegt daher nahe, daß es sich um eine Erfindung handelt, ersonnen, um nicht nur das Scheitern von Platos politischen Plänen hervorzuheben, sondern politische Ambitionen von Philosophen im allgemeinen als zum Scheitern verurteilt darzustellen. Der von der Anekdote hervorgehobene Kontrast könnte kaum größer sein: Dem Ideal des philosophierenden Herrschers steht das Elend des versklavten Philosophen gegenüber.

In Syrakus lernte Plato den etwa zwanzigjährigen Schwager des Tyrannen, Dion, kennen. Er vermittelte dem begeisterungsfähigen jungen Mann die Grundgedanken seiner Philosophie, für die dieser auch Dionysius gewinnen zu können meinte. Wäre dies gelungen, hätte Aussicht auf eine Personalunion von Philosoph und Herrscher bestanden, wie sie Plato empfahl. Er war überzeugt, «daß die Nöte der menschlichen Gattung nicht aufhören würden, bis entweder die Vereinigung der richtig und wahrhaft Philosophierenden zur Herrschaft im Staate gelange oder die Machthaber im Staate durch göttliche Fügung zur echten Einsicht gelangten» (VII. Brief). Doch je enger die Freundschaft zwischen Plato und Dion wurde, desto schlechter wurde das Verhältnis zwischen ihm und Dionysius. Das Scheitern des Plans war unvermeidlich.

Plato war jedoch nur vorübergehend entmutigt. Etwa zwanzig Jahre später folgte er einer neuerlichen Einladung nach Syrakus, die diesmal von Dionysius dem Jüngeren ausging, der die Herrschaft von seinem Vater übernommen hatte. Alles schien sich diesmal gut zu entwickeln. Doch auf die Dauer konnte sich der Philosoph mit seinen Plänen wieder nicht behaupten. Es kam hinzu, daß das Verhältnis zwischen dem neuen Herrscher und Platos Freund Dion äußerst gespannt war.

Wie viel Plato an der praktischen Bewährung seiner Auffassung gelegen war, zeigt die Tatsache, daß er, um Dion zu unterstützen, noch eine dritte Reise nach Syrakus wagte, wiederum ohne den erhofften Erfolg. Ihm erging es nicht anders als den Pythagoreern, die im 6. und zum Teil noch im 5. Jahrhundert in Unteritalien – der Magna Graecia – beträchtlichen politischen Einfluß ausgeübt hatten, schließlich aber scheiterten und entmachtet wurden.

Um die Motive, die Plato zu den Reisen nach Sizilien veranlaßten, zu verstehen, muß man mindestens kurz auf die seiner Staatslehre zugrundeliegenden Gedanken eingehen. Wenn dabei anachronistisch der Begriff «Staat» zur Bezeichnung der antiken Polis, die kein Staat im neuzeitlichen Sinne gewesen ist, verwendet wird, geschieht das der Kürze halber.

In seinem Werk über den Staat (*Politeia*) entwirft Plato die Verfassung eines autoritär regierten, ständisch gegliederten Staatswesens, in dem es kein Privateigentum und keine Familie im heutigen Sinne gibt. Die Ordnung der Stände – der Herrschenden, der Krieger und der Gewerbetreibenden – spiegelt die Struktur der menschlichen Seele als eines gegliederten Ganzen wider, dessen Teile Intellekt, Wille und Trieb sind. Jedem dieser Seelenteile wird eine Tugend zugeordnet, nämlich dem Intellekt die Weisheit, dem Willen die Tapferkeit und der Triebsphäre die Mäßigkeit. Die Herrschenden zeichnen sich nach diesem Modell durch Einsicht, die Krieger durch Tapferkeit und die Gewerbetreibenden durch Mäßigkeit aus. So wie der einzelne gerecht ist, wenn die Teile seiner Seele unter der Führung des Intellekts hierarchisch geordnet sind, so entspricht der Staat dem Ideal der Gerechtigkeit, wenn die Stände im richtigen Verhältnis zueinander stehen. Dazu gehört vor allem, daß der Herrschaftsanspruch des obersten Standes anerkannt wird. Die Herrschenden sind jene Philosophen-Herrscher, die im Idealfall die Geschicke der Polis lenken. Mit der anthropologischen Fundierung der Verfassung soll diese offenbar als naturgemäß – nämlich als der menschlichen Natur angemessen – dargestellt und damit metaphysisch gerechtfertigt werden. Im Licht dieser Auffassung, insbesondere der Auszeichnung der Herrschenden als im höchsten Maße einsichtig, ist Platos Streben nach politischem Einfluß zu sehen.

Das Scheitern seiner Pläne in Syrakus muß für Plato ein schwerer Schlag gewesen sein. Die Erfahrung, daß sich die Herrscher, mit denen Plato in Verbindung trat, keineswegs von philosophischen Überlegungen leiten ließen, sondern allein ihren Machtinteressen nachgingen, veranlaßte ihn, seine Idee eines gerechten Staates zu überdenken. Ihm muß klar gewesen sein, daß er den Einfluß, den die Gerechtigkeitsidee auf Machthaber haben kann, überschätzt hatte. Unter dem Eindruck seiner sizilianischen Erfahrungen revidierte Plato gewisse seiner Auffassungen. In dem Spätwerk *Die Gesetze* ist von der Abschottung der Stände gegeneinander nicht mehr die Rede. Das Privateigentum wird zugelassen und die Ehe restituiert. Der autoritäre Charakter der Herrschaft bleibt jedoch erhalten. Zensur und strenge Kontrolle des Verhaltens der Bürger verleihen der Polis, wie sie Plato darstellt, den Charakter eines Überwachungsstaats. Abgesehen von der Bindung an moralische Normen, unterliegt die politische Gewalt keinen Einschränkungen.

Platos Scheitern in Syrakus ist allerdings zum Teil eine Folge des Charakters seiner Staatsphilosophie. Sie ist mit dem Anspruch absoluter Wahrheit verbunden, was Kompromisse, die in der Politik oft nicht zu umgehen sind, erschwert oder unmöglich macht. Zum Teil haben die Schwierigkeiten, auf die Plato stieß, offenbar damit zu tun, daß der Tyrann Dionysius Einmischungen in sein Herrschaftssystem nicht dulden mochte. Ihm waren Philosophen genehm, solange sie sein Ansehen mehrten; als selbständige Akteure waren sie in seinen Augen eine Last oder gar eine Gefahr.

Wie sich bei Platos politischem Engagement zeigt, ist der Versuch, die Politik nach philosophischen Grundsätzen zu gestalten, riskant. Auch in der Neuzeit gibt es entsprechende Beispiele. So bemühte sich Thomas Hobbes vergeblich, mit einer Schrift – den 1740 erschienenen *Elements of Law* – den Ausbruch einer Revolution, die er kommen sah, zu verhindern. Die erhoffte Wirkung blieb aus, Hobbes floh bei Ausbruch des Bürgerkriegs, vor dem er vergeblich gewarnt hatte, nach Frankreich und blieb mehrere Jahre im Exil. Nach seiner Rückkehr suchte er Cromwells Herrschaft mit philosophischen Mitteln zu rechtfertigen, was sich nach der Wiederherstellung der Monarchie als Belastung erweisen sollte.

Auch Spinoza mußte die Erfahrung machen, daß die Nähe zur politischen Macht nicht ohne Risiko ist. Er suchte das politische System der Niederlande, das republikanisch und liberal war, theoretisch zu untermauern, mußte allerdings erleben, wie Jan de Witt, damals der überragende Staatsmann seines Landes, gestürzt wurde. Der rasende Mob ermordete ihn auf brutalste Weise. Spinoza war außer sich; er verfertigte ein Plakat mit der Aufschrift «Ultimi barbarorum» – das heißt etwa «Schlimmste der Barbaren» – und wollte damit auf die Straße gehen. Sein vorsichtiger Hausherr, der die Gefahr wohl richtig einschätzte, verhinderte die Ein-Mann-Demonstration, indem er die Haustür versperrte und damit dem Philosophen vermutlich das Leben rettete. In den folgenden Jahren revidierte Spinoza seine Staatslehre im Sinne einer realistischeren Beurteilung der politischen Möglichkeiten. Er vertraute nicht mehr wie früher allein der Vernunft als Vermögen richtiger politischer Entscheidung und zog damit aus der Erfahrung des Scheiterns eine ähnliche Konsequenz wie Plato.

Ein erschütterndes Beispiel von Aufstieg und Fall eines politisch engagierten Philosophen bietet der französische Aufklärer Condorcet – mit vollem Namen Jean-Antoine-Nicolas Caritat de Condorcet (1743–1794) –, der eine Reform der Gesellschaft erstrebte und sich für eine neue Ordnung einsetzte. Nach dem Ausbruch der Revolution von 1789 verfaßte er eine Erklärung der Menschenrechte und entwarf im Auftrag des Nationalkonvents, dessen Mitglied er war, eine republikanische Verfassung, die vom Konvent jedoch abgelehnt wurde. Als er sich in einem offenen Brief gegen den Mehrheitsbeschluß wandte, wurde er wegen Gefährdung der Staatseinheit angeklagt. Der Festnahme entzog er sich durch Flucht. Er fand Unterschlupf bei einer Dame, die er, als er für vogelfrei erklärt wurde, verlassen wollte, um sie nicht zu gefährden. Sie hielt ihn mit den denkwürdigen Worten zurück: «Der Konvent hat die Macht, Sie, mein Herr, aus dem Geltungsbereich des Rechts auszuschließen; er hat nicht die Macht, Sie von der Menschlichkeit auszuschließen: Sie bleiben!» (M. F. Arago in Bd. I von Condorcets Werken) Condorcet verließ dennoch sein Versteck, wurde festgenommen und eingekerkert. Am folgenden Tag fand man ihn tot in seiner Zelle.

Fatale, wenn auch nicht letale Folgen hatte auch Martin Heideggers Glaube, den Nationalsozialismus im Sinne seiner Philosophie beeinflussen und «den Führer führen» zu können. In dieser Erwartung übernahm er 1933 das Amt des Rektors der Freiburger Universität. In seiner Rektoratsrede heißt es am Ende: «... wir wollen, daß unser Volk seinen geschichtlichen Auftrag erfüllt. Wir wollen uns selbst. Denn die junge und jüngste Kraft des Volkes, die über uns schon hinweggreift, hat darüber bereits entschieden.» Er bewunderte «die Herrlichkeit ... und die Größe dieses [des nationalsozialistischen] Aufbruchs» (*Die Selbstbehauptung der deutschen Universität*, 1933). Als Heidegger einsehen mußte, daß sich seine Erwartungen nicht erfüllten, legte er das Rektorat nieder, doch sein Engagement von 1933 erwies sich als schwere Last, die nach dem Ende des Krieges nicht abzuschütteln war.

Für die genannten Philosophen hat sich die Verbindung mit der politischen Macht negativ ausgewirkt. Das muß aber nicht so sein. Tatsächlich gibt es Beispiele für ein positives Verhältnis von Philosophie und politischer Gewalt, nämlich in Fällen, in denen zwar die Philosophen nicht Könige waren, die Könige aber philosophierten und auf die theoretischen Grundlagen ihrer Macht mit dem Ziel reflektierten, die Regierungsgewalt im Einklang mit philosophischen Grundsätzen auszuüben. Das war bei Marcus Aurelius Antoninus (Kaiser von 161 bis 180) der Fall, der als Herrscher das Ideal des Philosophen-Königs zu verkörpern suchte. Er war ein Anhänger der stoischen Philosophie, wie seine *Selbstbetrachtungen* zeigen, und bemühte sich, die Kluft zwischen staatsphilosophischer Theorie und realer Politik nach Möglichkeit zu überbrücken. Er wußte, daß das nicht leicht ist, und gab sich daher in bezug auf die Realisierbarkeit politischer Ideale keinen Illusionen hin: «Wie unbedeutend sind doch die Staatsgeschäfte ... Was willst du tun, o Mensch? Vollbringe, was die Natur jetzt von dir fordert! Fasse deinen Entschluß, wenn die Gelegenheit dazu gegeben ist, und schau dich nicht um, ob es jemand erfährt. Hoffe nicht auf den Platonischen Staat, sondern sei zufrieden, wenn es nur ein klein wenig vorwärts geht, und schätze auch die Verwirklichung eines kleinen Fortschritts nicht gering.»

Die stoische Idee eines die gesamte Menschheit umspannenden Universalreichs, dessen Teile die bestehenden Reiche sind, erkannte er als Ideal an, ohne es als realisierbar zu betrachten. Die Regenten bestehender Staaten sollen aber trachten, sich der idealen Ordnung anzunähern und das friedliche Zusammenleben der Menschen zu sichern. Im damaligen Römischen Reich war es allerdings kaum möglich, im Sinne dieser Forderung zu regieren. Das Imperium war zwar gewaltig; es reichte von Britannien bis zum Tigris, doch im Osten wurde es von den Parthern angegriffen, und im Norden sah es sich von den Markomannen bedroht. Die Abwehr dieser Gefahren machte langwierige Kriege nötig und zwang Mark Aurel immer wieder zum Aufenthalt in den Krisengebieten. So kam es, daß er einen Teil seiner *Selbstbetrachtungen* im Feldlager in der Nähe des heutigen Wien schrieb. Außerdem machten es Spannungen im Inneren dem Kaiser schwer, im Sinne seiner philosophischen Überzeugungen zu regieren. Doch obwohl seine Bemühungen auf enge Schranken stießen, verdienen sie Anerkennung.

In der Neuzeit stellt sich vor allem Friedrich der Große als philosophierender Monarch dar. Er setzte sich auch literarisch mit staatsphilosophischen Fragen auseinander. Schon als Kronprinz schrieb Friedrich *Considérations sur l'état présent du corps politique de l'Europe*, in denen er sich zur Lehre von der Volkssouveränität bekannte. Wie er ausführt, findet man, wenn man zu den Anfängen von Dynastien zurückgeht, daß ihre Macht vom Volke ausging, das sie ursprünglich innehatte. Das Volk übertrug sie auf einen, den es für würdig zur Ausübung der Macht hielt. Hieraus erwuchs diesem und seinen Nachfolgern eine dauerhafte Verpflichtung gegenüber dem Volk. Die Konsequenz, daß das Volk berechtigt sei, den Inhaber der Macht im Falle ihres Mißbrauchs abzusetzen, zog Friedrich II. allerdings nicht.

Immerhin erhob er in seinem wichtigsten Werk, dem *Antimachiavell*, die damals keineswegs selbstverständliche Forderung, daß der Fürst nicht absolut herrschen solle, da er Diener des Staates sei, allerdings dessen erster Diener. Von ihm ist zu erwarten, daß er stets im Interesse der Untertanen handelt. Für den Fürsten ist es vorteilhafter, weniger gefürchtet als geliebt zu werden. In religiösen und philosophischen Fragen empfiehlt Friedrich weitgehende Toleranz; nicht zu dulden sind aber Unruhestifter, die den inneren Frieden gefährden.

Friedrich beschränkt das Ideal eines friedlichen und gerechten Miteinander auf die Verhältnisse innerhalb des Staates. International läßt sich dieses Ideal, wie er einräumt, noch nicht verwirklichen. Außenpolitisch zwingt nämlich die Staatsräson immer wieder zur Anwendung von Gewalt. Der Krieg ist nicht nur als Verteidigungskrieg, sondern auch als Präventivkrieg gerechtfertigt, wenn er nämlich gegen einen Staat gerichtet ist, der die Freiheit anderer Staaten bedroht, wie in Friedrichs Politischem Testament von 1752 ausgeführt wird.

Friedrich war ein Anhänger der Aufklärung und holte prominente Vertreter dieser Denkweise wie Voltaire an seinen Hof. Doch auch im fernen Königsberg fand er Zustimmung: Kant sah im König einen um Gerechtigkeit bemühten Monarchen, der nicht über Sklaven, sondern über Freie herrschen will und so zu regieren trachtet, als müßte er jederzeit bereit sein, den Bürgern Rechenschaft von seinem Tun zu geben. Mit dem Blick auf den König und seine Hochschätzung der

Denkfreiheit schrieb er in dem Aufsatz *Was ist Aufklärung?* (1784): «Der Offizier sagt: räsoniert nicht, sondern exerziert! Der Finanzrat: räsoniert nicht, sondern bezahlt! Der Geistliche: räsoniert nicht, sondern glaubt! (Nur ein einziger Herr in der Welt sagt: räsoniert, soviel ihr wollt und worüber ihr wollt; aber gehorcht!)» Kant wußte die vom König gewährte Freiheit zu schätzen, obwohl er sah, daß sie rechtlich in enge Grenzen eingeschlossen war. Seine Einstellung entspricht der Erkenntnis, nicht in einem aufgeklärten Zeitalter, wohl aber in einem Zeitalter der Aufklärung zu leben. Aufklärung ist für ihn kein Zustand, sondern ein Prozeß.

Auch bei Friedrich sind philosophisches Staatsmodell und politische Realität nicht deckungsgleich. Eine durchgreifende Umgestaltung der Verhältnisse im Sinne der Aufklärung war ihm nicht möglich. Allein die langen Kriege – die beiden Schlesischen Kriege zwischen 1740 und 1745 sowie der Siebenjährige Krieg von 1756 bis 1763 – zwangen ihn zu Kompromissen.

Können Herrscher, die, wie Mark Aurel oder Friedrich der Große, nicht nur der Philosophie gegenüber aufgeschlossen waren, sondern selbst philosophierten, als Verwirklichung des Platonischen Ideals gelten? Man wird zögern, diese Frage bejahend zu beantworten, denn sie wurden nicht Herrscher, weil sie Philosophen waren, sondern sie gelangten aus Gründen zur Herrschaft, die nichts mit Philosophie zu tun hatten. Für ihre Regierung waren ihre philosophischen Überzeugungen sicherlich nicht ohne Bedeutung; doch als Verkörperungen des Platonischen Ideals des Philosophen-Herrschers können sie nicht gelten.

Die Konzentration auf Schwierigkeiten, auf die Philosophen beim Versuch, ihre Auffassungen in der politischen Wirklichkeit zur Geltung zu bringen, stießen, darf nicht als Empfehlung einer apolitischen Einstellung verstanden werden. Philosophen, die sich politisch engagieren, verdienen Anerkennung, vorausgesetzt, sie erliegen nicht der Versuchung, ihre Auffassungen als absolut zu betrachten, Alternativen grundsätzlich auszuschließen und sich an utopischen oder gar revolutionären Entwürfen zu orientieren. Zwei Vertreter einer kritischen, gegen diese Versuchungen gefeiten Denkweise mögen am Ende des vorliegenden Kapitels zu Wort kommen, nämlich Descartes und Popper.

Descartes mahnte eindringlich zur Vorsicht bei politischen Reformen: «Ich vermag … keineswegs die sprudelnden und unruhigen Launen der Menschen zu billigen, die, weder durch ihre Geburt noch durch das Geschick zur Handhabung der öffentlichen Angelegenheiten berufen, trotzdem es sich nicht versagen können, sich wenigstens in Gedanken mit irgendeiner neuen Reform zu befassen.» (*Abhandlung über die Methode*, Teil II)

Der Erfolg von Reformen ist niemals sicher; man muß also mit der Möglichkeit des Scheiterns rechnen. Es ist aber sehr schwer, eine durch verfehlte Reformen ruinierte Ordnung wiederherzustellen. Im gesellschaftlichen Bereich ist es, wie Descartes meint, wie bei Bergwegen, die nicht geplant, sondern durch langjährigen Gebrauch entstanden sind. Sie scheinen manchmal Umwege zu sein, weshalb man meinen könnte, auf andere Weise besser ans Ziel zu gelangen. Meist zeigt sich aber, daß man das Ziel auf den durch den Gebrauch von Jahrhunderten gebahnten Wegen rascher und leichter erreicht. Ähnlich verhält es sich mit politischen Verhältnissen, die das Ergebnis jahrhundertelanger Erfahrungen sind; sie sind konstruierten Ordnungen überlegen. Das klingt konservativ, um nicht zu sagen: reaktionär. Descartes wollte aber soziale und politische Reformen nicht schlechthin unterbinden; er hielt es nur für nötig, zunächst die Menschen zu verantwortungsvollen Staatsbürgern zu erziehen. Dabei leistet die philosophisch-wissenschaftliche Bildung einen wesentlichen Beitrag. Sie kann lehren, überlieferten Auffassungen nicht blindlings zu folgen, sondern sie nur nach kritischer Prüfung zu übernehmen. Die kritische Denkweise kann das politische Klima zwar nicht direkt beeinflussen, aber ihr mittelbarer Einfluß kann dennoch groß sein, ja oft ist er größer als der unmittelbare.

Karl Popper hat eine Auffassung vertreten, die der Grundausrichtung nach an die Cartesianische erinnert. Wie Descartes lehnte er revolutionäre Veränderungen gesellschaftlicher Verhältnisse ab. Das Risiko, durch einen umfassenden Umsturz zwar die bestehende Ordnung zu zerstören, neue und bessere Verhältnisse aber nicht herbeiführen zu können, ist zu groß, als daß es vernünftigerweise eingegangen werden dürfte. Das heißt nicht, daß man sich mit allen bestehenden Verhältnissen abfinden sollte; man soll sich überall da, wo bestimmte Mängel auftreten und Verbesserungen möglich sind, aktiv um Reformen bemühen, stets bereit, sie zurückzunehmen, wenn sie sich als verfehlt erweisen.

Wenn Philosophen, die diese Auffassung vertreten, sich an der Diskussion über die Grundlagen der staatlichen Rechtsordnung beteiligen, dann verdient das selbstverständlich Anerkennung. Gefährlich sind aber Ideologen, die im Besitz absoluter Wahrheit zu sein glauben oder vorgeben, es zu sein, und unter Berufung auf utopische Entwürfe die staatliche Ordnung zu revolutionieren suchen.

Was ist unter den gegenwärtigen Bedingungen von dem Ideal des Philosophen-Herrschers zu halten? Die Forderung, daß Philosophen im Staat herrschen oder wenigstens die maßgeblichen Politiker lenken sollten, ist obsolet. Die Philosophie qualifiziert nicht zur Ausübung politischer Herrschaft, wohl aber zur Reflexion auf deren tiefste Grundlagen.

25

Ein Jude am Rosenthaler Tor
Toleranz als Aufgabe

Im Herbst 1743 machte sich der vierzehnjährige Moses
Mendelssohn (1729–1784) auf den Weg von Dessau nach
Berlin, um dort bei einem berühmten Rabbiner seinen Bil-
dungsgang zu vervollständigen. Am Tage seiner Ankunft in
der Hauptstadt Preußens soll die Wache am Stadttor in ihren
Aufzeichnungen notiert haben: Heute passierten das Rosenthaler Tor sechs Ochsen, sieben Schweine, ein Jude. Diese bekannte Anekdote gilt zwar als erfunden (Julius H. Schoeps:
Das Erbe der Mendelssohns, 2011); daß sie lange als historisch
wahr betrachtet wurde, läßt jedoch erkennen, daß man die
Episode als möglich betrachtete, und das zeigt, wie die Situation der Juden in der deutschen Gesellschaft war. Von der
damaligen, stark traditionalistisch geprägten Bevölkerung
wurden sie häufig ausgegrenzt, weil die Unterschiede der
Kulturen, insbesondere die der Religionen, als unüberbrückbar galten. Die unbedingte Wahrheit, die für die Lehren des
Christentums beansprucht wurde, sprach man der mosaischen
Religion ab. Das hatte Folgen für deren Anhänger und ihre
gesellschaftliche Stellung.

Von jüdischer Seite wurde wenig getan, um diese Kluft zu
überbrücken, obwohl die Aufklärung solchen Bestrebungen
grundsätzlich günstig war. Gelegentliche Versuche der Annäherung stießen bei der Mehrheit der jüdischen Gemeinden,
die noch unter dem Eindruck der langen Isolation in den
Ghettos standen, auf Widerstand. Auch Moses Mendelssohn
mußte bei seinen Bemühungen, sich der herrschenden Kultur
zu öffnen, Schwierigkeiten überwinden. Der junge Mann be-

wegte sich auf dem schmalen Grat zwischen Anpassung und Bewahrung des Glaubens seiner Väter. Trotz dem Mißtrauen, das ihm zunächst entgegengebracht wurde, hatte er bei seinen Bemühungen Erfolg. Er eignete sich in erstaunlich kurzer Zeit nicht nur ausgezeichnete Deutschkenntnisse, sondern auch die Kenntnis anderer Sprachen, namentlich des Lateinischen, an und fand Anerkennung selbst bei führenden Vertretern der Aufklärung in Deutschland wie Lessing und Kant. Er wurde zu einer deutschen, ja zu einer europäischen Berühmtheit. Man sah in ihm nicht nur einen beachtenswerten Schriftsteller, sondern auch einen engagierten Philosophen, der weltanschauliche Toleranz nicht nur forderte, sondern mit philosophischen Mitteln förderte. Der Erfolg, den er schließlich errang, ermutigte andere Angehörige des deutschen Judentums, der von ihm eingeschlagenen Richtung zu folgen.

Wie schwer der Weg, den schon der junge Mendelssohn einschlug, war, zeigen die Berichte über seine ersten Jahre in Berlin. Obwohl Friedrich II., der drei Jahre vor Mendelssohns Ankunft in der Hauptstadt König geworden war, Toleranz zu üben bereit war, blieben die den Juden gewährten Freiheiten stark eingeschränkt. So gab es für sie kein allgemeines Aufenthaltsrecht. Auch Mendelssohn wurde in Berlin nur geduldet, weil der Rabbiner, dessentwegen er in die Stadt gekommen war, einen reichen, legal ansässigen Juden dazu bewegen konnte, den Neuankömmling in sein Haus aufzunehmen. Später verdiente Mendelssohn seinen Lebensunterhalt als Hauslehrer, danach als Buchhalter und schließlich als Teilhaber der Firma, bei der er angestellt gewesen war. Nach Jahren erhielt auch er das Aufenthaltsrecht, um das er den König gebeten hatte.

Daß Mendelssohn sich der Aufklärung öffnen und doch den Bruch mit der jüdischen Gemeinde vermeiden konnte, war nicht selbstverständlich. Damals war es noch keine hundert Jahre her, daß Spinoza wegen seiner kritischen Denkweise von den Rabbinern in Amsterdam mit dem Großen Bann belegt und unter schrecklichen Flüchen aus der jüdischen Gemeinde ausgeschlossen worden war. Wenige Jahrzehnte vor diesem Ereignis ereilte den Konvertiten Gabriel da Costa (Uriel Acosta, 1590–1640) ein ähnliches Schicksal. Er entstammte einer christianisierten, ursprünglich jüdischen Familie, kehrte zum Judentum zurück, wollte sich aber mit den Ansichten der Amsterdamer Rabbiner nicht abfinden und wurde, wie später Spinoza, verstoßen. Da er den Rückhalt sowohl der christlichen als auch der jüdischen Gemeinschaft verloren hatte, war er völlig isoliert und nahm sich das Leben. Spinoza entging einem solchen Schicksal, weil er in Verbindung mit freikirchlichen Kreisen stand, die ihn aufnahmen und unterstützten.

Seit den Tagen Spinozas hatten sich die Verhältnisse geändert, doch die Öffnung zur Denkweise der Aufklärung erforderte immer noch Mut und die Bereitschaft zum Kompromiß, wenn zugleich die Bindung an die jüdische Tradition aufrechterhalten werden sollte. Um die traditionelle Religiosität mit dem Aufklärungsdenken verbinden zu können, unterschied Mendelssohn zwischen besonderen rituellen Vorschriften und universalen religiösen Wahrheiten. Die ersteren gelten jeweils für die Angehörigen einer bestimmten Konfession. Nur für sie – die Zeremonialgesetze – ist die religiöse Autorität zuständig. Die letzteren sind unmittelbar einsichtige Vernunftwahrheiten und gelten in allen Religionen. Sie betreffen Gott, die menschliche Seele und deren Unsterblichkeit. Sie sind die Grundsätze der vernünftigen Religion, die als natürlich und als für alle Menschen gültig betrachtet wird. Da der vernünftige Gehalt der Religion unabhängig von konfessionellen Besonderheiten gilt, läßt sich eine Brücke über die Kluft zwischen jüdischer und christlicher Religion schlagen. Auf der Grundlage der Vernunftreligion können sich die Angehörigen verschiedener Konfessionen verständigen, ohne auf die Einhaltung ihrer Zeremonialgesetze verzichten zu müssen.

Die Anerkennung der Vernunftreligion verlangt der religiösen Autorität den Verzicht auf das angemaßte Recht ab, Vertreter heterodoxer Auffassungen aus der Gemeinschaft auszuschließen. Dieses vermeintliche Recht steht nach Mendelssohn im Gegensatz zum Geist der Religion – es ist «ungottesdienstlich». Das Festhalten an diesem Recht mag verständlich sein, muß aber nichtsdestoweniger aufgegeben werden, wie Mendelssohn überzeugt war: «Ach, meine Brüder! Ihr habt das drückende Joch der Intoleranz bisher allzu hart gefühlt, und vielleicht eine Art von Genugtuung darin zu finden geglaubt, wenn euch die Macht eingeräumt würde, euern Untergebenen ein gleich hartes Joch aufzudrücken. ... Danket dem Gotte eurer Väter, danket dem Gotte, der die Liebe und Barmherzigkeit selbst ist, daß jener Wahn sich nach und nach zu verlieren scheint.» (*Vorrede* von 1782 zu Manasseh Ben Israel: *Die Rettung der Juden*) Ein Zwangsrecht darf es mit einem Wort nur im Staate, nicht in religiösen Gemeinschaften geben, denn diese beruhen auf Gesinnungen, die sich nicht erzwingen lassen.

Als Philosoph gehört Mendelssohn nicht zu den Denkern ersten Ranges. Obwohl er eher den Popularphilosophen zuzurechnen ist, wurde er von Kant, mit dem er in brieflicher Verbindung stand, geschätzt. Zwischen ihren Denkweisen gibt es beträchtliche Unterschiede, die auch zur Sprache kamen. Mendelssohn sah nur den negativen Aspekt der Kantischen Kritik und meinte daher vom «alles zermalmenden Kant» sprechen zu können (Vorbericht der *Morgenstunden*, 1785). Da er die Kantische Philosophie für wesentlich destruktiv hielt, wurde er ihr nicht gerecht. Es trifft zwar zu, daß Kant der Wolffschen Schulphilosophie, von der auch Mendelssohn beeinflußt war, den Boden entzogen hat, indem er zeigte, daß es jenseits der Grenzen möglicher Erfahrung – das heißt unabhängig von Raum und Zeit – Gegenstandserkenntnis nicht geben könne. Damit war klar, daß der auch von Mendels-

sohn erhobene Anspruch, Gott und die menschliche Seele er-
kennen zu können, als hinfällig gelten mußte. Daß Kant aber
die Metaphysik nicht schlechthin verwarf, sondern eine neue
Art des metaphysischen Denkens begründete und in dieser
Hinsicht konstruktiv dachte, hat Mendelssohn übersehen.
Das ist nicht überraschend, denn er hat Kants Werk, wie er
einräumte, nicht sorgfältig gelesen. Kant übte seinerseits Kritik an Mendelssohns Metaphysik: In der zweiten Auflage der
Kritik der reinen Vernunft gibt es eine «Widerlegung des
Mendelssohnschen Beweises der Beharrlichkeit der Seele», in
der Mendelssohns Auffassung kritisiert wird.

Anders als Mendelssohns Verhältnis zu Kant war seine
Beziehung zu Gotthold Ephraim Lessing nicht von philosophischen Meinungsunterschieden belastet. Lessing war nicht
nur von Mendelssohns Denken beeindruckt, sondern empfand für ihn persönliche Sympathie. In dem Schauspiel
Nathan der Weise setzte er seinem Freund, der ihm als Vorbild der Figur des weisen, für Toleranz eintretenden Nathan
diente, ein literarisches Denkmal. In der Ring-Parabel, der im
Nathan eine Schlüsselrolle zukommt, geht es um das Verhältnis, in dem die großen monotheistischen Religionen zueinander stehen. Lessing spricht sich dafür aus, sie als gleich-
rangig zu betrachten.

Nathan berichtet in einer zentralen Szene des Schauspiels
von einem Vater, der einen Ring mit der Kraft besitzt, alle
«vor Gott und Menschen angenehm zu machen», die ihn im
Glauben an diese Kraft tragen. Da er keinen seiner drei Söhne
vor den anderen bevorzugen will, kann er sich nicht entschlie-
ßen, einem von ihnen den Ring zu vererben und die anderen
leer ausgehen zu lassen. Er läßt zwei weitere, dem ersten vollkommen gleiche Ringe anfertigen und kann schließlich selbst
nicht mehr erkennen, welcher von ihnen der echte ist. Nach
dem Tod des Vaters bricht zwischen den Söhnen ein Streit aus
wegen des Anspruchs, den echten Ring zu besitzen. Sie rufen

das Gericht an, und der Richter befindet, daß jeder von ihnen, da er ja den Ring von seinem Vater erhalten hat, seinen Ring für den echten halten dürfe. Entscheidend ist das Verhalten der Träger der Ringe:

> «Es strebe von euch jeder um die Wette,
> Die Kraft des Steins in seinem Ring an Tag
> Zu legen! Komme dieser Kraft mit Sanftmut,
> Mit herzlicher Verträglichkeit und Wohltun,
> Mit innigster Ergebenheit in Gott,
> Zu Hilf!»

Lessing konnte diese relativistische Auffassung nur vertreten, weil er nicht an eine unbedingte Wahrheit glaubte. Nur deshalb konnte er auch erklären, er würde sich, von Gott vor die Wahl zwischen der vollen Wahrheit und dem Streben nach Wahrheit gestellt, für das letztere entscheiden, obwohl es in die Irre führen kann; denn die reine Wahrheit sei Gott vorbehalten. Diese Auffassung läßt sich nur in bezug auf Sätze vertreten, die die Grenzen möglicher Erfahrung übersteigen und nicht überprüft werden können. Bei solchen Sätzen läßt sich nicht fragen, ob sie mit der Wirklichkeit übereinstimmen. Sie sind an dem Kriterium der praktischen Brauchbarkeit zu messen, auf das auch die Ring-Parabel anspielt.

Nach Lessings Tod mußte Mendelssohn erfahren, daß sein Freund in der zentralen metaphysischen Frage nach Dasein und Wesen Gottes anders dachte als er und ihm dies verschwiegen hat. Lessing lehnte es ab, Gott als persönliches Wesen zu denken. Den Stein hatte Friedrich Heinrich Jacobi (1732–1819) ins Rollen gebracht. Er besuchte Lessing kurz vor dessen Tod in Wolfenbüttel, weil er hoffte, von ihm bei seiner Kritik am Spinozismus unterstützt zu werden. Seine Erwartung wurde jedoch enttäuscht. Lessing bekannte sich, für Jacobi unerwartet, zum Pantheismus: «Die orthodoxen Begriffe von der Gottheit sind nichts mehr für mich ... *hen kai pan* (Eins und alles)! Ich weiß nichts anderes.» Und in bezug auf Spinoza erklärte er: «Wenn ich mich nach jemand nennen soll, so weiß ich keinen anderen.» Spinoza dürfe nicht behandelt werden wie ein toter Hund.

Mendelssohn war, als er von Lessings Äußerungen erfuhr, tief erschrocken, ja erschüttert. Er wollte nicht glauben, daß Lessing ein Anhänger Spinozas gewesen sei. Er bereitete eine Erwiderung auf Jacobis Bericht vor und wollte das Manuskript so schnell wie möglich dem Verleger zukommen lassen. Auf dem Weg zu diesem zog er sich eine schwere Erkältung zu, die in kurzer Zeit zum Tod führte.

Heute wird vor allem Mendelssohns Eintreten für die weltanschauliche Toleranz, und nicht so sehr seine theoretische Philosophie, beachtet, denn als Metaphysiker ist er wenig originell. Allerdings ist auch sein Versuch, die jüdische Religion als religiös motivierte Praxis von doktrinären religiösen Auffassungen zu unterscheiden und auf diese Weise die mosaische Religion als vereinbar mit der Aufklärungsphilosophie darstellen zu können, nicht unproblematisch. Die religiöse Praxis ist nicht völlig unabhängig von dogmatischen Voraussetzungen und ist auch nicht prinzipiell jeder Kritik entzogen.

Daß sich Mendelssohns Auffassung nicht konsequent durchhalten läßt, wird deutlich, wenn er die «Gesetze, Vorschriften, Gebote, Lebensregeln, die dieser [d. h. der jüdischen] Nation eigen sind und durch deren Befolgung sie sowohl zur Nationalglückseligkeit, als jedes Glied derselben zur persönlichen Glückseligkeit gelangen sollte», auf Gott zurückführt: «Der Gesetzgeber war Gott ... als Schutzherr und Bundesfreund ihrer Vorfahren.» (*Jerusalem oder Über religiöse Macht und Judenthum*, 1783) Wenn man spezifisch jüdische Vorschriften für göttliche Gebote erklärt, werden sie als unbedingt gültig dargestellt. Der Unterschied zwischen religiösen Vorschriften und Lehren der Vernunftreligion wird dabei verwischt. Mendelssohns Auffassung der jüdischen Religion unterscheidet sich in dieser Hinsicht nicht so deutlich von der christlichen, wie er meinte.

Mit der allgemeinen Anerkennung der Toleranzidee ist es selbstverständlich nicht getan; es ist nötig, sie auch in der Praxis zur Geltung zu bringen. Das ist oft nicht einfach. Man muß klären, wie weit die Toleranz gehen soll; denn zweifellos kann nicht alles, was irgendeine Religion vorschreibt, toleriert werden. Keineswegs darf gegen die staatliche Rechtsordnung verstoßen werden. Hüten muß man sich auch vor der Tyrannei einer politischen Korrektheit, die sich der Toleranzidee bedient, um Andersdenkende mundtot zu machen.

Mit schwierigen Fragen sieht man sich auch konfrontiert, wenn Toleranz nur auf Kosten anderer Prinzipien möglich ist. Wenn zum Beispiel eine Religion in einer Weise zwischen Menschen differenzieren sollte, die dem Grundsatz der allgemeinmenschlichen Würde widerspricht, muß man sich fragen, wo die Grenzen der Toleranzforderung zu ziehen sind. Überwiegt das Prinzip der Würde das Interesse an Toleranz, oder soll die Toleranz als übergeordnetes Prinzip gelten?

Angesichts der Schwierigkeiten bei der Ziehung der Grenzen, innerhalb deren Toleranz geboten ist, ist zu bedenken, daß für die Duldung gilt, was Kant von der Aufklärung im allgemeinen feststellte: Sie ist kein Zustand, sondern ein Prozeß. So ist auch die Verwirklichung der Toleranzforderung eine dauernde Aufgabe, an deren Bewältigung sich alle Betroffenen beteiligen müssen.

26

Utopische Hoffnungen
Phantastische gesellschaftliche Reformpläne

Zehn Jahre wartete Charles Fourier (1772–1837), Vertreter und Verkünder sozialistischer Reformpläne, Tag für Tag in seiner Wohnung auf die Ankunft eines reichen Förderers, von dem er sich die finanziellen Mittel für die Verwirklichung seiner Pläne gesellschaftlicher Reformen erhoffte – zunächst im überschaubaren Bereich kleinerer Genossenschaften, in denen sein Modell des Sozialismus erprobt werden sollte. Er war fest davon überzeugt, daß der Erwartete, von dem er nichts weiter wußte, erscheinen und seiner finanziellen Misere ein Ende machen werde. Wie seine Einbildung, ein Retter werde ihm aus der Not helfen, zustande kam, läßt sich nicht sagen; sie ist aber symptomatisch für die utopische Komponente seines Sozialismus.

Dieser Glaube dürfte es ihm erleichtert haben, sich mit den äußeren Umständen abzufinden, unter denen er mehr schlecht als recht zurechtzukommen trachtete. Heinrich Heine beschreibt, wie er ihn erlebte: «Fourier mußte zu den Almosen seiner Freunde Zuflucht nehmen, und wie oft sah ich ihn in seinem grauen, abgeschabten Rocke längs den Pfeilern des Palais Royal hastig dahinschreiten, die beiden Rocktaschen schwer belastet, so daß aus der einen der Hals einer Flasche und aus der andern ein langes Brot hervorguckten …» (*Lutetia*, 1854, Anhang, *Kommunismus, Philosophie und Klerisei*).

Fourier hatte sein vom Vater ererbtes Vermögen durch verfehlte Spekulationen verloren und war gezwungen, sich seinen Unterhalt als kaufmännischer Angestellter zu verdienen. Seine Erfahrungen im wirtschaftlichen Bereich waren so negativ, daß er alles, was mit dem Handel zu tun hat, aus ganzem Herzen haßte. Endlich machte es ihm nach dem Tod seiner Mutter eine kleine Erbschaft möglich, den verhaßten Beruf aufzugeben. Ganz waren die Mittel jedoch nicht ausreichend für den Lebensunterhalt, so daß Freunde immer wieder helfend einspringen mußten. Auch für eine Mustergenossenschaft, die nach seinen Ideen eingerichtet werden sollte, fehlte das Geld. Je größer die Not war, desto fester hoffte er auf den anonymen Mäzen.

Fourier setzte sich für einen Sozialismus auf genossenschaftlicher Grundlage ein. Er verband ihn aber mit derart phantastischen Vorstellungen, daß es schwerfällt, seinen Entwurf ernst zu nehmen. Er errechnete zum Beispiel, daß eine genossenschaftliche Einheit – eine «Phalanx» – etwa 1600 Mitglieder haben sollte. Zu dieser Zahl kam er, weil er meinte, daß jede mögliche Kombination der von ihm angenommenen Grundaffekte – er errechnete 810 Möglichkeiten – in der Phalanx zweimal vertreten sein sollte. Auf diese Weise sollte sichergestellt sein, daß jeder seine Affekte ausleben und dennoch im Einklang mit der Gemeinschaft handeln kann und ein emotionales Gleichgewicht entsteht. Eine solche Ordnung hielt er für natürlich, das heißt mit der Ordnung der Natur übereinstimmend. Diese Ordnung will er nicht nur beschreiben, sondern als verpflichtend darstellen. Doch Fouriers Programm ließ sich nicht einmal im kleinen Rahmen verwirklichen, wie sich zeigte, als Anhänger es zu realisieren suchten; wie hätte es sich umfassend praktisch umsetzen lassen sollen!

So wie der Einzelmensch Entwicklungsphasen von der Kindheit bis zum Alter durchläuft, so entwickelt sich nach Fourier auch die Menschheit stufenweise, und zwar zunächst in aufsteigender, später in absteigender Richtung. Am Anfang leben die Menschen «unverbunden», ohne das Bewußtsein der Zusammengehörigkeit; es folgt eine Phase der Verbundenheit, die aber schließlich wieder der Unverbundenheit weichen muß. Am Ende der Geschichte steht also nach Fourier, anders als nach Ansicht vieler anderer Vertreter utopischer Ideen, kein irdisches Himmelreich. Die Gegenwart gehört zur ersten Phase der Unverbundenheit; die glückliche Zeit der Verbundenheit hat die Menschheit demnach noch vor sich. Der Weg zu einem glücklichen Zeitalter wird seiner Ansicht nach durch die Entwicklung der Natur im allgemeinen unterstützt. So führt zum Beispiel die zunehmende Neigung der Erdachse dazu, daß Polarlichter nicht nur an den Erdpolen, sondern überall auftreten und die Verbreitung von Krankheitskeimen verhindern. Fouriers Prophetie ist nicht dauerhaft optimistisch, denn das prophezeite Glück ist, wie gesagt, nicht von Dauer. Sieht man von seinen abenteuerlichen Konstruktionen ab, bleibt als ernstzunehmende Komponente seiner Konzeption der Gedanke eines Sozialismus auf genossenschaftlicher Grundlage.

Fourier geht mit seinem Konzept in einem wichtigen Punkt über frühere Verfasser utopischer Entwürfe hinaus. Während Schöpfer von Utopien wie Thomas Morus (1478–1535), Tommaso Campanella (1568–1639) oder Francis Bacon (1561–1626) bestehende Verhältnisse kritisierten und deren Reform empfahlen, glaubte Fourier, daß die Entwicklung der Gesellschaft auf Gesetzmäßigkeiten beruhe und mit Sicherheit vorhergesagt werden könne. Da er nicht über ökonomische Erkenntnisse verfügte, fehlt seinen Prophetien jedoch die wissenschaftliche Grundlage.

In dieser Hinsicht wurde Fourier von Karl Marx (1818–1883) überholt. Anders als dieser und verschiedene andere zeitgenössische Sozialtheoretiker stützte Marx seine Theorie der Gesellschaft auf Gesetze, die er der Volkswirtschaftslehre entnahm und als eherne Gesetze der Sozialentwicklung betrachtete. Auf Grund dieser Gesetze, die er als definitiv wahr betrachtete, hielt er die Überwindung des Kapitalismus durch den Kommunismus bzw. den Sozialismus für unvermeidlich.

Wer die grundlegenden Gesetze durchschaut, kann ihnen gemäß handeln und das Tempo der Entwicklung – nicht deren Richtung – beeinflussen. Die Überzeugung, mit diesen Gesetzen übereinzustimmen, verleiht den Vertretern des «wissenschaftlichen» Sozialismus die Gewißheit, auf dem rechten Weg zu sein. Um so größer mußte die Enttäuschung der orthodoxen Marxisten sein, als sich mit dem Zusammenbruch des realen Sozialismus, insbesondere des Sowjetsystems, dieser Glaube als unbegründet erwies.

Während Fourier gemeint hatte, mit friedlichen Mitteln der von ihm favorisierten Gestalt des Sozialismus zum Durchbruch verhelfen zu können, rechnete Marx mit einer gewaltsamen Revolution, die der Herrschaft einzelner Klassen ein Ende macht, weil sie die Klassen generell beseitigt. Sie soll die Entfremdung des Menschen von der Arbeit, von der Natur im allgemeinen und von der menschlichen Natur im besonderen überwinden. Nach Marx läßt sich dieses Ziel nur mit Gewalt erreichen. Der Jüngste Tag, der mit der Revolution anbricht, wird ein Tag sein, «dessen Morgenrot der Widerschein brennender Städte am Himmel ist» und an dem die Marseillaise mit obligatem Kanonendonner ertönt (Marx: *Die deutsche Ideologie*, I. Feuerbach). Die Entwicklung, die zu dieser Revolution führt, wird nicht von ideellen Faktoren in Gang gesetzt; die treibenden Kräfte sind die materiellen Bedürfnisse des Menschen.

Trotz der beanspruchten Wissenschaftlichkeit ist Marx' Denken nicht frei von utopischen Zügen. Marx will den Menschen von Zwängen befreien, die mit der kapitalistischen Wirtschaftsform verbunden sind. Die Überwindung des Kapitalismus soll die freie Entfaltung des Individuums durch Überwindung der Abhängigkeit von Bedingungen des kapitalistischen Marktes ermöglichen. Sie soll dem Arbeiter die Verfügung über das Produkt seiner Arbeit wiedergeben und das Verhältnis des Menschen zur Natur verändern: Die vom Menschen geschaffene Natur soll zur menschlichen Natur werden. Dies hatte Marx im Auge, wenn er von der Überwindung der Entfremdung «die wahre Resurrektion der Natur» erhoffte. In solchen Gedanken kommt die utopische Komponente seines Denkens deutlich zum Vorschein.

Auf diesen Aspekt der Marxschen Ideologie hat niemand so nachdrücklich hingewiesen wie Ernst Bloch (1885–1977), bei dessen Version des Marxismus der Utopismus eine wichtigere Rolle spielt als der Ökonomismus. Bloch war schon vor dem Ersten Weltkrieg von Lukács mit dem Marxismus bekannt gemacht worden, doch seine Auffassung der marxistischen Ideologie ist alles andere als orthodox. Der letzte Teil seines Buches *Geist der Utopie* (1918) trägt zwar den Titel «Karl Marx, der Tod und die Apokalypse», doch die in ihm entwickelten Gedanken sind nicht genuin marxistisch, sondern haben religiösen, mystischen oder ästhetischen Charakter. Bloch sympathisiert mit der Seelenwanderungslehre und sucht durch Hinwendung zur Innerlichkeit den Weg zur Erlösung zu finden. Jüdische und christliche Gedanken spielen dabei gleichermaßen eine Rolle, freilich in subjektiver Deutung. Anders als die orthodoxen Marxisten betrachtete Bloch die Religion, die Kunst und die Musik, in der Innerliches zum Ausdruck kommt, als Wege zur Vereinigung des Ich mit Gott. Auch die Hinwendung zur Innerlichkeit des Bewußtseins, der Glaube an eine individuelle Seele, an ein Ich, das mit einer höheren Wirklichkeit eins zu werden trachtet, lassen sich nicht mit Marx' Denkweise vereinbaren. Das Denken Blochs in seiner Frühzeit hat geradezu religiöse Züge und ist weit entfernt von der Auffassung der Religion als Opium des Volkes. Das ist überdeutlich, wenn Bloch fordert, «ans Ende zu sehen, überall ... die Pforten Christi zu öffnen, das Ende der Geschichte zu entdecken, Gott zu rufen, wie er am Ende der Geschichte sein wird», und Erlösung auf dem Weg «zu einer Ethik und Metaphysik der Innerlichkeit» zu suchen.

Ökonomische Probleme sind bei Bloch zweitrangig. Zwar macht er das Privateigentum, insbesondere «das unendliche Verderben der Geldwirtschaft», das vom liberalen Staat geschützt wird, für gesellschaftliche Mißstände verantwortlich, distanziert sich aber von einem Marxismus, der sich als wissenschaftlichen Sozialismus versteht.

An der Überzeugung, daß sich der Marxismus nicht in ökonomischer Theorie erschöpfe, hat Bloch auch später festgehalten, so in seinem Hauptwerk *Das Prinzip Hoffnung* (erste vollständige Ausgabe 1959), dessen ursprünglicher Titel lautet: «Träume vom besseren Leben». Auf den utopischen Zug seines Denkens weist nun der Begriff «Hoffnung» hin.

Obwohl der utopische Zug eine Konstante von Blochs Denken ist, meint er später eine konkrete Utopie, das heißt eine Utopie, bei der sich die Hoffnung mit den objektiven Tendenzen der Entwicklung im Einklang befindet. Eine solche Utopie findet er bei Marx. Sie geht über das Gegebene hinaus, jedoch nicht ins Unbestimmte, sondern geleitet von der Erkenntnis dessen, was real möglich ist. Bloch will «das *Märchen*, den *Traum vom Goldenen Zeitalter*» nicht losgelöst von den tatsächlichen Gegebenheiten zur Geltung bringen.

Blochs Abweichung von wesentlichen marxistischen Auffassungen kostete ihn seinen Lehrstuhl in Leipzig. Er brauchte aber nicht auf Rettung durch einen anonymen Förderer zu hoffen, denn die Universität Tübingen nahm ihn auf und gab ihm nicht nur materielle Sicherheit, sondern auch die Möglichkeit weiteren Lehrens. In philosophischer Hinsicht hätte er sich wohl leichter mit Fourier als mit Marx auf Gemeinsamkeiten verständigen können. Mit beiden verbindet ihn die Ablehnung der bestehenden gesellschaftlichen Ordnung sowie die Forderung, deren tatsächliche oder vermeintliche Mängel zu beseitigen.

Das Echo, das utopische Programme gefunden haben, dürfte vor allem damit zu tun haben, daß sie wirkliche

Schwächen der bestehenden gesellschaftlichen, insbesondere der wirtschaftlichen Ordnung bemerkten und anprangerten. Ihre Vorhersagen sind weit weniger überzeugend. Ob sie als wissenschaftliche Prognosen oder als Gegenstand tröstlicher Hoffnungen verstanden wurden – am Ende erwiesen sie sich als ähnlich trügerisch wie Fouriers Warten auf einen großzügigen Förderer.

27

Literarische Totgeburten
Scheinbare Mißerfolge philosophischer Werke

David Hume (1711–1776), der wichtigste Vertreter des Skeptizismus in der neueren Philosophie, hat sein Hauptwerk, den *Traktat über die menschliche Natur*, in einer gewaltigen Anstrengung mit jugendlichem Selbstbewußtsein geschaffen und mit dessen Veröffentlichung hochgespannte Erwartungen verbunden. Die Reaktion war enttäuschend; der Traktat wurde nämlich ignoriert, da man nicht willens oder nicht fähig war, sich ernstlich und angemessen mit seinem Inhalt auseinanderzusetzen. Das Buch war, wie Hume später rückblickend sagte, gleichsam totgeboren von der Druckerpresse gekommen; nicht einmal des Murrens der Zeloten sei es zunächst gewürdigt worden.

Als endlich eine umfangreiche Rezension des Werkes erschien, war sie für Hume alles andere als erfreulich. Es handelte sich nicht um eine objektive Würdigung, sondern um einen verständnislosen Verriß. Humes Versuch, durch einen aufs wesentliche konzentrierten «Abstract» die Hauptgedanken des Werkes hervorzuheben und zu erläutern, hatte nicht die erhoffte Wirkung. Hume hatte somit allen Grund, enttäuscht und deprimiert zu sein, zumal auch die Verkaufszahlen alles andere als zufriedenstellend waren.

Humes Denkweise hätte es durchaus verdient, objektiv erörtert zu werden. Zu einer Zeit, als der Ausdruck «Positivismus» noch nicht geprägt war, lehnte er in der für den späteren Positivismus typischen Weise die Metaphysik ab und vertrat die Ansicht, daß Begriffe nur sinnvoll seien, wenn sie unmittelbar oder mittelbar auf Sinneseindrücke zurückgeführt wer-

den können. Die Beschränkung auf Begriffe, die von Beobachtungen ausgehend durch Abstraktion gebildet werden,
hat weitreichende Folgen. Zum Beispiel kann «Verursachung»
nicht, wie damals meist angenommen wurde, als Übertragung
einer Kraft von der Ursache auf die Wirkung aufgefaßt werden, denn Sinneseindrücke von Kräften gibt es nicht. So werden beim Zusammenstoß einer bewegten mit einer ruhenden
Kugel (etwa beim Billardspiel) nur aufeinanderfolgende Bewegungen, aber keine Kraft, die von der einen Kugel auf die
andere überginge, beobachtet. Verursachung läßt sich somit
nicht als Kraftübertragung auffassen.

Ähnlich verhält es sich mit dem Ausdruck «Ich». Descartes
und andere Vertreter der rationalistischen Metaphysik hatten
gemeint, daß das Ich eine geistige Substanz sei, der das Bewußtsein seine Einheit verdanke. Hume lehnte diese Auffassung ab, da sich eine Ich-Substanz nicht wahrnehmen läßt.
«Ich» bezeichnet nicht etwas, das in der Selbstwahrnehmung
erfaßt werden könnte, sondern ein Bündel von Bewußtseinsinhalten, ohne daß ein Band, das dieses Bündel zusammen-
hielte, aufgewiesen werden könnte. Was vom Ich gilt, trifft
erst recht auf Dinge in Raum und Zeit zu: Sie sind ebenfalls
Bündel relativ beharrlicher Eigenschaften, die nicht durch ein
substantielles Band zusammengehalten werden.

Humes Auffassung stand in schroffem Gegensatz zur herrschenden Ansicht; sie widersprach nicht nur philosophischen
und theologischen Ansichten – zum Beispiel der Lehre von
der Unsterblichkeit der Seele –, sondern auch der alltäglichen
Denkweise.

Humes Kritik hatte nicht nur ein neues Verständnis bestimmter philosophischer Probleme – der Probleme des Ich,
der Dingeinheit, der Ursächlichkeit usw. – zum Ziel, sondern
sie stellt die herkömmliche philosophische Denkweise überhaupt in Frage: Sie tendiert dazu, Probleme, die bislang im
Rahmen der Philosophie erörtert wurden, in psychologische

Fragen zu übersetzen. Hume fragt zum Beispiel nicht, was das Sein ist, sondern er fragt, was uns veranlaßt, etwas für daseiend zu halten. Er kommt zu dem Ergebnis, daß wir das Dasein denkunabhängiger Gegenstände nicht erkennen können; wir können nur glauben, daß manchen Vorstellungen etwas Reales entspricht, und untersuchen, wie dieser Glaube zustande kommt. Die Hinwendung zu einer solchen psychologisierenden Betrachtungsweise läuft auf die Verabschiedung einer auf metaphysischen Grundlagen beruhenden Philosophie hinaus, wie sie von den damaligen rationalistischen Philosophen vertreten wurde. Mit dieser Wende wollte Hume es möglich machen, Probleme, um deren Lösung sich Philosophen seit Jahrhunderten vergeblich bemühten, dadurch zu lösen, daß man sie in Fragen einzelner Wissenschaften übersetzt und mit deren Mitteln aufklärt.

Auf diese revolutionäre Kritik an der rationalistischen Metaphysik hätte in einer verständnisvollen Rezension hingewiesen werden müssen. Den Zeitgenossen ist allerdings zugute zu halten, daß es nicht leicht gewesen sein muß, Humes Denkweise gerecht zu werden, eben weil sie neuartig war. Doch obwohl sie die ganze Tragweite der von Hume vollzogenen Wende nicht klar erkannt haben dürften, ist anzunehmen, daß sie eine vage Ahnung von ihrer Bedeutung hatten und nicht wußten, wie sie darauf reagieren sollten.

Obwohl Hume wegen des Mißerfolgs seines Erstlingswerkes tief enttäuscht war, resignierte er nicht, sondern suchte durch eine Änderung der Darstellungsweise die Aufmerksamkeit weiterer Kreise auf seine Gedanken zu lenken. Er stellte den Inhalt des Buches in leichter lesbaren Untersuchungen, wie der *Untersuchung über den menschlichen Verstand*, dar. Tatsächlich bewährte sich diese Vorgehensweise: Hume fand die erhoffte Beachtung als Philosoph. So erkannte Kant die Bedeutung Humes und wandte sich unter dessen Einfluß von der herkömmlichen Metaphysik ab.

Humes spätere Denkweise ist ähnlich radikal wie seine frühere. So heißt es am Ende der erwähnten Untersuchung: «Nehmen wir irgendeinen Band, zum Beispiel aus der Theologie oder der Schulmetaphysik, zur Hand, so sollen wir fragen: Enthält er irgendeinen abstrakten Schluß über Größe und Zahl? ... Enthält er irgendeinen Erfahrungsschluß über Tatsache und Existenz?» Lautet die Antwort in beiden Fällen «nein», ist die Konsequenz zu ziehen: «Also ins Feuer damit» (siehe auch oben Kap. 5).

Hume war nicht der einzige, der seine in ein Werk gesetzten Erwartungen zunächst gescheitert sah. Schopenhauer mußte eine ähnliche Erfahrung machen, als er sein Hauptwerk, *Die Welt als Wille und Vorstellung*, veröffentlichte (1818). Das Buch enthält, wie der Autor dem Verleger Brockhaus schrieb, «ein neues philosophisches System; aber neu im ganzen Sinne des Worts: nicht eine neue Darstellung des schon Vorhandenen: sondern eine im höchsten Grad zusammenhangende Gedankenreihe, die bisher noch nie in irgendeines Menschen Kopf gekommen» (Schopenhauer an Brockhaus, 1818). Vom Wert des Buches überzeugt, trat Schopenhauer in seinen Verhandlungen mit dem Verleger sehr selbstbewußt auf. Nach dem Erscheinen des Buches zeigte sich allerdings, daß der erhoffte Erfolg nicht eintrat. Zwei Jahre später waren nicht einmal hundert Exemplare verkauft; Rezensionen waren entweder oberflächlich, oder sie gaben den Inhalt, wie Schopenhauer meinte, verzerrt wieder. Der Mißerfolg der Publikation veranlaßte den Verlag, einen Großteil der Exemplare zu makulieren (A. Hübscher: *Arthur Schopenhauer*, Werke I).

Trotzdem war Schopenhauer felsenfest davon überzeugt, daß dem Werk der Durchbruch noch bevorstehe, und er behielt recht. Schopenhauer wurde auf Grund kleinerer Veröffentlichungen allmählich bekannt. *Die Welt als Wille und Vorstellung* konnte in einer zweiten, durch einen weiteren Band ergänzten Ausgabe erscheinen, und als die *Parerga und*

Paralipomena den Autor in weiteren Kreisen berühmt gemacht hatten, war auch seinem Hauptwerk die Beachtung sicher. Zu dieser Wende trug bei, daß der Einfluß von Hegels und Schellings Philosophie, von der sich Schopenhauer aufs schärfste distanzierte, im Schwinden begriffen war. Auch das kulturelle Klima änderte sich in einer Weise, die die Aufnahme seiner Philosophie erleichterte. Schopenhauers pessimistische Sicht der Wirklichkeit entsprach der resignativen Einstellung weiter Kreise des Bürgertums nach dem Scheitern der Revolutionen des Jahres 1848.

Enttäuschend war auch die Erfahrung, die Nietzsche mit *Also sprach Zarathustra* machen mußte. Nachdem die ersten drei Teile des Werkes kein verlegerischer Erfolg waren, konnte Nietzsche den vierten Teil nur im Eigenverlag herausbringen. Von der Bedeutung des Werkes war er dennoch unerschütterlich überzeugt. Mit seinem *Zarathustra* meinte er gleichsam die Vorhalle zu einem geplanten philosophischen System errichtet zu haben. Dieses System vermochte Nietzsche nicht zu schaffen; er ist über Entwürfe nicht hinausgekommen. Die Schuld am Ausbleiben des erwarteten Erfolgs sah er aber nicht bei sich, sondern bei den Zeitgenossen, die er für unfähig hielt, seinen Gedanken zu folgen. Es erging ihm wie seinem Zarathustra, der ebenfalls von der Menge nicht verstanden wird: «Da stehen sie, sprach er zu seinem Herzen, da lachen sie: sie verstehen mich nicht, ich bin nicht der Mund für diese Ohren» (*Zarathustras Vorrede*). Es liegt also nicht an Zarathustra, wenn er unverstanden bleibt, sondern an den Menschen, die er anzusprechen sucht. Daher zieht er die Konsequenz: «Nicht zum Volke rede Zarathustra, sondern zu Gefährten! Nicht soll Zarathustra einer Herde Hirt und Hund werden.» Offenbar projiziert Nietzsche seine eigene Einstellung auf Zarathustra. Er hätte sich auch mit dem frühgriechischen Philosophen Heraklit vergleichen können, der sein Werk nicht unter die Leute brachte, sondern es im Tempel der Artemis hinterlegte, wo es nicht allgemein zugänglich war. Die Menge sollte ausgeschlossen bleiben, denn Heraklit hielt sie für unfähig, seine Einsichten zu verstehen und zu würdigen: «Der immerseienden vernünftigen Lehre (Logos) stehen die Menschen verständnislos gegenüber ...»

Mit Genugtuung nahm Nietzsche zur Kenntnis, daß bedeutende Zeitgenossen wie Hippolyte Taine, Georg Brandes oder August Strindberg sich für ihn interessierten, doch im Grunde war sein Glaube an die Bedeutung seiner Philosophie unabhängig von solcher Zustimmung. Wie groß sein Selbstbewußtsein war, zeigt sich, wenn er meinte, daß eines Tages Lehrstühle zur Interpretation seines *Zarathustra* errichtet werden würden (*Ecce homo*, Warum ich so gute Bücher schreibe). Er sieht im *Zarathustra* «das höchste Buch, das es gibt» (*Ecce homo*, Vorwort, 4), und meint, er sei «der erste Philosoph des Zeitalters ..., ja vielleicht noch ein wenig mehr, irgend etwas Entscheidendes und Verhängnisvolles, das zwischen zwei Jahrtausenden steht» (an v. Seydlitz, 12. Februar 1888).

Zwar gibt es keine Lehrstühle, deren Inhaber den *Zarathustra* auszulegen hätten, aber im 20. Jahrhundert fanden Nietzsches Gedanken die Beachtung, die so lange auf sich warten gelassen hatte. Vor allem Vertreter der Existenzphilosophie und später der sogenannten Postmoderne knüpften in vieler Hinsicht an Nietzsche an.

Wenn man den anfänglichen Mißerfolg eines Buches, das sich später als bedeutend erweisen sollte, mit einer Totgeburt vergleicht, wie es Hume tat, dann könnte in ähnlichem metaphorischen Sinne von einem Scheintod gesprochen werden, wenn ein Werk lange Zeit darauf warten muß, gleichsam wiederbelebt zu werden. Dies soll der Fall bei den Aristotelischen Lehrschriften gewesen sein. Der Historiker Strabo (gest. 23 n. Chr.) und der etwas jüngere Philosoph Plutarch berichten, daß die Aristotelischen Schriften zunächst von dem Aristoteles-Schüler Theophrast verwahrt und später auf dem

Erbweg in den Besitz eines Bewohners der kleinasiatischen Stadt Skepsis (in der Troas) gelangt seien. Dessen Erben versteckten sie in einem Keller, um sie dem Zugriff des lokalen Herrschers zu entziehen, der auf der Suche nach Büchern für die Bibliothek in Pergamon war und vor Gewalt nicht zurückschreckte. Sie gerieten in Vergessenheit und waren, als sie im ersten Jahrhundert v. Chr. wiederentdeckt wurden, in sehr schlechtem Zustand, nämlich durch die Feuchtigkeit im Keller beschädigt, von Würmern zerfressen und völlig ungeordnet. Sie fanden einen Käufer, der sie nach Athen brachte und Abschriften anfertigen ließ. In Athen bemächtigte sich ihrer der Feldherr Sulla, der Eroberer Griechenlands. Er betrachtete sie als Kriegsbeute und brachte sie nach Rom, wo sie Andronikos aus Rhodos ordnete und kommentierte. Mit ihm beginnt die Reihe von Kommentaren, die in der Folgezeit den Aristotelischen Lehrschriften gewidmet wurden.

Selbst wenn der (hier nicht vollständig wiedergegebene) Bericht über den abenteuerlichen Weg der Aristotelischen Schriften im großen und ganzen zutreffen sollte, ist es doch wenig wahrscheinlich, daß es außer den in Skepsis deponierten Faszikeln keine anderen Abschriften gegeben haben sollte. Sollten die Angehörigen der von Aristoteles begründeten Schule – des Peripatos – wirklich nicht dafür gesorgt haben, daß die Gedanken des Schulgründers in authentischer Weise in ihrem Kreis weitergegeben und weiterentwickelt werden konnten? Zwar treten bei den älteren Peripatetikern metaphysische Fragen zugunsten einzelwissenschaftlicher Untersuchungen zurück, doch da an der Aristotelischen Denkweise festgehalten wurde, ist anzunehmen, daß ein ständiges Interesse an den für die Schule grundlegenden Schriften vorhanden war, während die für die Öffentlichkeit verfaßten Aristotelischen Schriften durchweg verlorengegangen sind. Man hielt sie offenbar für weniger bedeutend als die Lehrschriften.

Die Tatsache, daß sich wichtige philosophische Werke trotz anfänglicher Schwierigkeiten über kurz oder lang doch durchgesetzt haben, rechtfertigt einen vorsichtigen Optimismus bei der Beurteilung der Denkentwicklung im allgemeinen: Im Verlauf der Zeit setzt sich durch, was wegen seiner philosophischen Bedeutung wert ist, bewahrt zu werden. Philosophische Werke wie Humes *Traktat* waren nur scheinbar Totgeburten; in Wirklichkeit waren sie durchaus lebendig. Die Zeitgenossen brauchten nur etwas länger, um das zu bemerken.

28.

Philosophie und Sprache
Gefährdung der Sprache und Gefährdung durch die Sprache

Schopenhauer verlangte vom Verleger seiner Bücher und vom Setzer, der seine Manuskripte zum Druck beförderte, eindringlich, seine Rechtschreibung unbedingt zu achten. Die Mahnung war nicht überflüssig, denn er beharrte auf recht eigenwilligen Schreibweisen. So forderte er zum Beispiel, vor einem mit «denn» beginnenden Nebensatz stets ein Semikolon, und nicht ein Komma, zu setzen. Oder er bestand auf der Schreibung «Italiäner» (wegen «Italia»), «mühsälig» (wegen «Mühsal») etc. und setzte sich für die Schreibweise «Brommbeeren» (anstatt «Brombeeren») ein.

Das mutet auf den ersten Blick eher schrullig an und kann in inhaltlicher Hinsicht heute, nachdem sich die Orthographie in vielen Fällen weiterentwickelt hat, als Eigentümlichkeit eines Eigenbrötlers angesehen werden. In formaler Hinsicht verdient seine Einstellung aber Anerkennung, entspringt sie doch der Achtung für klare, den auszudrückenden Gedanken angemessene Schreibweisen. Schopenhauer beharrte nicht nur auf der Einhaltung der Rechtschreibregeln, sondern verlangte auch Respekt vor der Grammatik, die er durch Ignoranz oder Gleichgültigkeit gefährdet sah. Richtig zu schreiben war für ihn geboten, weil der zu transportierende Gedanke durch unkorrekte Schreibweisen verfälscht zu werden droht.

Noch in seinem Alter notierte er zahlreiche sinnwidrige Schreibweisen. In seinen von 1852 bis zu seinem Tod (1860) entstandenen Aufzeichnungen kommt die Sorge um die Sprache immer wieder zum Ausdruck, so wenn er schreibt: «Die ganze allgemeine und höchst schändliche deutsche

Sprachverhunzung zeugt von borniertestem Unverstand …»
(Schopenhauer: *Senilia*, 147).

Kaum ein Philosoph dürfte in bezug auf die sprachliche
Form, in der Gedanken vorgetragen werden, so empfindlich
gewesen sein wie Schopenhauer. Das zeigt sich bei seiner em-
pörten Reaktion auf einen Brief der dänischen Akademie der
Wissenschaften, in dem ihm mitgeteilt wurde, daß seiner Abhandlung kein Preis zugesprochen worden sei. Im Schreiben
der Akademie wurde das von Schopenhauer gewählte Motto
wiederholt, allerdings in leicht veränderter Formulierung.
Schopenhauer hatte geschrieben: «Moral predigen ist leicht,
Moral begründen schwer». Die Akademie hatte im zweiten
Satzteil ein weiteres «ist» eingefügt – «Moral begründen ist
schwer». Offensichtlich ist die erweiterte Formulierung, anders als die ursprüngliche, plump und schwerfällig.

Der Stil ist keine Nebensache, obwohl er nicht alles ist;
bedeutende Inhalte verdienen es, gut ausgedrückt zu werden.
Offenbar liegt Schopenhauers Forderung, mit der Sprache
gewissenhaft umzugehen, die Einsicht zugrunde, daß der
sprachliche Ausdruck den Gedanken nicht nur äußerlich ist;
Sprechen und Denken hängen unauflöslich zusammen. Deshalb warnte Schopenhauer immer wieder vor nachlässigen
Schreibern und wurde nicht müde, ihre Ausdrucksweise an-
zuprangern. So notierte er: «Eine solche Sprache [die deut-
sche] auf das mutwilligste und hirnloseste mißhandelt zu sehen von unwissenden Sudlern, Lohnschreibern, Buchhändler-
söldlingen, Zeitungsberichtern und dem ganzen Gelichter des
Federviehs, ist mehr, als ich schweigend ertragen konnte und
durfte …» (*Senilia*, S. 190). Schopenhauer findet es erstaunlich, wie schnell sich Sprachschnitzer einbürgern – eine Bemerkung, die auch für die Gegenwart gilt. Was Schopenhauer
von der Rechtschreibreform, die in den Ländern deutscher
Sprache von uneinsichtigen Reformern, Politikern und Beam-
ten durchgesetzt wurde, gehalten hätte, ist leicht zu erraten.

Man kann sich ausmalen, wie entrüstet er auf die angeordnete Verdrängung der Rechtschreibung durch eine Schlechtschreibung, die Sinnwidriges empfiehlt, reagiert hätte.

Die Sprache ist allerdings nicht nur der Gefahr der Verhunzung ausgesetzt, sondern sie wird manchmal auch als Mittel mißbraucht, durch eine dunkle, kaum verständliche Ausdrucksweise über die Dürftigkeit der Gedanken hinwegzutäuschen. Zu diesem Zweck schreiben manche so, «daß der Leser glauben muß, es liege an ihm, wenn er … nicht versteht; während der Schreiber sehr wohl weiß, daß es an ihm selbst liegt, indem er eben nichts Verstehbares, d. h. klar Gedachtes, mitzuteilen hat» (Schopenhauer: *Parerga II*, Über die Universitätsphilosophie). Manche Schreiber gleichen in der Tat den Tintenfischen, die ihre Umgebung trüben, um sich unangreifbar zu machen. Ihnen kommt dabei ein verbreitetes Vorurteil zustatten: Weil tiefe Gedanken manchmal dunkel erscheinen, läßt man sich verleiten, alle dunklen Ausführungen für tief zu halten.

Schopenhauer konzentrierte sich auf die Mitteilungsfunktion der Sprache, die, obwohl sie nicht die einzige Funktion der Sprache ist, in der Tat alle Sorgfalt verdient. Diesen Aspekt der Sprache, namentlich der Schriftsprache, hatte auch Karl R. Popper im Auge, wenn er sich gegen eine Sprech- und Schreibweise wandte, die Gedanken eher verdunkelt als zutage fördert. 1987 erklärte er in einem Interview: «Jeder Intellektuelle hat eine ganz spezielle Verantwortung. Er hat das Privileg und die Gelegenheit, zu studieren. Dafür schuldet er seinen Mitmenschen (oder ‹der Gesellschaft›), die Ergebnisse seines Studiums in der einfachsten und klarsten und bescheidensten Form darzustellen. Das Schlimmste – die Sünde gegen den heiligen Geist – ist, wenn die Intellektuellen versuchen, sich ihren Mitmenschen gegenüber als große Propheten aufzuspielen und sie mit orakelnden Philosophien zu beeindrucken. Wer's nicht einfach und klar sagen kann, der soll schwei-

gen und weiterarbeiten, bis er's klar sagen kann.» (*Die Welt*,
Nr. 158, 1987; auch in Popper: *Auf der Suche nach einer besseren Welt*)

So wünschenswert das Streben nach Klarheit des Ausdrucks
und das Bemühen um Verständlichkeit des Ausdrucks auch
sind, so wenig sind sie allein ausschlaggebend; übergeordnetes
Ziel der Darstellung und einer Argumentation ist die inhaltliche Angemessenheit. Wer ein Werk in erster Linie im Hinblick
auf stilistische Eleganz – und nicht auf inhaltliche Stimmig-
keit – bewertet, urteilt einseitig. Dieser Einseitigkeit hat sich
Heinrich Heine (1797–1856) schuldig gemacht, als er Kants
Schreibweise in der *Kritik der reinen Vernunft* bemängelte.
Kant habe in kleineren Schriften gezeigt, daß er auch anders –
leserfreundlicher – schreiben könne, in seinen großen Werken
meinte er aber wohl, sich von den Popularphilosophen unterscheiden und sich einem «grauen, trockenen Packpapierstil»
verschreiben zu müssen. Heine unterstellt deutschen Philosophen generell die Absicht, ihre Gedanken für Laien unzu-
gänglich zu machen (*Gedanken und Einfälle*). Im Falle der
Kritik der reinen Vernunft ist diese Unterstellung sicherlich
fehl am Platze. Heines Kritik am Stil von Kants erster Kritik
überzeugt nicht, weil sie sich einseitig am Kriterium der leich-
ten Lesbarkeit ausrichtet.

Es gibt jedoch Gedanken, die sich beim besten Willen nicht
in lockerer und gefälliger Weise ausdrücken lassen, und zwar
aus dem Grund, daß sie nur mit Hilfe ungewöhnlich abstrakter Begriffe begründet werden können. Sie verlangen vom Leser eine Anstrengung, deren Lohn das gesuchte Verständnis
ist. So verhält es sich z. B. mit der Lehre des frühgriechischen
Philosophen Heraklit, der den Beinamen «der Dunkle» hatte.
Sokrates meinte, man müsse ein tüchtiger Taucher sein, wenn
man seine Gedanken ergründen wolle, so tief seien sie. Der von
Heine erhobene Vorwurf ist somit nur angebracht, wenn er auf
Texte bezogen wird, die unnötig dunkel und verwickelt sind.

Heine schwebte eine Schreibweise vor, wie er sie bei Lessing und bei französischen Aufklärern fand. Texte «in der Art der französischen Essais» sind nach seinem Geschmack. Tatsächlich haben Autoren wie Voltaire bei der Erörterung philosophischer Themen immer getrachtet, literarischen Ansprüchen gerecht zu werden. Man darf aber nicht übersehen, daß sie sich auf die in nüchterner Weise geschriebenen und auf den ersten Blick nicht eingängigen Werke von Descartes, Leibniz und anderen ähnlich schreibenden Autoren stützten. Zwischen der Forderung, sich gut auszudrücken, und der Forderung sachlicher Angemessenheit muß ein Ausgleich gefunden werden.

Der Sprachgebrauch erfordert aber auch deshalb große Sorgfalt, weil die Sprache das Denken unter Umständen in die Irre führen kann. Das hat schon Francis Bacon um 1600 erkannt, der sprachlich bedingte Irrtümer zu den «Idolen» – das heißt zu meist unbemerkten Vorurteilen – rechnete. Er nannte sie Idole des Marktes, weil die Sprache, auf deren Mißbrauch sie beruhen, durch den öffentlichen Gebrauch entsteht. Irreführen kann die Sprache nicht nur auf Grund von Mehrdeutigkeiten, sondern unter Umständen auch dadurch, daß Wörter als Namen realer Gegenstände aufgefaßt werden, ohne Gegenstandsnamen zu sein. Ein einfaches, nicht von Bacon stammendes Beispiel ist die Verwendung der Wendung «Gang einer Uhr». Wenn zwei Uhren gleich gehen, kann man sagen, daß sie denselben Gang haben. Wenn man sich aber verleiten läßt, den Gang als etwas Gegenständliches zu betrachten, an dem die beiden Uhren teilhaben, wird man von der Sprache in die Irre geführt.

Auch Friedrich Nietzsche erkannte die Sprache als mögliche Quelle von Irrtümern. Dabei dachte er nicht so sehr an banale Irreführungen, sondern an metaphysische Fiktionen. Er führte die Begriffe von Substanz und Eigenschaft auf das grammatikalische Verhältnis von Subjekt und Prädikat zurück, das nicht alle Sprachen kennen. Ist der Schritt zur Substanz-Metaphysik getan, scheint es möglich zu sein, auch von einer höchsten, absolut unendlichen Substanz zu sprechen. Deshalb konnte Nietzsche sagen: «wir werden Gott nicht los, weil wir noch an die Grammatik glauben» (*Götzen-Dämmerung*, Die Vernunft in der Philosophie, 5).

Als eine zentrale Aufgabe der Philosophie betrachtete auch Ludwig Wittgenstein die Aufdeckung sprachlich bedingter Fehler. Seiner Ansicht nach darf sich die Sprachphilosophie nicht auf die Beschreibung linguistischer Zusammenhänge beschränken; sie hat letztlich die Heilung von sprachlich bedingten Irrtümern zur Aufgabe. Da, wie Wittgenstein überzeugt war, die Probleme der traditionellen Philosophie auf Mißverständnissen unserer Sprache beruhen, können sie durch deren Aufdeckung ausgeschaltet werden. Die auf diese Aufgabe konzentrierte Philosophie ist keine Lehre, sondern eine Tätigkeit, nämlich das Analysieren von Sätzen. Aufs kürzeste ausgedrückt: «Der Zweck der Philosophie ist die logische Klärung der Gedanken.» (*Tractatus*, 4.112)

Als Beispiel der Art, in der Wittgenstein philosophische Aussagen analysiert, bietet sich die Auseinandersetzung mit Descartes' erstem Prinzip an. Nach Wittgenstein beruht es auf der Annahme, daß Bewußtseinsinhalte etwas sind, das ein Ich hat, so daß das Ich als ihr Inhaber aufgefaßt wird (*Philosophische Untersuchungen*). Die Versuchung, «ich denke» als «ich habe Gedanken» aufzufassen, geht von der Sprache aus. Man meint, Gedanken als etwas Gegenständliches, als Sachverhalte, auffassen und ihr Wesen in einer geistigen Anschauung erkennen zu können.

Ein anderes Beispiel philosophischer Kritik mittels Sprachanalyse ist die Art, in der sich Gilbert Ryle (1900–1976) mit dem Leib-Seele-Dualismus auseinandersetzte. Die Annahme eines vom Leib verschiedenen Geistes, der im selben Sinne real ist wie der Leib, ist seiner Ansicht nach Folge eines sprachlichen Fehlers. Wer meint, Leib und Geist, aus denen der Mensch bestehen soll, wären von gleicher Seinsweise, unterliegt ebenso einem Irrtum wie jemand, der auf dem Fußballplatz neben der Elf auch den Mannschaftsgeist sehen möchte. In beiden Fällen beruht der Fehler auf einer Kategorienverwechslung. Im Falle des Verhältnisses von Geist und Körper wird übersehen, daß «Geist» einer anderen sprachlichen Kategorie zuzuordnen ist als «Leib», denn anders als dieser ist der Geist nichts, was sich in der raum-zeitlichen Realität wahrnehmen ließe. Ryle sah im Denken nichts anderes als ein lautloses Sprechen – die gemurmelte Probeaufführung einer öffentlichen Aussage (*Der Begriff des Geistes*, 1969; engl. 1949).

Ryles Kritik hängt offenbar von seinem behavioristischen Standpunkt ab, dem zufolge Denken in gewissen Ansätzen zur Innervation von Muskeln des Sprechapparates besteht. Es ist dieser Ansicht nach kein Vorgang in der Innerlichkeit des Bewußtseins. Nur unter Voraussetzung dieser Auffassung kann in bezug auf den Leib-Seele-Dualismus von einer Kategorienverwechslung gesprochen werden. Der philosophische Behaviorismus ist aber eine Denkweise, die keineswegs selbstverständlich ist.

Was Ryle gegen eine bestimmte metaphysische Auffassung vorgebracht hat, ist ein Sonderfall der im 20. Jahrhundert von verschiedenen Standpunkten aus an der Metaphysik geübten linguistischen Kritik. An die Stelle von Psychologie und Soziologie, die früher die Instrumente der Metaphysikkritik geliefert hatten, trat die Linguistik. In dieser Konzentration auf Sprachkritik besteht die sprachliche Wende (*linguistic turn*), die in weiten Bereichen der Philosophie des 20. Jahrhunderts vollzogen wurde. Sie findet einen deutlichen Niederschlag in der analytischen Philosophie (die richtiger «sprachanalytische Philosophie» genannt werden sollte). Die Auffassung, daß das Verhältnis des Menschen zur Wirklichkeit von sprachlichen

Strukturen geprägt ist, hat sich im Verlauf der Zeit immer mehr durchgesetzt, ohne auf eine einzige Richtung beschränkt zu sein.

Die Sprache ist demnach nicht nur als Vehikel von Gedanken und nicht nur als Ursache von Fehlern zu betrachten, sondern als Rahmen, innerhalb dessen die Erfahrungswirklichkeit strukturiert wird. Die Sprache formt unser Verhältnis zur Welt, was nicht heißt, daß dies nur von der Sprache geleistet wird. Doch wenn wir Eindrücke interpretieren, um sie als Erfahrung lesen zu können, spielt die Struktur der Sprache zweifellos eine wichtige Rolle. Dies wurde von verschiedenen Standpunkten aus betont: Sprache dient als symbolische Form der Weltdeutung (Ernst Cassirer), ja der interpretierenden Welt-Erzeugung (Nelson Goodman); sie wird als «Haus des Seins» (Heidegger: *Brief über den ‹Humanismus›*) aufgefaßt. In dieselbe Richtung weist auch Hans-Georg Gadamers kryptische Äußerung: «Sein, das verstanden werden kann, ist Sprache.» (*Wahrheit und Methode*, 2. Aufl., 450)

Die Frage, ob an der Strukturierung der Erfahrungswirklichkeit nicht auch ein Denken beteiligt sei, das ursprünglicher ist als die Sprache, ist nicht von der Hand zu weisen. Doch wie immer man solche Fragen beantwortet: Die Forderung, der Sprache die ihr gebührende Achtung entgegenzubringen und bei ihrem Gebrauch die größtmögliche Sorgfalt walten zu lassen, ist auf jeden Fall berechtigt, nicht nur aus den Gründen, die Schopenhauer – zu Recht, aber nicht allgemein genug – im Auge hatte.

29.

Philosophen in der Kritik
Philosophische Einwände und Erwiderungen

Als der Göttinger Philosophieprofessor Johann Georg Heinrich Feder (1740–1821) von einem Besucher aus Ostpreußen erfuhr, daß Immanuel Kant in Königsberg ein Werk in seinem Schreibpult habe, das den Philosophen noch viel Angstschweiß kosten werde, lachte er spöttisch und meinte, von einem Dilettanten wie Kant sei derartiges wohl nicht zu erwarten. Als dann das Werk, nämlich die *Kritik der reinen Vernunft*, erschienen war, veröffentlichte Feder in den *Göttingischen Gelehrten Anzeigen* (1782) anonym eine negative Rezension, die von Christian Garve (1742–1798) stammte, aber von Feder umgearbeitet worden war.

Kant war empört, weil er sein Werk mißverstanden und die Öffentlichkeit irregeführt sah. In einem Anhang zu den zwei Jahre nach der *Kritik der reinen Vernunft* erschienenen *Prolegomena zu einer jeden künftigen Metaphysik* setzte er sich mit der Besprechung in der Zeitschrift auseinander. Eine kompetente, auf die Grundgedanken bezogene Auseinandersetzung ist, wie er betonte, immer willkommen, denn wenn sie auch dem Autor des besprochenen Werkes mißfallen mag, so dient sie doch dem besseren Verständnis und gibt unter Umständen dem Kritisierten Gelegenheit, seine Auffassung entweder zu berichtigen oder zu verteidigen. «Ich» – schreibt Kant – «befinde mich mit meinem Rezenten in einer ganz anderen Lage. Er scheint gar nicht einzusehen, worauf es bei der Untersuchung ... eigentlich ankam ... er geht mit Ungestüm eine lange Reihe von Sätzen durch, bei denen man, ohne ihre Prämissen zu kennen, gar nichts denken kann, streut hin und wieder seinen Tadel aus, von welchem der Leser ebensowenig den Grund sieht, als er die Sätze versteht, dawider derselbe gerichtet sein soll, und kann also weder dem Publikum zur Nachricht nützen, noch mir im Urteile der Kenner das mindeste schaden.» Kant mußte feststellen, daß seine Bemühungen, Mißverständnisse soweit wie möglich hintanzuhalten, im Falle des Rezensenten (er wußte noch nicht, daß es nicht nur einer war) vergeblich gewesen waren: «Allen Mißdeutungen ... ist in dem Werke [der *Kritik der reinen Vernunft*] hinreichend vorgebeugt worden; allein der Rezensent fand seinen Vorteil bei Mißdeutungen.» Kant wollte auf die Angriffe des Rezensenten nicht polemisch reagieren. Er wollte sich auch nicht auf die Korrektur einzelner seiner Irrtümer beschränken, sondern vor allem in positiver Weise nochmals die Absicht, von der er geleitet war, hervorheben. Obwohl es dabei nicht ohne Seitenhiebe auf den (oder die) anonymen Rezensenten abging, ließ er sich bei seiner Replik nicht von persönlichen Interessen, sondern vom Interesse an der Sache leiten, der der Rezensent nicht gerecht geworden war: der Begründung des kritischen Idealismus.

Garve fand sich unversehens in einer Rolle, die er nicht zu übernehmen beabsichtigt hatte. Er beschwerte sich bei Feder über die ohne sein Wissen vorgenommenen Änderungen des Textes, und seiner Mutter klagte er, wie hart er von Kant abgefertigt worden sei. Er beschloß, das Inkognito zu lüften und im Gespräch mit Kant Verständnis für seine Lage zu suchen. Er legte Kant den Sachverhalt dar, verschwieg aber Feders Namen. Kant antwortete zu Garves Erleichterung versöhnlich.

Die Strafe für Feders Beckmesserei erfolgte in unerwarteter Weise. Als sich schließlich doch herumsprach, welche Rolle er beim Zustandekommen der Rezension gespielt hatte und wie starrsinnig er jegliches Einlenken ablehnte, verlor er einen beträchtlichen Teil seiner Hörerschaft; die «Philosophische Bibliothek», zu deren Herausgebern er gehörte, ging ein, und manche seiner Kollegen wandten sich von ihm ab.

Die Situation ist sonderbar: Feder, der heute allenfalls einigen Spezialisten der Philosophiehistorie bekannt ist, wäre, wenn er Kant nicht angegriffen hätte, vergessen; und ein solcher Mann meinte über ein Werk, ohne das die moderne Philosophie der folgenden Jahrhunderte nicht vorstellbar ist, den Stab brechen zu können. Sein Fehler bestand nicht darin, eine andere Meinung als Kant gehabt zu haben, sondern darin, sich eine Meinung in einer Sache angemaßt zu haben, für die er gar nicht zuständig war. Weil er in Kant einen «Dilettanten» sah, glaubte er, sein Buch nicht ernst nehmen zu müssen; seine Inkompetenz machte ihn blind für die Bedeutung der *Kritik der reinen Vernunft*, ja sie veranlaßte ihn zu einer Attacke, die dem Werk tatsächlich schaden konnte, da die Zeitschrift, in der sie erschien, großes Ansehen genoß. Kants Reaktion war die einzig angemessene: Er versuchte, die entscheidenden Fragen in den Mittelpunkt zu stellen. Er forderte vom Rezensenten den Versuch, seine Behauptungen zu beweisen. Wenn, wie Kant überzeugt war, der Versuch fehlschlage, müßte sich die Haltlosigkeit der gegen Kants Werk vorgebrachten Einwände zeigen. Zu einer solchen Auseinandersetzung kam es nicht, weil Feder nicht bereit war, sich auf sie einzulassen, und Garve dazu nicht fähig war.

Es ist ein Glücksfall, wenn sich bei der kritischen Erörterung philosophischer Probleme die Bereitschaft zur möglichst unvoreingenommenen Erörterung von Auffassungen mit der Fähigkeit kompetenter Beurteilung verbindet. Ein Fall, in dem beide Bedingungen erfüllt waren, ist die Debatte über Descartes' *Meditationen*, die der Philosoph selbst angeregt hat. Er ließ sein wenig umfangreiches metaphysisches Hauptwerk einer Reihe von Zeitgenossen mit der Bitte um Stellungnahme zukommen und nutzte deren Einwände und Bemerkungen, um in seinen Erwiderungen die angesprochenen

Auffassungen ausführlicher zu begründen, als das im Werk selbst geschehen war. Die «Objectiones» mit den entsprechenden «Responsiones» sind viel umfangreicher als der Grundtext. Sie sind ein so wichtiges Dokument, daß sie nicht übergangen werden können, wenn man sich mit der Cartesianischen Philosophie gründlich auseinandersetzen will.

Von besonderem Interesse ist im vorliegenden Zusammenhang Descartes' bereits erwähnte Kontroverse mit Pierre Gassendi (1592–1655), der den Cartesianischen Dualismus von Leib und Geist kritisierte und die Immaterialität der Seele leugnete. Da Descartes erklärt hatte, daß zunächst nur die Existenz des Geistes unzweifelhaft feststehe, während sich an der Existenz des menschlichen Körpers wie an der Existenz der materiellen Dinge im allgemeinen zweifeln lasse, redete ihn Gassendi als «verehrter Geist» an. Descartes revanchierte sich, indem er seinen Kontrahenten als «verehrtes Fleisch» anredete (vgl. Kapitel 19).

Gassendi war Materialist, der das Bewußtsein als «Blüte der Materie» bezeichnete, und er nahm einen hedonistischen Standpunkt ein, indem er moralisch gut und böse auf die sinnliche Lust bzw. deren Hindernisse zurückführte. Es überrascht, daß Gassendi eine solche Ansicht vertrat, denn er war Geistlicher und als solcher eigentlich der Lehre von der Geistigkeit der Seele verpflichtet. Da er sich aber offen zum Materialismus bekannte, konnte er gegen die Anrede «o Fleisch» nichts einwenden, obwohl sie ihm wegen der moralischen Konnotation von «Fleisch» unangenehm gewesen sein dürfte.

Am Ende der Auseinandersetzung «des Geistes» mit «dem Fleisch» rang sich Descartes zu verbindlichen Wendungen durch: Er bewundere Gassendi als ausgezeichneten Philosophen und umarme in ihm einen Mann von Seelengröße und makellosem Lebenswandel. Gassendi nahm am Ende seiner Ausführungen eine erstaunliche Relativierung vor: «So wie ich, wenn eine Speise meinem Gaumen angenehm ist, die offensichtlich anderen nicht zusagt, nicht behaupte, daß mein Geschmack vollkommener sei als der eines anderen, so bin ich, wenn eine Meinung meinem Geist gefällt, die anderen nicht behagt, weit von der Ansicht entfernt, ich sei auf die richtige gestoßen.»

Von einer Annäherung der Standpunkte war allerdings keine Rede. Descartes schloß mit dem Worten: «Im übrigen habe ich mich gefreut, daß ein Mann von solchem Rufe (Gassendi) in einer so langen und so sorgfältig geschriebenen Abhandlung keinen Grund vorgebracht hat, der meine Gründe hätte erschüttern können, und auch keinen gegen meine Folgerungen, auf den es mir nicht ein leichtes gewesen wäre zu antworten.» Gassendi kam einer offenen Einstellung näher als Descartes, der zwar bereit war, seine Gedanken zur Diskussion zu stellen, doch nicht so weit ging wie Gassendi, der einen antidogmatischen Standpunkt einnahm und metaphysische Wahrheitsansprüche relativierte.

Philosophische Kontroversen hat es schon früher gegeben, aber sie waren nicht, wie im Falle der Einwände auf die Cartesianischen Meditationen und die anschließenden Erwiderungen des Autors, von diesem organisiert. Zum Beispiel wurde die Kontroverse zwischen den Mönchen Anselm von Canterbury und Gaunilo vom letzteren mit einer kritischen Schrift eröffnet, was Anselm zum Anlaß nahm, seinen Standpunkt nochmals zu bekräftigen. Weil nicht nur das *Proslogion* mit dem die Auseinandersetzung auslösenden ontologischen Gottesbeweis (siehe Kapitel 16), sondern auch Gaunilos Kritik (*Liber pro insipiente*) und Anselms Replik (*Liber apologeticus*) Verbreitung fanden, konnte die Debatte im Kreis von Theologen und Philosophen verfolgt werden. Gaunilo nahm Anstoß an Anselms Gottesbeweis, er wies die These, daß nur ein Tor an der Existenz Gottes zweifeln könne, zurück, worauf Anselm seine Auffassung wiederholte und teilweise ergänzte. Von einer Annäherung der Standpunkte konnte aber auch in diesem Fall keine Rede sein.

Als Opfer eines inkompetenten Kritikers sah sich Schopenhauer, der empört war, als sein Hauptwerk von einem Rezensenten scharf und, wie er meinte, zu Unrecht kritisiert wurde. Die Besprechung stammte von Friedrich Eduard Beneke (1798–1854), der zehn Jahre jünger war als Schopenhauer. In der ihm eigenen drastischen Art zog dieser gehörig vom Leder. Tatsächlich hatte sich Beneke dadurch angreifbar gemacht, daß er unkorrekt zitierte und Schopenhauer Auffassungen zuschrieb, die dieser nicht vertreten hatte. Schopenhauer beklagte sich bei den Herausgebern der *Jenaischen Allgemeinen Litteraturzeitung*, in der die Besprechung erschienen war, über den «noblen Rezensentenjungen» und erteilte diesem eine «notwendige Rüge» wegen «erlogener Zitate».

Schopenhauers Wut über den Rezensenten hielt über dessen Tod hinaus an. Beneke machte 1854 seinem Leben ein Ende, indem er sich ertränkte. Der Leichnam wurde erst zwei Jahre später an einem Kanal in Berlin-Charlottenburg gefunden. Als Schopenhauer dies erfuhr, zog er eine Parallele zum Freitod des Empedokles, der sich in den Krater des Ätna gestürzt haben soll, um seine Himmelfahrt vorzutäuschen. Das Vorhaben mißlang, weil ein am Kraterrand zurückgebliebener Schuh die Art, in der der Philosoph ums Leben kam, erkennen ließ (hierzu ausführlicher Kapitel 32). Nach Schopenhauer hat Beneke «es schließlich dem Empedokles gleichtun wollen und ist in Gott weiß welches Loch gesprungen, wo ihn der Teufel finden kann. Statt der ehernen Pantoffel wird wohl einmal die goldene Brille ausgeworfen werden.»

Die Empörung Schopenhauers war deshalb so groß, weil er überzeugt war, ein Meisterwerk geschaffen zu haben, das uneingeschränkt anerkannt zu werden verdiene. In einem Schreiben, in dem er dem Verleger Friedrich Arnold Brockhaus das

Manuskript der *Welt als Wille und Vorstellung* anbot, heißt es: «Das Buch, in welchem ich das schwere Geschäft, sie [die in dem Buch entwickelten Gedanken] andern verständlich mitzuteilen, ausgeführt habe, wird, meiner festen Überzeugung nach, eines von denen sein, welche nachher die Quelle und der Anlaß von hundert andern Büchern werden.» Wer eine so hohe Meinung von seiner Leistung hat, muß natürlich Kritik grundsätzlich als unzulässig betrachten. Schopenhauer hätte sich mit dem Hinweis auf die wesentlichen Unterschiede zwischen seiner und Benekes Denkweise zufriedengeben können: Beneke sprach als empirischer Psychologe, Schopenhauer als Philosoph, der den Kantischen Kritizismus mit metaphysischen Auffassungen zu verbinden suchte, so daß es nicht überraschend ist, wenn ihre Ansichten miteinander nicht verträglich sind.

Wie die Beispiele zeigen, können kritische Auseinandersetzungen fruchtbar oder unergiebig sein. Ob sie zu einem Erkenntnisgewinn führen oder nicht, hängt von Bedingungen ab, die selbst nicht zur Debatte stehen; sie lassen sich nicht beweisen, sind jedoch für das Ergebnis der Auseinandersetzung wichtig. Erstens bedarf es auf beiden Seiten fachlicher Kompetenz, um Gründe und Gegengründe philosophischer Thesen möglichst objektiv abwägen zu können, denn Erkenntnis läßt sich nicht auf Übereinstimmung der Diskussionsteilnehmer zurückführen. Zweitens müssen alle an der Auseinandersetzung Beteiligten gewillt sein, den Problemen gerecht zu werden. Und schließlich müssen sie bereit sein, Alternativen zu ihrer Position ernst zu nehmen, was selbstverständlich nicht heißt, daß sie ihnen zustimmen müßten. Je mehr dieser Bedingungen bei einer Diskussion erfüllt sind, desto besser sind die Aussichten auf Erkenntnisgewinn.

Bei der Auseinandersetzung mit Descartes' *Meditationen* waren diese Bedingungen weitgehend erfüllt, während sie von Garve und Feder verfehlt wurden. Garve fehlte die nötige

Kompetenz, und Feder ließ den Willen zu einer angemessenen Beurteilung von Kants erster Kritik vermissen. Eine Situation, wie sie durch die genannten Bedingungen bestimmt wird, dürfte nur selten realisiert sein. Trotzdem ist ihre Idee geeignet, die Diskussion auf ein Ziel zu lenken und ein philosophisches Klima zu schaffen, das die Klärung der Positionen oder vielleicht sogar deren Annäherung ermöglicht.

30

«Vergiß die Peitsche nicht!»

Philosophen und Frauen

Als Friedrich Nietzsche im Jahre 1882 die einundzwanzig-jährige Deutschrussin Lou Salomé kennenlernte, war er von ihrer Schönheit und Intelligenz so hingerissen, daß er sie zu heiraten beschloß. Er glaubte, in ihr eine kongeniale Part-nerin gefunden zu haben. Tatsächlich schien sie mit Nietz-sches Auffassungen völlig übereinzustimmen. Hätte jemand ihre Gespräche belauscht, er würde, wie Nietzsche meinte, den Eindruck gehabt haben, zwei Teufel redeten mitein-ander.

Damals entstand eine Photographie, die Nietzsche mit sei-nem Freund Paul Rée in der Pose des Zugpferdes vor einem Wägelchen zeigt. Darin sitzt Lou und schwingt die Peitsche über den beiden Männern. Während Nietzsche seine Rolle hingebungsvoll spielt, wirkt Rée eher distanziert. Das ist ver-ständlich, war er doch in Lou Salomé verliebt und hatte ihr sogar einen Heiratsantrag gemacht. Nietzsche hatte von dem Verhältnis keine Ahnung; er bat sogar Rée, bei Lou für ihn als Brautwerber vorzusprechen.

Als Nietzsche schließlich die Situation durchschaute, war er schwer enttäuscht. Er machte seinem Unmut über die bitteren Erfahrungen des Jahres 1882 in frauenfeindlichen Äußerungen Luft. Im *Zarathustra* läßt er ein altes Weiblein den Rat ertei-len: «Du gehst zu Frauen? Vergiß die Peitsche nicht», und in *Jenseits von Gut und Böse* gibt es «Sieben Weibs-Sprüchlein», die nicht nur bei Feministinnen (und Feministen) Befremden auslösen dürften. Dort liest man zum Beispiel: «Schwarz Gewand und Schweigsamkeit kleidet jeglich Weib gescheit» oder «Wem im Glück ich dankbar bin? Gott! – und meiner Schneiderin.»

In eine ähnliche Lage wie Nietzsche, der sich der peitsche-schwingenden Lou Salomé unterordnete, soll nach einer, allerdings dubiosen, Anekdote Aristoteles geraten sein. Nach dieser offenbar frei erfundenen Geschichte ist der Philosoph während seines Aufenthalts in Makedonien Opfer der schönen und verschlagenen Phyllis geworden. Aristoteles, damals Lehrer des makedonischen Thronfolgers Alexander, soll nach der Anekdote seinen Schüler wegen seiner Leidenschaft für das Hoffräulein Phyllis bei König Philipp II., Alexanders Vater, angeschwärzt haben. Für den Verweis, der ihr vom König erteilt wurde, suchte sich Phyllis an dem Philosophen zu rächen. Sie umgarnte ihn und machte ihm Hoffnung auf Erfüllung seiner erotischen Wünsche, wenn er sich einen Sattel auflegen ließe, um mit der Schönen als Reiterin durch den Garten zu traben. Die Königin, die mit ihrem Hofstaat die Szene beobachtete, berichtete alles dem König. Der blamierte Philosoph verließ Makedonien und schrieb ein Buch, in dem er empfahl, die Frauen wegen ihrer Falschheit nach Möglichkeit zu meiden. Die ganze Geschichte ist höchst unwahrscheinlich; sie könnte erfunden worden sein, um zu zeigen, welche Auswirkungen die Verliebtheit haben kann, selbst bei einem großen Philosophen wie Aristoteles.

Ein Opfer seiner Verliebtheit wurde auch der sonst so besonnene David Hume, der von einer Dame ähnlich zum besten gehalten wurde wie angeblich Aristoteles von Phyllis. Als Mitglied einer englischen Gesandtschaft hielt er sich 1748 – er war damals 37 Jahre alt – in Turin auf und lernte dort die Comtesse Duvernan kennen, die ihn in ihren Bann schlug. Sie war mit einem älteren Mann verheiratet und zugleich die Geliebte eines siebzehnjährigen jungen Mannes namens Caulfield, mit dem sich Hume angefreundet hatte. Als Hume wieder einmal die Comtesse besuchte, beobachtete Caulfield,

hinter einem Vorhang versteckt, das Tête-à-tête. Er sah, wie
Hume, wegen seiner Körperfülle etwas unbeholfen, vor der
Comtesse in die Knie sank und ihr seine Liebe gestand: «Oh,
Madame, ich ersticke vor Liebe. Liebe, liebe Dame, ich bin
ganz untröstlich, zugrunde gerichtet, vernichtet!» Die Comtesse zeigte ihm jedoch die kalte Schulter, und als Hume versuchte, ihre Knie zu umfassen, wies sie ihm die Tür. Unter
Tränen verließ er das Zimmer, so daß er nicht mehr hören
mußte, wie die Comtesse und ihr Liebhaber in schallendes
Gelächter ausbrachen. Später bat Caulfield den Philosophen
für sein Verhalten um Entschuldigung. Hume reagierte nach-
sichtig und verständnisvoll: «Sie sind jung, liebenswürdig
und werden geliebt. Das ist so, wie es sein soll. ... Pflücken
Sie die Blumen, aber machen Sie sich nicht zum Gärtner.»
(G. Streminger: *David Hume*, 1994)

Bei Hume handelt es sich um ein punktuelles Ereignis, das
für ihn nur vorübergehend von Bedeutung war. Im Falle seines Zeitgenossen Jean-Jacques Rousseau hatten dagegen frühe
und ungewöhnliche erotische Erfahrungen dauerhaften Einfluß auf sein Verhalten. Als junger Mann wurde er nämlich
von einer älteren Frau, Louise Éléonore de Warens, unter ihre
Fittiche genommen. Sie machte ihn nicht nur mit den geltenden Umgangsregeln vertraut, sondern ging ein Verhältnis mit
ihm ein. Diese Beziehung zu einer mütterlichen Freundin –
Rousseau nannte sie «Maman» – war sicherlich höchst problematisch. Sie blieb mehrere Jahre bestehen, bis ein jüngerer
Mann an Rousseaus Stelle trat.

Diese frühen Erfahrungen dürften bei einer Episode eine
Rolle gespielt haben, von der Rousseau in seinen *Bekenntnissen* (Buch VII) berichtet. In den vierziger Jahren lernte er
während eines Aufenthalts in Venedig die bekannteste und
begehrteste Kurtisane der Stadt kennen. Er besuchte sie in ihrer Wohnung und bewunderte, als er sie nackt sah, ihren perfekten Körper, hatte aber Skrupel wegen ihrer Lebensweise.

Er suchte nach irgendeiner äußeren Unvollkommenheit und entdeckte, wie er behauptet, wirklich eine Besonderheit, nämlich das Fehlen einer Brustwarze. Diese Beobachtung erschütterte ihn so sehr, daß er wie gelähmt war und in Tränen ausbrach. Die Schöne reagierte mit dem Rat, die Frauen zu lassen und sich der Mathematik zuzuwenden («Zanetto, lascia le donne, e studia la matematica»). Diesen Rat befolgte er weder, was die Mathematik, noch, was die Frauen betrifft. Jahrelang lebte er mit einer einfachen Frau zusammen, mit der er mehrere Kinder hatte, die er ins Findelhaus gab.

In den geschilderten Episoden spielen Philosophen die Rolle von Opfern ihrer Leidenschaft. Aus anderen Berichten geht hervor, daß sie auch als Ehemänner nicht immer vorbildlich waren. Das bekannteste Beispiel eines gestörten Verhältnisses zwischen einem Philosophen und seiner Frau ist die Beziehung zwischen Sokrates und Xanthippe. Daß diese wirklich die böse Ehefrau war, als die sie meist gilt, kann man aber bezweifeln, denn Sokrates war offenbar kein idealer Gatte. Plato berichtet, daß Xanthippe am Tag der Hinrichtung ihres Mannes mit ihrem Söhnchen im Gefängnis erschien und laut wehklagte: «O Sokrates, nun reden diese deine Freunde zum letzten Mal mit dir, und du mit ihnen.» Sokrates aber bat einen der Anwesenden, sie nach Hause bringen zu lassen. Daß sie laut weinend von ihrem Mann Abschied nahm und sich verzweifelt gebärdete, ist ganz natürlich und weist nicht auf einen üblen Charakter hin. Ungewöhnlich ist eher Sokrates' Verhalten: Er verwendete die kurze Zeit, die ihm vor seiner Hinrichtung blieb, um den Freunden auseinanderzusetzen, warum er den Tod nicht fürchte, sondern ihn im Gegenteil als Befreiung von den Fesseln der körperlichen Existenz betrachte. Für Xanthippe scheint er kein Wort des Trostes gefunden zu haben.

Auch in einer anderen Episode spielt Sokrates keine überzeugende Rolle als Ehemann. In einer Lage, in der seine Frau auf Unterstützung besonders angewiesen war, verhielt er sich ihr gegenüber völlig gleichgültig. Als nämlich seine Frau von Geburtswehen überrascht wurde, soll er sich aufgemacht haben, um die Hebamme zu holen. Nach der Anekdote ließ er sich aber unterwegs auf eines seiner umständlichen Gespräche über Themen wie «Gerechtigkeit», «Frömmigkeit», «Tapferkeit» usw. ein, so daß Xanthippe in ihrer schweren Stunde sich selbst überlassen blieb.

In die Rolle des Ehemanns wollte sich ein berühmter Scholastiker, nämlich Abaelard (1079–1142), nicht drängen lassen. Er war nicht bereit, Héloïse, seine Geliebte, zu heiraten. Er liebte sie, die zunächst seine Schülerin gewesen war, zwar aufrichtig, weigerte sich jedoch, sie zu seiner Frau zu machen. Da er die höheren Weihen nicht empfangen hatte, wäre eine Heirat kirchenrechtlich ohne weiteres möglich gewesen, aber die Eheschließung hätte in der damaligen Zeit sein akademisches Ansehen gemindert, und deshalb kam sie für ihn nicht in Frage. Héloïses Onkel, der einflußreiche Pariser Kanoniker Fulbert, der sich für seine Nichte verantwortlich fühlte, reagierte brutal: Er ließ Abaelard überfallen und entmannen. Abaelard ging, wie auch Héloïse, ins Kloster; die beiden blieben innerlich eng verbunden. In Abaelards *Geschichte meiner Mißgeschicke* werden die Ereignisse geschildert; ob die Darstellung wirklich von Abaelard stammt, ist jedoch unklar.

In der Rückschau ist besonders Abaelards Befürchtung bemerkenswert, durch die Ehe Ansehen einzubüßen. Offenbar erblickte man in der Heirat ein Zeichen charakterlicher Schwäche, nämlich die Kapitulation vor dem Sexualtrieb, was Licht auf die damalige Auffassung der menschlichen Person wirft. Die Situation änderte sich, als die Philosophen nicht mehr in der Regel Theologen und Kleriker waren.

Es fällt allerdings auf, daß im 17. und 18. Jahrhundert die meisten bedeutenden Philosophen – Hobbes, Leibniz, Locke und Hume – wie die Philosophen des Mittelalters unverehelicht waren. Auch Descartes dürfte unverheiratet gewesen sein, obwohl seine zeitweilige Lebensgefährtin, Helene Jans, im Jahre 1634 ein Töchterchen zur Welt brachte, das er innig liebte. Doch 1640 starb das Kind, von Descartes tief betrauert. Da die Geburt des auf den Namen Francine getauften Mädchens im Register der ehelich geborenen Kinder der reformierten Gemeinde von Deventer vermerkt ist, wurde gelegentlich vermutet, daß der Philosoph verheiratet gewesen sei. Diese Annahme ist aber wenig wahrscheinlich.

Da eine Eheschließung in der Neuzeit nicht mehr dem Ansehen eines Philosophen abträglich war, hatte es andere Gründe, wenn ein Philosoph Junggeselle blieb, wie zum Beispiel Kant. Bei ihm stand die Zögerlichkeit bei der Suche nach einer Braut einer Heirat im Wege. Zweimal scheiterte sein Versuch, eine Frau zu finden. In einem Fall erwog er «einer jungen, schönen und sanften» Witwe einen Antrag zu machen. Das schien ihm an der Zeit zu sein, da er nach langem Warten eine sichere Stellung innehatte und daher in Lage war, eine Familie erhalten zu können. Da er jedoch mit seinem Antrag zu lang zögerte, reichte die Frau einem anderen Mann die Hand. Eine zweite Gelegenheit, sich zu verehelichen, bot die Bekanntschaft mit einer jungen Frau aus Westfalen, die als Reisebegleiterin einer adligen Dame nach Königsberg gekommen war. Kant wollte aber, bevor er ihr einen Antrag machte, genau klären, ob seine Einnahmen zur Finanzierung eines eigenen Hausstandes auch ausreichten. Er tat das mit so großer Gründlichkeit und mit so großem Zeitaufwand, daß er sich zu spät zu einem Entschluß durchrang; auch diese Frau gab einem entschlosseneren Bewerber den Vorzug. Kant hat es später nicht bedauert, ledig geblieben zu sein, obwohl er, wie seine Heiratspläne zeigen, keineswegs grundsätzlich gegen eine Ehe war.

Über den Fällen, in denen Beziehungen zu Frauen für Philosophen nachteilig waren, darf nicht übersehen werden, daß

Frauen auch eine positive Rolle im Leben eines Philosophen spielen konnten. Das war der Fall bei der Beziehung zwischen Friedrich Wilhelm Joseph Schelling, einem bekannten Vertreter des spekulativen Idealismus, und Karoline Schlegel, geborene Michaelis und verwitwete Böhmer. Sie war der Mittelpunkt eines Kreises Gleichgesinnter, in den auch Schelling aufgenommen wurde. Sie und der Philosoph verliebten sich ineinander, doch erst als Karolines Ehe mit August Wilhelm Schlegel geschieden worden war – Goethe war dabei behilflich –, konnten sie heiraten. Welche Bedeutung die Liebe zu der zwölf Jahre älteren Frau für Schelling hatte, wurde deutlich, als Karoline 1809 starb: Der Philosoph, der vorher in rascher Folge vielbeachtete Bücher veröffentlicht hatte, verstummte; er setzte seine philosophische Arbeit fort, verheiratete sich auch ein zweites Mal, veröffentlichte aber nur mehr wenig. In Schellings Beziehung zu seiner Frau scheint konkretisiert zu sein, was Goethe am Ende des *Faust* den Chorus mysticus sagen läßt: «Das Ewig-Weibliche zieht uns hinan.»

Karoline hatte Bedeutung für Schelling, jedoch als Frau, nicht als Philosophin. Um so mehr verdienen jene Frauen Beachtung, die philosophisch selbständig waren, wie zum Beispiel Aspasia von Milet, Gattin des Perikles und eine anerkannte Denkerin. Hier ist auch an jene Hypatia zu erinnern, von der schon in anderem Zusammenhang die Rede war (siehe Kapitel 17). Als Beispiel einer philosophierenden Frau in der Neuzeit verdient Mme. du Châtelet Erwähnung. Voltaire fand in ihrem Schloß Aufnahme und philosophische sowie naturwissenschaftliche Anregung. Möglicherweise stammen die Gedanken, die Voltaire in den *Elementen der Philosophie Newtons* entwickelte, von dieser bedeutenden Frau.

Ein besonders beachtenswertes Beispiel einer philosophischen Diskussion zwischen einem Philosophen und einer philosophierenden Frau ist der Briefwechsel zwischen Descartes und der Prinzessin Elisabeth von der Pfalz (1618–1680). Sie war die Tochter Friedrichs V., des «Winterkönigs», wie er genannt wurde, weil er nur im Winter von 1619 auf 1620 König von Böhmen war. Nach der Niederlage am Weißen Berge verlor er nicht nur Böhmen, sondern auch die Pfalzgrafschaft und fand mit der Familie in den Niederlanden Zuflucht.

Elisabeth trat 1642 mit Descartes in Verbindung und wechselte mit ihm philosophisch bemerkenswerte Briefe. Wie sehr Descartes die Verbindung mit der Prinzesssin zu schätzen wußte, geht daraus hervor, daß er ihr sein systematisches Hauptwerk, die *Prinzipien der Philosophie*, widmete. Der Briefwechsel zwischen Elisabeth und Descartes ist so bedeutsam, daß ein zur Debatte stehender Punkt kurz beleuchtet werden soll.

Ein Problem, das beim Gedankenaustausch zwischen dem Philosophen und der Prinzessin eine Rolle spielte, betraf das Verhältnis von Körper und Geist bzw. von Leib und Seele. Elisabeth stellte Descartes' Versuch, das Zusammenwirken von Bewußtsein und körperlichen Zuständen zu erklären, in Frage. Descartes hatte einerseits scharf zwischen Geist und Materie unterschieden, andererseits aber angenommen, daß sie wechselseitig aufeinander einwirken. Wie wesensverschiedene Substanzen interagieren können, bleibt, wie Elisabeth bemerkte, unter Descartes' Voraussetzungen rätselhaft. Angesichts dieser Schwierigkeit erwog sie, den Geist als materiell aufzufassen. Dies schien ihr plausibler als die Annahme einer Interaktion zwischen Substanzen verschiedener Natur. Tatsächlich können nach Descartes Substanzen nur dann ursächlich zusammenhängen, wenn sie mindestens eine Bestimmung gemeinsam haben. Das ist beim Verhältnis von Geist und Körper auf Grund von Descartes' Voraussetzungen nicht der Fall: Der Körper ist ausgedehnt, die Geist nicht; der Geist denkt, der Leib nicht; also ist es unbegreiflich, wie der Geist auf den Körper, der Körper auf den Geist wirken soll.

Descartes kommt Elisabeth entgegen, wenn er erklärt, das Verhältnis von Geist und Körper dürfe nicht in Analogie zum Verhältnis zwischen dem Steuermann und seinem Schiff gedacht werden. Elisabeths Einwand ist damit allerdings nicht erledigt. Die Prinzessin hat sehr klar den schwachen Punkt der Cartesianischen Auffassung getroffen und Descartes veranlaßt, seine Erklärung zu präzisieren. Die Diskussion führte zur Klärung der Problematik, jedoch nicht zur Überwindung der von Elisabeth hervorgehobenen Schwierigkeit, die in der Folgezeit Anlaß zu immer neuen metaphysischen Theorien gab.

Die meisten Anekdoten dieses Kapitels haben es in erster Linie mit Männern zu tun, mit Frauen meist als deren Ehefrauen oder Geliebte. Dieser Umstand läßt erkennen, daß Männer in der Philosophie lange Zeit dominierten. Der Wandel in der Auffassung der Geschlechterrollen hat indessen dazu geführt, daß die Philosophie nicht mehr als reine Männerdomäne gilt und daß der Rat, den Zarathustra von dem alten Weiblein erhielt, nur noch Befremden auslöst.

31

Philosophen und Ärzte
Motive des Mißtrauens gegen die Medizin

Von Heraklit wird berichtet, daß er eines Tages den Ärzten die rätselhafte Frage stellte, ob sie aus einer Überschwemmung eine Dürre machen könnten. Sie verstanden ihn nicht, bis sich herausstellte, daß er wissen wollte, ob sie die Wassersucht, unter der er litt, heilen könnten. Als klar wurde, daß sie dazu nicht imstande waren, versuchte er, sich selbst zu kurieren. Er bedeckte sich mit warmem Dünger, weil er hoffte, auf diese Weise seine Beschwerden lindern zu können (nach Diogenes Laërtius). Übelwollende veranlaßte das zu der Behauptung, er sei in einem Misthaufen gestorben. Tatsächlich handelte es sich um den Versuch einer Selbsttherapie, der darauf schließen läßt, daß der Philosoph den Ärzten nicht recht traute und sich für kompetenter hielt als sie.

In der Frühzeit der griechischen Philosophie bestanden enge Beziehungen zwischen der Medizin und jenen philosophischen Denkweisen, die den Erfahrungstatsachen gerecht werden wollten, also nicht rein spekulativen Charakter hatten. Anstöße, die von der Medizin ausgingen, regten zu Erklärungsversuchen an. So hat Empedokles im fünften Jahrhundert v. Chr. von der Funktion der Nerven gewußt und eine Erkenntnistheorie auf physiologischen Grundlagen entworfen, und Anaxagoras wurde etwa zur selben Zeit durch die Tatsache des Stoffwechsels zu seiner Lehre von den letzten Bausteinen der Natur angeregt. In der späteren Antike beeinflußten sich empirische Medizin und eine der Spekulation mißtrauende Philosophie – der Skeptizismus – gegenseitig; ihnen war die Ablehnung dogmatischer Auffassungen gemeinsam. Die Anhänger dieser Richtung der Medizin wurden als empirische Ärzte bezeichnet, denn sie suchten die Symptome von Krankheiten möglichst genau zu beobachten, zu beschreiben und Heilmittel zu erproben; auf philosophischer Seite entsprach dieser Denkweise eine antispekulative Einstellung, wie sie Sextus mit dem Beinamen «der Empiriker» im 2. Jahrhundert n. Chr. vertrat.

Heraklit war nicht der einzige Philosoph, der sich selbst mehr zutraute als den Ärzten. Zum Beispiel wollte sich auch Descartes, als er im letzten Winter seines Lebens während eines Aufenthalts am Hofe in Stockholm an der Lungenentzündung erkrankte, die zu seinem Tod führte, nicht von Ärzten behandeln lassen, sondern suchte sich selbst zu kurieren. Als ihm klar wurde, daß die von ihm ergriffenen Maßnahmen keine Besserung brachten und daß es mit ihm zu Ende ging, erklärte er sich schließlich doch mit der Behandlung durch die Ärzte für einverstanden. Er wurde vom Leibarzt der Königin Christine von Schweden zur Ader gelassen. Bis dahin hatte er den Aderlaß stets abgelehnt, und auch in seinen letzten Lebenstagen glaubte er nicht an eine positive Wirkung dieser Maßnahme. Überzeugt, daß ihm mit den Mitteln der Wissenschaft nicht mehr zu helfen sei, setzte er seine Hoffnungen nur noch in das Erbarmen Gottes (A. Baillet: *Vie de Descartes*).

Der schon früh geäußerte Verdacht, der Philosoph sei vergiftet worden, ist unbegründet. Gegen diese – auch in jüngster Zeit wieder vorgetragene Vermutung – spricht, daß die Symptome seiner Krankheit genau den Symptomen glichen, die der kurz vorher ebenfalls an Lungenentzündung erkrankte, aber inzwischen wieder genesene französische Botschafter in Schweden an sich beobachtet hatte. Außerdem ist ein Motiv, das zur Beseitigung des Philosophen hätte führen können, nicht zu erkennen. Man verdächtigte katholische Kreise, die angeblich fürchteten, Descartes' Einfluß könnte die erwartete Konversion der Königin Christine zum Katholizismus gefährden. Aber Descartes war in keiner Weise antikatholisch, und er starb als katholischer Christ, versehen mit den Tröstungen der Kirche. Umgebracht haben ihn das rauhe Klima des winterlichen Stockholm, das für seine angegriffene Lunge höchst ungünstig war, und der ungewohnte Lebensrhythmus, den ihm die Königin aufgezwungen hatte. Sie wünschte, daß die Gespräche mit dem Philosophen, derentwegen sie Descartes nach Stockholm geholt hatte, am frühen Morgen stattfänden. Descartes war aber ein Langschläfer und von Jugend an gewohnt, erst spät aufzustehen. Das war nicht nur in seiner Kindheit so, als man ihn mit Rücksicht auf seine schwache Gesundheit lange schlafen ließ, sondern auch während der Zeit an der Jesuitenschule in La Flèche, wo man ihm das frühe Aufstehen ersparte. Später stellten sich viele seiner wichtigsten Einsichten in der Zeit zwischen Erwachen und Aufstehen ein. Diesen Rhythmus aufzugeben fiel ihm nicht nur schwer, es war, wie sich zeigte, eine unerträgliche Belastung.

Descartes' Glaube, manches besser zu wissen als die Ärzte, dürfte damit zusammengehangen haben, daß er als erster die Ursachen physiologischer Vorgänge wie des Blutkreislaufs gefunden zu haben meinte. Die Zirkulation des Blutes war damals bekannt, doch es gab noch keine Erklärung der Tätigkeit des Herzens. Descartes meinte, diese Wissenslücke im Rahmen einer mechanistischen Theorie schließen zu können. Dabei stützte er sich auf Kenntnisse, die er durch Sezieren von Tierkadavern erworben hatte. Um zu erklären, wie das Herz als Pumpe funktioniert, nahm er an, daß sich Blut, das in eine Herzkammer einfließt, erwärmt und ausdehnt, so daß sich durch den höheren Druck die als Einlaßventil fungierende Herzklappe schließt und die das Ausgangsventil bildende Herzklappe öffnet. Der Druck in der Herzkammer sinkt, und neues Blut kann nachfließen. Der Vorgang wiederholt sich, solange das Herz arbeiten kann. Diese Erklärung krankt nicht nur an ihrem einseitig mechanistischen Charakter, sondern sie beruht auf einer unbewiesenen Voraussetzung: Descartes nahm mit Aristoteles an, daß die Temperatur im Herzen höher sei als im übrigen Organismus. Der Glaube, über physiologische Erklärungen zu verfügen, die den meisten Ärzten unbekannt waren, mag Descartes in seinem Mißtrauen ihnen gegenüber und in seiner Neigung zur Automedikation bestärkt haben.

Von Mißtrauen war auch Leibniz' Einstellung zur Medizin nicht frei. Er traute den Ärzten nicht allzu viel zu, weil er die Grundlagen der ärztlichen Kunst für unsicher hielt. Als ein mit Leibniz befreundeter Arzt, auf dessen Rat der Philosoph hörte, ihm eine Abhandlung über die Gewißheit und die Schwierigkeit der Medizin zukommen ließ, meinte er in dem Schreiben, in dem er sich bedankte: Wollte Gott, daß die Gewißheit in der Medizin so groß wäre wie die Schwierigkeiten [mit denen die ärztliche Kunst zu kämpfen hat].

Leibniz litt, neben anderen weniger belastenden Beschwerden, viele Jahre an der Gicht. Das Leiden wurde immer schlimmer, weil er sich zuwenig bewegte und unregelmäßig aß, ohne auf eine geeignete Diät zu achten. Dazu kam der ständige Druck, die Geschichte der Welfenhauses, die er im Auftrag des Landesherrn in Angriff genommen hatte, endlich zum Abschluß zu bringen. Versuche, sich selbst zu kurieren oder wenigstens seine Beschwerden zu lindern, hatten nicht die erhoffte Wirkung, ja die Medikamente, die er sich selbst verordnete, erwiesen sich als schädlich. Im Sommer 1716 hielt er sich ein paar Wochen in Bad Pyrmont auf und kehrte tatsächlich einigermaßen erholt nach Hannover zurück, wo er jedoch sogleich zur früheren Lebensweise zurückkkchrte. Prompt traten die früheren Beschwerden wieder auf. Sie führten am 14. November 1716 zum Tod des Philosophen.

Medizinische Kompetenz maßte sich auch George Berkeley an, der im Teerwasser ein Allheilmittel gefunden zu haben meinte. Obwohl in gewissen Fällen die Behandlung mit Teerwasser sinnvoll ist, gilt das nicht bei so vielen Beschwerden, wie Berkeley glaubte, der in der Schrift *Siris* für das vermeintliche Wundermittel warb. Der Untertitel des Werkes ist aufschlußreich: «Eine Kette philosophischer Reflexionen und Untersuchungen, die guten Eigenschaften des Teerwassers und verschiedener anderer zusammenhängender und auseinander hervorgehender Gegenstände betreffend». Tatsächlich sind Berkeleys medizinische Ausführungen mit allgemeinen physiologischen, ja mit metaphysischen Gedanken verbunden. Es zeugt von ausgeprägtem Selbstbewußtsein, wenn der philosophierende Bischof Berkeley meint, die Mediziner belehren zu können.

Ein anderer Philosoph, der den Anordnungen der Ärzte mißtrauisch gegenüberstand, war Immanuel Kant. Gegen Ende seines Lebens entwickelte er eine Vorliebe für Butterbrot, das er in Stücke schnitt und in geriebenen englischen Käse drückte. Allen Warnungen zum Trotz nahm er kaum mehr etwas anderes zu sich als dieses angereicherte Butterbrot. Als er im Herbst 1803 besonders reichlich davon gegessen hatte, erlitt er am folgenden Tage nach einer unruhigen Nacht einen Zusammenbruch, so daß seine Umgebung einen Schlaganfall befürchtete. Darum handelte es sich zwar nicht, aber der Verfall seiner Kräfte wurde durch die Verdauungsstörung infolge der selbstgewählten Diät beschleunigt. Dennoch verlangte er danach wieder nach Butterbrot und Käse; als sein Wunsch nicht erfüllt wurde, bot er Geld für sein Lieblingsgericht, denn zu solchen Zwecken habe er es ja. Immerhin nahm Kant nach dem Kollaps ohne Widerspruch die Arznei ein, die ihm sein Arzt verordnete und verabreichte. Was in der Apotheke verkauft wird, hielt er dagegen für Gift. In bezug auf solche Medikamente erklärte er: «Ich will sterben, nur nicht durch Medizin; wenn ich ganz krank und schwach bin, mag man mit mir machen, was man will, dann will ich alles über mich ergehen lassen ...» Mit vorbeugenden Mitteln solle man ihn jedoch verschonen (Bericht von Kants Betreuer Wasianski).

In der Vergangenheit scheinen Philosophen besonders dazu geneigt zu haben, die herkömmliche medizinische Behandlung abzulehnen oder gar sich selbst zu kurieren. Das mag damit zusammenhängen, daß Philosophen häufiger als heute mit naturwissenschaftlichen und naturphilosophischen Auffassungen vertraut waren und, auf diese gestützt, meinten, die Ursachen von Krankheiten durchschauen sowie beurteilen zu können, wie sie zu heilen seien. Dabei spielte wohl auch eine Rolle, daß die Medizin damals noch weit von ihrem heutigen Niveau entfernt war und zum Beispiel durch den Einsatz gefährlicher Medikamente den Patienten manchmal eher schadete als nützte, so daß die Meinung aufkommen konnte, an der Medikation stürben mehr Patienten als an der Krankheit.

Nicht nur die Medizin hat sich seit den Tagen Descartes', Leibnizens und Kants weit vom damaligen Zustand entfernt, auch die Philosophie hat ihren Charakter seit jener Zeit geändert. Gehörte früher noch die allgemeine Naturlehre zu ihr, so wurde sie nach und nach immer deutlicher als Reflexion auf die Bedingungen der Naturerkenntnis verstanden. Diese Denkweise schließt eine Konkurrenz von Philosophie und Einzelwissenschaft grundsätzlich aus. Sie spricht gegen philosophische Besserwisserei, so wie die Einsicht in den hypothetischen Charakter wissenschaftlicher Erklärungen den Dogmatismus mancher Mediziner als verfehlt erkennen läßt.

32

«*Wir schulden dem Asklepios einen Hahn*»
Philosophische Deutungen des Todes

Als das Gift des Schierlingsbechers, den Sokrates auf richterli-
che Anordnung leeren mußte, zu wirken begann, bedeckte
der Philosoph sein Gesicht, um seinen Freunden dessen An-
blick im Todeskampf zu ersparen. Kurz vor dem Ende schlug
er das Tuch noch einmal zurück und sagte: «Wir schulden dem
Asklepios einen Hahn.»

Den Freunden des Philosophen muß der Sinn dieser Worte
sogleich klar gewesen sein: Dem Gott der Heilkunst einen
Hahn zu opfern war das übliche Zeichen der Dankbarkeit, die
Genesende dem Gott entgegenbrachten. Ebenso wußten sie,
daß Sokrates das Leben für eine Art Krankheit hielt und daher
im Tod die Heilung von der vermeintlichen Krankheit und
den Übergang zu einer anderen Seinsweise der Seele erblickte.
Um die Frage der Unsterblichkeit der Seele kreisten denn
auch die Gespräche, die Sokrates an seinem letzten Lebenstag
mit Freunden und Schülern führte. Er war wegen vorgebli-
cher Verführung der Jugend und der Einführung neuer Götter
zum Tode verurteilt worden (siehe Kapitel 17) und widmete
die letzten Stunden seines Lebens dem Gespräch mit seinen
Freunden und Schülern, die er, wie Plato im Dialog *Phaedo*
ausführt, zu überzeugen suchte, daß der Tod kein absolutes
Ende des Daseins, sondern der Übergang der individuellen
Seele zu einer anderen und besseren Daseinsform sei.

Sokrates glaubte, daß die sündige Seele, wenn sie sich nicht
vollständig vom Körper gelöst hat, nach einem ihrer Schuld
entsprechenden Aufenthalt in der Unterwelt wieder auf die
Erde zurückkehrt und unter Umständen mehrere Stufen eines

Reinigungsprozesses durchläuft. Die schuldbeladene Seele «irrt in gänzlicher Unsicherheit befangen umher, bis nach einer gewissen Zeit die Notwendigkeit sie in die ihr angemessene Wohnung bringt. Die Seelen aber, die nach einem reinen und mäßigen Leben Götter zu Begleitern und Führern haben, nehmen den ihnen gebührenden Platz ein.» Ist die Bindung der Seele an den Leib und an sinnliche Begierden bereits durch philosophische Einsicht gelöst, geht sie nach dem physischen Tode unverzüglich in die jenseitige Welt ein. Dies nahm Sokrates für sich in Anspruch; er war überzeugt, ohne Umweg in die Behausung der Götter aufgenommen zu werden.

Die Frage, ob es etwas (eine Seele oder wie man es nennen mag) gebe, das den körperlichen Tod überdauere, hat nicht nur die Philosophie beschäftigt, sondern auch, ja vor allem die Religion, worauf hier aber nicht einzugehen ist. Auch die Frage nach den Motiven des Unsterblichkeitsglaubens ist hier nicht zu beantworten, doch kann ein skizzenartiger Überblick über die wichtigsten Positionen in der Unsterblichkeitsfrage zeigen, wie unterschiedlich sie sind.

Eine frühe Form des Unsterblichkeitsglaubens findet sich bei Homer, der den Verstorbenen eine Art Schattendasein im Hades zuschreibt. Für diese Schatten gibt es weder Lohn noch Strafe. Erst mit der Idee einer im Jenseits herbeizuführenden ausgleichenden Gerechtigkeit setzt sich der Gedanke des Weiterlebens einer Seele als Subjekt jenseitiger Strafe oder Belohnung durch.

Wie die Idee der ausgleichenden Gerechtigkeit die Unsterblichkeitsvorstellung beeinflußt, ist nicht nur bei Plato zu sehen. Sie spielte schon früher eine Rolle, zum Beispiel bei Empedokles, der von Seelen sprach, die im Jenseits beheimatet sind und als Sühne für eine nicht näher bestimmte Schuld in die stoffliche Welt verbannt werden. Deshalb weinen die Kinder schon bei der Geburt. Zeitlebens sehnen sich die Seelen zurück nach ihrer geistigen Heimat, in die sie zurückkehren können, wenn sie sich von allen Einflüssen der Materie befreit haben. Andernfalls müssen sie verschiedene Stufen des Reinigungsprozesses durchlaufen. Empedokles und Plato vertraten, wie schon die Pythagoreer, die Seelenwanderungslehre: Die Seele kann mehrere Daseinsformen annehmen und je nach Verdienst in höheren oder niederen Wesen verkörpert werden, bis sie, nach endlich erreichter Läuterung, in ihre jenseitige Heimat zurückkehren darf.

Plato war der Gedanke, daß die Seele den physischen Tod überdauert und entweder sogleich oder nach einer Zeit der Läuterung in ein besseres Jenseits eingeht, offenbar wichtig, denn er kommt immer wieder auf ihn zurück, zum Beispiel gegen Ende des großen Dialogs *Der Staat*, wo der Bericht eines gewissen Er aus dem kleinasiatischen Pamphylien über vermeintliche prämortale Erfahrungen wiedergegeben wird. Dieser Er sei im Kampf gefallen und für tot gehalten worden, war aber offenbar nur scheintot. Als man daranging, ihn einzuäschern, sei er ins Leben zurückgekehrt und habe erzählt, daß seine Seele im Jenseits, nämlich in einem Ort zwischen Erde und Himmel, gewesen sei. Man hatte ihn auserwählt, das Schicksal der Seelen nach dem physischen Tod kennenzulernen, zu den Lebenden zurückzukehren und ihnen zu berichten, was er gesehen hat. Er schildert Seelen, die bereits von Schuld gereinigt waren, und andere, die das Ziel der Reinheit noch nicht erreicht hatten, schließlich auch solche, die ihre Schuld gar nicht abschütteln konnten. Unter den letzteren war ein grausamer Tyrann. Offenbar hielt Plato besonders die Tyrannen für wert, in den Tartarus gestürzt zu werden.

Eine ähnliche Vorstellung liegt einer von Aristoteles überlieferten Erzählung über einen gewissen Eudemos zugrunde, deren Pointe mit der Annahme einer unsterblichen, im Jenseits beheimateten Seele zusammenhängt. In seinem Bericht heißt es: «Auf der Reise nach Makedonien kam Eudemos nach Pherae, eine der ersten Städte Thessaliens, die damals unter der grausamen Herrschaft des Tyrannen Alexander stand. In dieser Stadt erkrankte Eudemos so schwer, daß ihn die Ärzte aufgaben. Während er auf seinem Lager schlief, erschien ihm im Traum ein junger Mann von hervorragender Schönheit und verkündete ihm, daß er binnen kurzem genesen und daß wenige Tage später der Tyrann Alexander umkommen werde. Er selbst werde fünf Jahre danach in seine Heimat zurückkehren. In der Tat gingen die beiden ersten Prophezeiungen in Erfüllung: Eudemos genas, und der Tyrann wurde von den Brüdern seiner Gattin ermordet. Als dann das fünfte Jahr zu Ende ging und er auf Grund jenes Traums hoffte, nach seiner Heimat Zypern zurückkehren zu können, fand er bei einem Kampf den Tod. Der Traum konnte nur bedeuten, daß die Seele des Eudemos in ihre jenseitige Heimat zurückgekehrt sei.» (Aristoteles: *Eudemos,* überliefert durch Cicero)

Der Glaube an eine vom Körper verschiedene und den körperlichen Tod überdauernde Seele ist auch später überall dort anzutreffen, wo platonischer Geist wirkt. So sagte der Neuplatoniker Plotin – er lebte im 3. Jahrhundert – auf dem Sterbebett, unmittelbar bevor er starb: «Ich gebe das Unsterbliche in mir dem Unsterblichen im All zurück.» Hier ist allerdings nicht mehr die Unsterblichkeit einer individuellen Seele, sondern die Fortdauer eines überindividuellen Geistes gemeint, an dem das Individuum während der Dauer seines Daseins teilhat. Nach dem Tode bleibt nichts vom individuellen Bewußtsein erhalten, wie Plotin mit verschiedenen anderen Philosophen meinte.

Eine eigene Auffassung der Seele hat Aristoteles vertreten. Da er unter «Seele» die Form nicht nur des Menschen, sondern auch der Pflanzen und der Tiere, also von Organismen im allgemeinen, verstand, scheint sich für ihn die Unsterblichkeitsfrage nicht zu stellen, denn Formen hören mit der Zerstörung des Geformten zu bestehen auf. Nichtsdestoweniger nahm er an, daß etwas den Tod überdauere, nämlich ein aktives geistiges Prinzip, das vom Körper losgelöst werden kann. Nur diese Denkkraft bleibt erhalten, nicht irgendwelche Bewußtseinsinhalte; die Erinnerungen eines Menschen, seine Erfahrungen, seine Erkenntnisse usw. gehen mit dem physischen Tod zugrunde.

Die Annahme, daß es eine vom Körper wesentlich verschiedene Seele gebe, die den physischen Tod überdauert, war schon in der frühgriechischen Philosophie nicht unangefochten. Die älteren Atomisten und später die Epikureer vertraten materialistische Auffassungen, die keinen Platz für die Annahme einer den Tod überdauernden immateriellen Seele ließen. Die Seele, deren Vorhandensein sie nicht leugneten, besteht wie der Leib und die Dinge im allgemeinen aus Atomen. Der die Seele bildende Atomkomplex kann sich auflösen, das heißt, die Seele ist vergänglich. Lukrez (Titus Lucretius Carus, 1. Jh. v. Chr.) hat dieses Weltbild in einem umfangreichen Lehrgedicht dargestellt und der Folgezeit in eingängiger Form übermittelt.

Der Gegensatz von bejahender und verneinender Einstellung zur Unsterblichkeitsfrage kommt im Verhältnis zweier Versionen einer Anekdote zum Ausdruck, die auch deswegen erwähnt zu werden verdient, weil sie zeigt, wie ein Philosoph – nämlich der Sizilianer Empedokles (5. Jh. v. Chr.) – seinen Tod inszeniert haben soll. Nach Diogenes Laërtius ist er unter mysteriösen Umständen ums Leben gekommen. Er soll, nachdem er zunächst den Göttern geopfert und anschließend am Opfermahl teilgenommen hatte, mit seinen Gefährten zu Bett gegangen sein, war am nächsten Morgen jedoch verschwunden. Seine Anhänger glaubten, er sei der Welt entrückt und zu den Göttern erhoben worden. Zur Bestätigung berief man sich auf die Aussage eines Sklaven, der um Mitternacht eine mächtige Stimme gehört haben wollte, die Empedokles gerufen habe. Zugleich hätten Flammen gelodert, so daß der Himmel hell erleuchtet war.

Nach einer anderen Version des Berichts suchte man nach Empedokles' Verschwinden lange vergeblich nach dem Philosophen, bis man endlich herausfand, daß er auf den Ätna gestiegen und in den Krater des Vulkans gesprungen war, um seinen Anhängern vorzugaukeln, daß er zu den Göttern aufgefahren sei. Sein Plan sei durch einen Zufall vereitelt worden: Eine seiner bronzenen Sandalen sei vom Vulkan wieder herausgeschleudert worden. Als man sie fand, war klar, was sich ereignet hatte.

Der Gegensatz der beiden Versionen läßt erkennen, daß Empedokles durch sein Denken und sein Auftreten offenbar auf seine Umgebung polarisierend gewirkt hat. Die einen waren von seiner Vergöttlichung überzeugt, weil sie mit ihm glaubten, daß er bereits den höchsten Grad der Reinheit erreicht habe, dem Kreislauf der Wiedergeburten enthoben und zur unmittelbaren Rückkehr in die jenseitige Heimat der Seele berufen gewesen sei. Die anderen hielten ihn für einen betrügerischen Marktschreier, der viele Menschen beeindruckte, weil er als Guru und Heilsbringer auftrat. Hinter den gegensätzlichen Versionen stehen allgemeine Überzeugungen, nämlich auf der einen Seite der Glaube an ein Jenseits, in dem die Seele beheimatet ist, auf der anderen die Zurückweisung des Jenseitsglaubens.

Nicht nur in der Antike, sondern auch in der Neuzeit spielte die Unsterblichkeitsfrage in der Philosophie eine Rolle, und wie im Altertum wurde sie unterschiedlich beantwortet. Descartes bekannte sich zur Unsterblichkeit; er hielt sie für beweisbar, wie aus dem vollen Titel seines metaphysischen Hauptwerkes hervorgeht; er lautet: *Meditationen über die Erste Philosophie, in denen die Existenz Gottes und die Unsterblichkeit der Seele bewiesen werden* (1641). Seltsamerweise gibt es aber in diesem Werk keinen Unsterblichkeitsbeweis. Zwar wird der Unterschied von Körper und Seele herausgearbeitet, von dem ausgehend ein solcher Beweis geführt werden könnte, doch dazu kommt es in dem Werk nicht. In der zweiten Auflage des Werkes (1642) ist der ursprüngliche Untertitel durch einen anderen ersetzt, der nur auf den Unterschied von menschlicher Seele und Körper hinweist. Die Unsterblichkeit wird nicht mehr erwähnt. Es ist klar, daß Descartes bei seinen Überlegungen die individuelle, als endliche Substanz aufgefaßte Seele vor Augen hatte. Es fällt jedoch auf, daß die Cartesianische Metaphysik nicht auf sie angewiesen ist; Descartes' Erste Philosophie läßt sich befriedigend darstellen, ohne daß die Unsterblichkeitsfrage berücksichtigt werden müßte.

Wenige Jahrzehnte nach Descartes verwarf Spinoza ausdrücklich die Annahme einer unsterblichen individuellen Seele. Seiner Ansicht nach ist die Seele eine Menge vergänglicher Modifikationen der einen, absolut unendlichen Substanz, und diese ist es, die bestehenbleibt, wenn der Mensch stirbt. Die Furcht vor dem Jenseits, die durch die Unsterblichkeitslehre genährt wird, ist von Spinozas Standpunkt aus unbegründet: Der freie Mensch denkt an nichts weniger als an den Tod, und seine Weisheit besteht in der Betrachtung nicht des Todes, sondern des Lebens (*Ethica* IV, 67).

Eine materialistische Auffassung, die die Annahme der Unsterblichkeit ausschließt, vertrat unverhohlen Ludwig Feuerbach (1804–1872). Er fragte nicht mehr, ob bzw. wie sich der Glaube an eine unsterbliche Seele begründen lasse, sondern untersuchte nur noch, was Menschen veranlaßt, an die Unsterblichkeit zu glauben. In seinen *Gedanken über Tod und Unsterblichkeit* (siehe auch Kapitel 9) führte er die Religion und insbesondere den Unsterblichkeitsglauben auf das Gefühl der Ohnmacht gegenüber einer oft feindlichen Wirklichkeit zurück. Diesem Gefühl, das sich am stärksten im Zusammenhang mit dem Todesgedanken bemerkbar macht, setzt die Religion den Glauben an etwas im Menschen entgegen, das von der materiellen Wirklichkeit unabhängig ist, die unsterbliche menschliche Seele. Diesen Glauben hielt Feuerbach für illusorisch.

Bei neueren Materialisten ist von der Seele nur noch die Rede, wenn es darum geht, die herkömmliche Seelenlehre zurückzuweisen. Ludwig Büchner hat um die Mitte des 19. Jahrhunderts der materialistischen Auffassung in drastischen Worten Ausdruck verliehen: «Wie es keine Galle ohne Leber, wie es keinen Urin ohne Nieren gibt, so gibt es auch keinen Gedanken ohne Gehirn; die Seelentätigkeit ist eine Funktion der Gehirnsubstanz.» (L. Büchner: *Kraft und Stoff*, 1869) Der Materialismus des 19. Jahrhunderts war reichlich roh; doch im Grundsätzlichen stimmt der raffiniertere Materialismus unserer Zeit mit der älteren Auffassung überein. Wenn zum Beispiel das Ich als neuronales Hintergrundrauschen gedeutet wird, handelt es sich um eine moderne Entsprechung der früheren materialistischen Auffassung.

Der Glaube an die Unsterblichkeit einer individuellen Seele wurde schwerer als durch materialistische Einwände dadurch erschüttert, daß der von ihr vorausgesetzte Begriff einer substantiellen Seele, eines gegenständlich verstandenen Ich oder Selbst, in Frage gestellt wurde. Hume gab zu bedenken, daß wir keine Kenntnis von einem denkenden Ich haben. Das Bewußtsein ist ein Bündel von Vorstellungen, ohne daß sich ein Band, das es zusammenhalten könnte, finden ließe. Zu einer ähnlichen Ansicht führt Kants Auffassung des Ich als synthetische Einheit des Bewußtseins. Es gibt seiner Ansicht nach keinen Gegenstand «Ich»; denn ein solcher müßte den Kategorien gemäß gedacht werden, was nach Kant ausgeschlossen ist. Damit wird schon die Frage, ob es eine unsterbliche Seele gebe, hinfällig. Wenn Kant dennoch von Unsterblichkeit sprach, meinte er keine Erkenntnis, sondern einen Glauben, der, wie er meinte, von der Ethik gefordert wird. Da das Ziel der sittlichen Vollkommenheit (oder Heiligkeit) im irdischen Leben nicht erreicht werden kann, darf der Mensch an eine

Fortdauer der Seele nach dem körperlichen Tod und an die Möglichkeit einer unbegrenzten Annäherung an das Ideal der sittlichen Vollkommenheit glauben. An die Unsterblichkeit zu glauben heißt aber nichts anderes, als sich so zu verhalten, als ob die Seele unsterblich wäre und als ob sie sich der absoluten sittlichen Vollkommenheit in einem unendlichen Prozeß annähern könne.

Daß der Tod immer wieder Thema philosophischer Überlegungen war, ist verständlich, denn er ist für einen jeden ein singuläres Ereignis. Anders als das Enden in der Welt, dem das Anfangen von Neuem entspricht, ist der Tod das absolute Ende der erfahrbaren Existenz. Für den einzelnen geht mit dem Tod die Welt, wie er sie erlebt, erfahren und teilweise begriffen hat, zu Ende. So ist auch das «Vorlaufen zum Tode» (Heidegger) eine Vorwegnahme besonderer Art. Wir antizipieren auf Schritt und Tritt Zukünftiges und sind somit niemals auf die bloße Gegenwart beschränkt. Wir nehmen vorweg, was kommen und was vergehen mag. Wir antizipieren das Verdorren eines Baumes, den Einsturz eines uralten Hauses oder den Tod eines Schwerkranken. Doch während so das Nicht-mehr-Sein von Dingen, Lebewesen, Menschen antizipiert wird, wird das Sein des antizipierenden Ich in der fraglichen Zeit stillschweigend vorausgesetzt. Die gedankliche Vorwegnahme des eigenen Todes hebt gerade diese Voraussetzung auf und unterscheidet sich somit wesentlich von allen anderen gedanklichen Vorwegnahmen.

Die Besonderheit dieser Vorwegnahme ist uns meist nicht bewußt. Wir sind überzeugt, daß nach unserem Tod die allermeisten Dinge so bleiben werden, wie sie waren. Wir wissen das aber nicht unmittelbar, sondern auf Grund eines Analogieschlusses. Da wir sehen, daß der Tod anderer Menschen am Gang der Dinge in der Welt meist nicht viel ändert, nehmen wir an, daß es bei unserem Tode ebenso sein wird. So zu schließen ist berechtigt, wenn man nicht vergißt, daß es sich nur um ein mittelbares Wissen handelt. Unmittelbar wird mit dem gedanklich antizipierten Tod nicht nur das Subjekt aufgehoben, sondern auch die Welt, die vom Subjekt theoretisch, emotional und praktisch geprägt ist. Die Welt, wie sie an sich ist, mag von meinem Tod kaum merklich betroffen sein, doch die von mir geformte Welt endet mit dem Ende meines Lebens. Der Gedanke an den eigenen Tod hat in diesem Sinne eine besondere Qualität.

So nötig es zweifellos ist, ans Ende des Lebens zu denken, so sollte uns dieser Gedanke nicht davon abhalten, die sich innerhalb der Grenzen der Endlichkeit bietenden Möglichkeiten entschlossen zu nutzen. Dies meint Goethe, wenn er empfiehlt, das *Memento mori* (Denk an das Sterben!) durch ein *Vivere memento* (Denk ans Leben!) zu ersetzen. Er wollte sicherlich nicht nahelegen, den Todesgedanken zu verdrängen, sondern er wollte davor warnen, sich von ihm so sehr absorbieren zu lassen, daß darüber die Aufgaben, die sich unaufhörlich stellen, vernachlässigt werden.

Schlußbemerkung

Am Ende der Streifzüge durch Philosophie und Philosophiegeschichte liegt es nahe, zurückzublicken und zu fragen, was
sie gebracht haben. Dabei zeigt sich, daß sie nicht zu endgül-
tigen Einsichten (im Sinne definitiver Begründungen) führen.
Dies war auch gar nicht möglich, weil es Streifzügen eigen ist,
nicht auf ein fixes Ziel gerichtet und nicht auf eine bestimmte
Route festgelegt zu sein. Man muß sich damit zufriedengeben,
daß sie einen Eindruck von dem durchstreiften Gebiet und
von manchen seiner Bewohner vermittelt haben.

Klar geworden dürfte sein, daß jede einzelne Sicht beschränkt bleibt und kein Horizont der letzte ist. Zu Streifzügen gehört auch der Wechsel des Gesichtspunktes. Kein
Stand- und Gesichtspunkt ist der endgültige; jeder kann zugunsten eines anderen geräumt werden. Dies muß kein Nach-
teil sein, denn der Gedanke, daß jeder Gesichtspunkt vorläufig
ist, kann dazu ermuntern, sich nicht auf einen einzigen zu ver-
steifen, sondern immer neue Blickwinkel zu erproben.

Bei philosophischen Streifzügen steht, anders als bei Streifzügen zu Fuß, kein unbedingt zuverlässiger Kompaß zur Verfügung. Eine vollkommen sichere Orientierungshilfe gibt es
hier nicht, was jedoch nicht heißt, daß man auf alle Versuche
philosophischer Orientierung verzichten müßte. Wer nach
philosophischer Orientierung sucht, gleicht (wie Descartes
meinte) einem Wanderer, der sich in einem großen Wald ver-
irrt hat und weder Kompaß noch Landkarte besitzt. Er muß
sich für irgendeine Richtung entscheiden und darf seine pro-
visorische Option erst ändern, wenn ihm neue Informationen
zur Verfügung stehen. Auch wenn er nicht den bestmöglichen
Weg findet, sind seine Chancen, aus dem Wald herauszufin-

den, besser, als wenn er ständig die Richtung wechselte. Das von Descartes entlehnte Beispiel zeigt, daß auch Annahmen, die hinreichend wahrscheinlich sind, eine – freilich nicht absolut sichere – Entscheidung angesichts der Möglichkeiten erlauben, mit denen man bei dem Streben nach Orientierung immer wieder konfrontiert ist. Streifzüge durch das Gebiet der Philosophie können, auch wenn sie nicht zu abschließenden Erkenntnissen führen, aufschlußreich sein. Sie können auch, und das ist besonders wichtig, dazu ermutigen, nach selbständiger Orientierung und nach eigenen Denkwegen zu suchen.

Aus dem Verlagsprogramm

Geschichte der Philosophie bei C.H.Beck

In 14 Bänden: Herausgegeben von Wolfgang Röd

Band I: Die Philosophie der Antike 1:
Von Thales bis Demokrit
Von Wolfgang Röd
3., überarbeitete und aktualisierte Auflage. 2009
275 Seiten. Broschiert

Band II: Die Philosophie der Antike 2:
Sophistik und Sokratik. Plato und Aristoteles
Von Andreas Graeser
2., überarbeitete und erweiterte Auflage. 1993
389 Seiten. Broschiert

Band III: Die Philosophie der Antike 3:
Stoa, Epikureismus und Skepsis
Von Malte Hossenfelder
2., aktualisierte Auflage. 1995. 254 Seiten. Broschiert

Band IV: Die Philosophie der ausgehenden Antike
und des frühen Mittelalters
Von Wolfgang L. Gombocz
1997. 513 Seiten. Broschiert

Band V: Die Philosophie des Hoch- und Spätmittelalters
Von Theo Kobusch
2011. 655 Seiten. Broschiert

Band VII: Die Philosophie der Neuzeit 1:
Von Francis Bacon bis Spinoza
Von Wolfgang Röd
2., verbesserte und ergänzte Auflage. 1999. 336 Seiten. Broschiert

Band VIII: Die Philosophie der Neuzeit 2:
Von Newton bis Rousseau
Von Wolfgang Röd
1984. 498 Seiten. Broschiert

Verlag C.H.Beck

Wolfgang Röd bei C.H.Beck

Dialektische Philosophie der Neuzeit
2., völlig neu bearbeitete Auflage. 1986
330 Seiten. Broschiert

Erfahrung und Reflexion
Theorien der Erfahrung
in transzendentalphilosophischer Sicht
1991. 251 Seiten. Broschiert

Der Weg der Philosophie
Von den Anfängen bis ins 20. Jahrhundert
Band 1: Altertum, Mittelalter, Renaissance
2., durchgesehene Auflage. 2009. 528 Seiten. Paperback
(Beck'sche Reihe Band 1390)

Band II: 17. bis 20. Jahrhundert
2., durchgesehene Auflage. 2009. 640 Seiten. Paperback
(Beck'sche Reihe Band 1391)

Der Gott der reinen Vernunft
Ontologischer Gottesbeweis
und rationalistische Philosophie
2009. 239 Seiten. Paperback
(Beck'sche Reihe Band 1876)

Verlag C.H.Beck